씨앗,
깊게 심은
미래

인간의 삶이 이어간
토종 씨앗의 여정

씨앗,
깊게 심은
미래

변현단 지음

들녘

황금 종자 내지는 골든 시드Golden Seed라는 말이 있다. 씨앗이 금값 이상의 가치를 지닌다는 의미다. 예컨대 2021년에 금 1g은 6~7만 원에 거래되었다. 같은 시기 파프리카 씨앗 1g250립은 9~10만 원에 달했다. 파프리카 씨앗이 금값보다 더 비싸다.

씨앗이 금보다 비싼 이유는 무엇일까? '굶어 죽어도 씨앗은 베고 죽는다.'는 말이 있다. 자본주의 이전의 농경시대에는 전쟁을 피해 고향을 떠날 때도 이듬해 사용할 씨앗을 챙겨 떠났다. 씨앗은 생존을 위한 식량이기 때문이다.

하지만 현대인에게 금과 씨앗 중 하나를 고르라고 하면 금을 선택할 것이다. 현대 자본문명은 '돈'을 지상 최고의 가치로 간주하기 때문이다. 농사는 상대적으로 하찮게 여긴다. 돈만 있다면 언제든지 식량을 구할 수 있다는 착각에 빠져 있으며, 특히 도시인에게 식량이란 식품가공 공장에서 만드는 라면으로쯤으로만 여겨진다. 그 뿌리인 농사와 씨앗까지 관심이 미치지 못한다.

씨앗은 식량만이 아니다. 그 이상이다. 의식주 해결을 넘어서 질병 치료제이며, 바이오산업에서도 차세대 에너지원으로 여겨지는 중요 자원이다. 더 나아가 씨앗에는 근본적인 것이 있다. 씨앗은 모든 생명체가 살아가는 토대를 이루며, 생명체의 호흡에 필요한 산소를 제공하는 식물을 존재하게 한다. 곧 씨앗은 만물의 생명 유지, 그 자체이다.

〔일러두기〕

- 표준국어대사전에 따르면 '씨앗'은 '곡식이나 채소 따위의 씨'이며 '종자'는 '식물에서 나온 씨 또는 씨앗'으로 의미상 차이가 있다. 이 책에서는 '씨앗'을 주로 사용했다.
- 토종 씨앗 명칭은 입말 혹은 오랜 기간 고착화된 표기를 존중하여 그대로 실었다.

머리말

사람들에게 '토종 씨앗 보전 운동'을 물으면 '대단히 훌륭한 일', '독립운동', '씨앗 민주주의' 등을 답한다. 이 일을 한다고 밝히면 "국가가 할 일을 민간이 하는군요."라는 말을 빼놓지 않는다. 그 어마어마한 일을 어떻게 해나가는지도 궁금해한다. 그만큼 식량과 씨앗의 중요성은 자세한 설명을 하지 않아도 모두가 알고 있는 사실이리라. 다만 여전히 남는 논쟁은 "어떻게 토종인지를 아나요?"이다.

토종 씨앗이 확산되려면 먼저 누구나 구별할 수 있는 '토종●에 대한 규정'이 있어야 한다. 일부 국가기관에서는 토종에 대한 기준을 만들어 제도화해야 한다고 주장한다. 친환경 인증 제도처럼 말이다. 그러나 토종에 대한 정의는 참으로 다양하다. 10년 전 토종농민회를 구성할 때 있던 일이다. 토종 씨앗을 찾을 수 없어 다마금多摩錦을 계속 재배해온 농민이 이제는 토종법씨가 있으니 버려도 되겠다고 하면서 다마금을 폐기했다. 그러나 다마금은 일제 강점기에 한국 땅에 들어와 벼의 육종 재료로 써온 지 수십 년이 지났다. 그렇다면 일본 씨앗인 다마금은 토종이 될 수 없는가?

재야에서 토종 수집을 이어온 어떤 이는 일제 강점기부터 먹었던 음

● 표준국어대사전에 의하면 사전적 의미는 본디부터 그곳에서 나는 종자이다.

식 재료를 토종으로 규정해야 한다고 주장한다. 그러므로 50년 전에 미국에서 들어온 순천에서 수집한 '지게감자'나 1950년대에 개량한 호배추*인 '청방배추'는 토종으로 인정할 수 없다고 한다. 학계토종종자연구회에서는 이런 논란을 종식하고자 토종의 범위를 '식물의 생리에 따라 최소 30년 이상 고정되어 토착화된 것'이라고 규정했지만 이 또한 논란을 잠재우지 못했다.

우리가 씨앗을 수집할 때를 생각해본다. 어르신에게 "시어머니나 친정어머니로부터 대물림해서 계속 농사를 짓는 씨앗이 있나요?"라고 물으면 무엇을 찾는지 쉽게 이해한다. 현재 80대 노인들이 시집올 때 받았다면 족히 50년 이상은 해 온 것이므로 1980년대부터 사용한 씨앗이라고 보면 된다.

공교롭게도 씨앗 받아 짓는 농사가 대부분 소멸한 시점이 1980년대다. 나는 1980년대를 꼭 기억해야 한다고 생각한다. 씨앗만이 아니라 음식문화, 삶의 양식이 변한 가장 가까운 시점이기 때문이다. 이때 정부에서는 '보급종*'을 군·면 단위로 마을에 꾸준히 보급했고, 전문 도매상들은 씨앗을 깡통에 담아 가져와 농민에게 재배케 했다. 농민들은 그동안 자가 채종했던 씨앗을 버리고, 재배하면 잘 팔리는 '돈'이 되는 보

---

* 胡배추. 중국에서 들여온 배추.
* 우리나라에서는 1950년부터 작물의 품종을 꾸준히 개량해왔으며, 품종 개량된 씨앗이지만 씨앗을 지속적으로 받아도 형질의 변화를 일으키지 않는 것들이었다. 설혹 보급종이라도 그러했다.

급종을 선택했다. 따라서 토종의 정의를 "농민이 전통 방식으로 선발 육종하여 농가와 지역에 맞는 씨앗을 지속해서 자가 채종해온 것"으로 규정한다면, 지속해서 채종을 하더라도 형질이 변하지 않는 정부 보급종이나 종자회사에서 산 씨앗의 위치가 모호해진다. 이런 씨앗도 토종의 범주에 놓을 수 없다고 할 수 있을까? 따라서 수많은 토종에 대한 의심과 논쟁, 혹여 발생할지도 모를 토종 인증 제도로 토종의 의미를 극히 협소하게 제한하거나 규격화된 틀에 끼워 맞춘다면 2021년 현재 '토종이 갖는 의미'를 배타적으로 축소할 수 있다.

이 책은 토종이 무엇인지 판단하기보다는 책을 읽어나가면서 자연스럽게 토종에 공감하고 식물학적 의미 이상으로 사회, 문화, 생태 환경, 역사적 의미를 되짚어 보자는 취지로 쓰였다. 토종이 어떻게 토종이 되는지, 우리 삶과 어떤 연관이 있는지, 어떤 점에서 토종이 중요한지, 그러면서 왜 토종주의에 빠져서는 안 되는지, 왜 토종이 아니라고 배타하면 안 되는지…. 그동안 토종을 수집하고 농민에게 보급하기 위한 연구와 증식을 거치며, 한편으로는 내가 먹기 위한 농사를 지으면서 얻은 경험을 알기 쉽게 이야기로 풀어나가고자 한다. 씨앗을 지속해서 자가 채종하면서 토양과 기후에 적응하고, 농부에 의해 선택된 씨앗이 다양해지고 더욱 풍성해진 이야기를 조명하고자 한다.

그래서 '시드 로드seed road'라는 말을 썼다. 씨앗의 길은 씨앗 자체에 숨어 있던 속성이 자연환경에 의해 발현되어 다양하게 펼쳐지고, 인간에 의해 선택되어 인간과 생활문화에 깊숙하게 들어가는 과정이다. 재배 관리와 방법의 유사성으로 지역성이 강하게 남게 되는 작물들을 추적하다보면 결국 야생 씨앗이 작물화되는 과정처럼 다양성과 획일성은 사회적 문화 정서에 따르게 된다는 것을, 즉 당대의 생활 문화에 의해 유행되고 결정된다는 사실과 만나게 된다. 토종은 결국 우리의 삶과 우리의 생명과도 깊게 연결돼 있다.

씨앗은 단순한 생물학적 대상으로 그치지 않는다. 그러니 씨앗 한 알로 우주의 원리를 꿰뚫어 볼 수 있다는 점도 알게 될 것이다. 씨앗과 인간이 함께 걸어간 길시드 로드를 통해 토종 씨앗 보전 운동이 단순히 토종 씨앗을 심고 가꾸는 것을 넘어 우리의 일상적인 삶과 사회를 바라보는 관점의 변화까지 이르게 된다는 것을 알게 될 것이다.

토종 씨앗 운동은 생물자원으로, 종자권이나 식량 자급을 위한 식량권 이상이기 때문에 생명과 유기체를 바라보는 관점으로 바뀌어야 한다. 이를 통해 생활과 의식의 변화를 꾀해야 할 것이다. 나아가 생태적 유기순환적 관점 속에서 삶에 지대한 영향을 끼치는 삶의 철학으로 자리 잡아 개인의 삶에 깊숙이 뿌리를 내려야 사회문화적으로도 한층 풍부한 씨앗 운동으로 다가설 수 있을 것이다. 모두 이 책을 통해 드러나게 될 토종 씨앗 운동의 모습이다. 지구환경과 사회가 급격하게 변화되는 기점에서, 토종 씨앗 운동이 지구 문명의 경계에서 새로운 문명과 삶으로의 전환을 도모하는 데 물마중이 되기를 바란다.

목차

Part 1

토종 씨앗을
찾아다니며 알게 된 사실

씨앗을 다루는 사람들
씨갑시를 찾아서
이름의 중요성
씨앗은 어떻게 이동할까?

씨앗을 다루는
사람들

여성에서 남성으로

농경은 여성으로부터 시작되었다. 남성이 아주 멀리까지 사냥하러 가나 떠돌아다니는 사이 여성은 야생식물로부터 씨앗을 채취하거나 야생식물을 작물로 키워냈다. 과수나 채소 등을 재배하여 음식으로 사용할 재료를 손쉽게 얻어 공동체와 자식들의 양식으로 삼았다. 생존을 넘어 생활을 이어갔다. 경작 전담자였던 여성은 자신이 관리하는 식물의 개화기, 씨앗의 수정번식기, 성숙기 등을 관찰할 수밖에 없으며 여기서 얻은 생리학적 지식을 활용해 약간의 개입으로 수확량을 늘리는 데 일조해왔다. 그들의 텃밭에서는 식용과 약용에 사용하는 것, 형태나 색상 그리고 향기가 아름다운 것을 다루었다.

이렇듯 초기 농업 형태에서는 여성이 야생 식물을 작물로 키워냈다. 길러내는 행위는 식물에만 국한되지 않았다. 야생 동물을 길들여 생활에 유용하게 쓰이도록 가축으로 길들이는 일도 여성의 몫이었다. 여성은 터를 지켰고 식구들을 먹여 살렸다.

여성을 중심으로 공동체가 구성된 모계사회에서는 폭력을 사용하는 전쟁이 거의 없었다. 터를 중심으로 안락한 삶이 유지되었다. 여성을 중심으로 공동체가 형성되었던 이유는 여성의 몸에서 자손을 이어가 씨족이 형성되었기에 가능한 일이었다. 남성은 여성과 성교하여 자손을 보더라도 태어난 아이가 자신의 아이인지 알 수도 없었거니와 여러 자식을 낳아도 주로 터를 지킨 자들은 여성이었기에 여성을 중심으로 한 '씨족'이 형성될 수밖에 없었다. 아메리카 대륙의 인디언 사회에서도 가족의 수장은 할머니와 같이 나이 든 여성 노인이었다. 오래 살아온 만큼 자연에 대한 삶의 지혜가 많았기 때문이다.

정착한 후로 인류는 수가 늘어나고 경작지를 넓혀갔다. 교통수단으로 사용할 수 있는 야생동물의 가축화를 통해 남성은 더 멀리 이동할 수 있게 되었고 이는 영토 전쟁의 발판이 되어주었다. 이후 특정 부족 세력이 커지면서 여성 중심 사회가 남성에 의해 폭력적으로 전복되기 시작했다. 여성이 주된 경작자였던 텃밭도 '쇠'를 사용해 거대 경작지로 넓혀졌고, 가축의 힘을 이용해 남성 중심의 농업이 전면에 대두하게 된다.

인류사적으로도 이동 거리가 넓혀질수록 남성의 권력은 더욱 팽창한다. 남성은 전쟁에 동원되어 영토 확장에 따른 타 부족이나 영토의 사람들을 노예화시켜 국가적 형태를 만들었다. 이 과정을 통해 모계사회는 무너지고 부계사회가 전면에 등장하게 되었다. 남성은 권력과 부를 형성하는 데 집중했다. 힘을 상징으로 삼고 신체를 훈련하며 남성의 권력을 견고히 다져나갔다. 할머니에서 할아버지로, 여성 제사장에서 남성 제사장으로 변하며 공동체는 남성을 중심으로 재편성되어갔다. 그렇게 문명은 착취와 피착취, 문화적 다양성을 무너뜨리고 획일적 문화로 재편성하는 양태로 확장하는 남성 중심의 문명으로 변해갔다.

그럼에도 씨앗을 다루는 일은 대체로 여성의 몫으로 남겨졌다. 국가와 계급이 만들어지면서 남성들은 전쟁 부역으로 나갔기 때문이다. 오히려 남성이 씨앗을 받고 식물을 다루면 손가락질당했다. 하지만 분명히 말하지만 씨앗이 절대적으로 여성의 몫만은 아니었다. 논농사 중심의 농경은 남성이 곡물의 씨앗을 이어갔기 때문이다. 한국에서도 특히 조선 후기 이후에는 남성이 곡물의 씨앗을 다루었다. 농경사회에서 곡물은 부와 권력의 수단이었으므로 남성은 재산 관할자로서 주요 곡물을 다루었다.

전통 농경 사회의 역할 분담

농경의 역사에서 작물 분포는 성별 분업과 관련이 있다. 남성 없이는 혼자 들어갈 수 없는 경작지에서는 남성이 주요 책임자이며 여성은 수확 등 추가 노동력이 필요한 경우에 배치된다. 반면 여성은 텃밭을 가꾸는 일을 전담하며 대부분의 결정을 내리고 혼자 일을 한다. 경작지와 텃밭이라는 두 전형적 공간에서 행동의 성별 코드가 가장 강하게 발견된다. 예외적으로 호박이나 옥수수는 남성과 여성 모두 관여할 수 있으며 호박이나 옥수수는 밀집한 마을에서는 교잡 가능성이 농후하다. 특정 성별의 전용이라고 보지 않는다.

채종과 선발 유지에 있어서도 서로의 영역과 책임을 간섭하지 않는다. 벼를 재배해왔던 할아버지들이 볍씨 품종의 얘기를 주로 하지 할머니들은 볍씨에 대한 지식이 거의 없는 이유이다. 물론 할머니 혼자 벼를 재배해온 경우는 볍씨에 대한 기억이 있지만 이런 경우는 매우 드물다. 씨앗이 즐비한 집이어도 할아버지에게 무슨 씨앗인지 물어보면 대답이 비슷하다. "나는 잘 몰라. 할머니가 아는데… 장에 가서….." 하지만 수수나 조의 경우는 좀 다르다. 수수나 조는 대체로 할아버지들이 관리하는 경우가 많다. 특히 수수는 수숫대를 다듬어 생활용품을 만들기도 한다. 이런 제작 또한 대체로 남자들이 담당하기 때문에 아예 재배부터 남성이 관여했다.

정리하자면 주곡이나 잡곡 등은 주로 남자들이 관리했으며 원예작물은 여성들이 관리했다. 텃밭의 작물들은 식용, 약용, 장식용 화훼 등 생활에 필요한 다양한 용도를 구성한다. 왜냐하면 농경의 역사에서 집안의 생활을 전담하는 것이 주로 여성에게 맡겨졌기 때문이다.

대물림된 씨앗의 정체

"할머니, 혹시 시집올 때 친정에서 가져오거나, 시댁에서 씨앗을 바꾸지 않고 계속 받아 온 씨앗이 있나요?" 씨앗을 찾으러 마을마다 돌아다니며 할머니들에게 묻는 첫 질문이다. 그러면 할머니들은 "그런 씨앗이 어디 있어? 벌써 없애버렸지." "응. 들깨나 메주콩은 있어."라고 답한다. 간혹 할머니의 이해를 높이기 위해 "가령 콩이나 들깨, 팥, 녹두 같은 거요."라고 예를 들면 더욱 잘 알아듣는다. 메주콩이나 들깨, 팥, 녹두는 전국적으로도 가장 많이 수집되는 씨앗이다.

특히 이들의 메주콩에 대한 애착은 더욱 특별하다. 농촌에서는 아직도 된장과 간장을 직접 담가 먹기 때문이다. "시어머니가 하던 것을 계속 해왔지."라는 말에 "씨앗 한번 보여주세요."라고 하면 광을 열어 콩 자루에서 꺼내거나 1.5리터 페트병에 담아두었던 콩을 보여준다.

콩을 만나다 보면 근래의 보급종을 만나기도 한다. 할머니들이 토종 콩을 국산콩의 의미로 알아듣거나 자신이 직접 재배하는 콩 정도로만 알아듣기 때문이다. "할머니 한 번도 안 바꿨어요?"라고 재차 물어도 바꾼 적 없다고 대답한다. 때로는 "이거 섞였는데…" 하고 말을 흘리는데, 그제야 "바꿨지."라며 아무렇지 않게 대답하기도 한다. 메주를 계속 담가도 콩 씨앗은 바꾸는 경우가 많기 때문이다. "누구한테 받았어요?"라고 하면 대체로 이웃에서 얻어 심었다고 한다. 60대 아주머니 세대에서는 이웃 할머니한테 얻어서 심었다고 밝히기도 해서 이웃한 할머니 댁으로 추적하게 되는 경우가 종종 있다.

대물림 한 씨앗은 역사가 깊다. 할머니들이 시집와서 시어머니가 쓰던 씨앗을 물려받은 경우라면 족히 40~50년 이상 거슬러 올라가기 때문이다. 지금부터 사오십 년 전이면 1980년대쯤이다. 2007년에 농진청에서 발간한 〈유전자원 연구 20년〉에 의하면 1985년부터 1993년까지 재래종 작물은 26% 정도 남은 것으로 조사되었다. 1980년 이후 1990년까지 장려품종의 육성보급이 급속하게 증가했던 탓인데, 이에 따라 1985년을 100%로 두었을 때, 1993년에 남은 작물별 재래종 비율은 0~50%로 급격하게 감소했다. 원예과 작물은 감소세가 더욱 심했다.

그러니까 칠순 할머니가 장수한 시어머니로부터 물려 받은 씨앗이라면, 시어머니와 함께 농사짓던 시절은 30~40년 정도로 계산된다. 그러므로 장려품종이 급속하게 증가될 시점의 작물도 대물림 씨앗에 포함된다는 점을 생각해야 한다.

콩을 보지 않고 여쭐 때는 주로 콩알의 크기와 모양, 키와 꼬투리 탈립 정도를 묻는다. 수확하기 전부터 꼬투리가 탈립된다면 틀림없는 재래종이지만 탈립이 안 되며 키가 작지만 다닥다닥 많이 열린다고 하면 개량종일 확률이 높다. 수확 시기를 아차 하고 놓쳤을 때 콩이 땅바닥에 떨어지는 불편함이 개량한 이유 중 하나이기 때문이다. 또한 반들거림이 유난한 것들도 개량종일 확률이 높다.

"맛은 어때요?"라고 묻는다. 대물림된 씨앗을 계속해 오는 경우는 "맛이 좋아서"를 가장 큰 이유로 든다. 맛이 없는데 계속 재배하는 경우는 거의 없다. 더욱이 자급용으로 주로 집안 식구가 먹는 경우 수확량보다 맛에 비중을 둔다. 대물림 씨앗을 흔히 토종의 범주에 넣는 이유는 맛 중심의 음식문화에 영향을 끼치기 때문이다. 콩은 찰지고 달아야 하며 메주를 쑤었을 때 이것으로 만든 된장과 간장이 맛있어야 한다. 우리나라에서는 전통적으로 집안의 장맛이 음식 맛을 결정지으며 장맛이 변하면 집안에 우환이나 변고가 생긴다는 믿음이 있을 정도이다. 조상신이 차례나 제사에 찾아오는 것도 그 집안의 '된장이나 간장 냄새'를 맡아 찾아온다고 하였기에 '된장과 간장'의 원료인 콩은 '농가의 맛'을 내는 데 가장 중요하게 여긴 씨앗이었다.

1980년대 이전 초기 개량콩(40년 이상 재배)

농가의 메주

　이러한 농가의 맛은 식품회사의 맛에 길들여진 도시 사람의 입맛 혹은 원재료의 맛보다 명태 국물이나 다시마 국물 등 부가적인 맛 재료를 넣은 양념 된 장맛과는 다르다. 전통적인 삶의 음식문화는 오직 '콩'에 달려 있다.

✳✳✳✳✳✳✳✳✳✳✳✳✳✳✳✳✳✳✳✳✳✳✳✳✳✳✳✳✳✳✳✳✳✳✳

생명의 주관자 삼신 '할머니'

'할머니'는 어디서 유래한 말일까? '할'은 '한' 즉 대大의 의미이다. 머니는 '마고'에서 유래되었다. 마고는 이후 아이를 낳는 것을 주관하는 삼신할머니로 변하였으며 이는 생

명과 인간의 길흉화복을 주관하는 '어머니'의 의미이다. 그러므로 할머니는 '한 + 마고'
로 인류의 근원은 큰 마고, 즉 '하나'라는 점을 의미한다.

이렇듯 할머니는 생명의 근원이자 '큰 + 어머니'이다. 생명을 주관하는 자로 씨앗과 지
혜를 다룬다. 땅이 여성에 비유되듯이 여성은 땅의 식물을 다루고 자식을 기르고, 늙어
서는 집안의 어른으로서 자리매김한다.

한편 할머니의 남편을 영감이라고 부른다. 영감은 사실 높은 직위의 벼슬을 가리키는
말이었는데 지금은 '늙은 남자'로 의미가 변했다.

전통적으로도 삼월삼짇날은 어머니 혹은 마고의 날로 생명의 근원, 인류의 시원을 기
억하는 날이다. 3월은 씨앗이 싹을 틔우는 생명의 달이다. '할머니'라는 정겨운 말 뒤에
는 하늘과 땅을 소통하고 땅의 기운을 관장하는 생명의 근원이라는 의미가 있었던 것
이다. 할머니와 씨앗은 너무나 자연스러운 관계에 있다.

씨갑시*를
찾아서

씨갑시들의 나눔과 공동체 정신

토종 씨앗이 있을 만한 마을은 스카이뷰를 통해 조사한다. 옛 모습 그
대로 남아 있는 곳이 대상이다. 귀촌인들이 들어선 전원마을, 축산과 하우
스가 흔하고 대형기계가 많거나 과수가 번창한 곳, 드넓은 논이 많고 밭이
없는 곳은 우선순위에서 제외한다. 이런 곳은 '돈'을 좇아 농사하기 때문
에 토종 씨앗을 거의 찾아볼 수 없다. 토종 씨앗이 있는 곳은 대개 할머니
들이 조그만 텃밭을 가지고 자급 농사를 짓는 곳이다. 개발지역 뒤편에서
텃밭이 보이고 예전 마을 모습이 살아 있는 곳, 개발에서 제외된 마을에는
씨앗을 찾아볼 수 있다. 곧 농촌문화가 많이 남아 있는 곳이 대상이 된다.

마을 입구에 들어서면 찾는 씨앗이 있을지 없을지 대략 짐작할 수 있
다. 수집할 때도 내가 운전대를 잡는 편이다. 경험으로 쉽게 찾아낼 수
있기 때문이다. 마을 안으로 들어서면 밭에서 일하는 할머니나 유모차

* 씨앗의 방언. 이 책에서는 씨앗을 모으는 할머니와 할아버지를 '씨갑시 (할머니/할아버지)'로 칭했다

를 끌고 밭으로 또는 집으로 돌아가는 할머니를 발견하면 길을 멈추고 할머니들에게 먼저 씨앗 보유 여부를 묻는다. 운전하며 다니면서도 할머니들의 관상을 살펴보기도 한다. "저 할머니는 토종 씨앗이 있을 것 같은데…. ○○아, 차를 세울 터이니 내려서 물어 봐." 긴 인생을 살아온 할머니들의 얼굴에서 살아온 할머니의 정서가 묻어 나온다. 할머니들의 얼굴은 햇볕에 그을리고 주름이 가득하지만 인상은 남다르다. 마을회관에 할머니들이 모여 있을 때도 인상을 제일 먼저 본다. 씨갑시 할머니들은 욕심이 많아 보이지 않는다. "씨앗은 나누라고 하는 거야." 나눔에 전혀 인색하지 않아. "옆집에 살던 할머니가 주셨던 거야. 그 할머니는 돌아가셨지. 내가 30년 이상 받아서 해오고, 나도 여기저기 나누어 줬어." 맛 좋은 작물 씨앗이 있으면 마을에서 서로 나눈다. 같은 마을에서는 같은 씨앗이 종종 나오는 이유가 된다.

씨앗 할머니 인터뷰(용인, 권○○)

씨앗이 보관된 광을 열어 주는 씨앗 할머니(백○○)

이들은 씨앗만 나누지 않는다. 음식을 하면 서로 나누어 먹는 옛정도 여전히 남아 있다. "예전에는 모내기할 때면 집마다 돌아가면서 품앗이를 했어. 서로 돌아가며 음식을 해서 먹었지. 하지만 지금은 농사도 줄고 해서 품앗이할 정도가 안돼. 기계가 들어오면서 품앗이도 하지 않고 같이 음식을 해 먹는 풍습도 사라지고…. 인심이 사라졌어." 대다수 씨갑시 할머니들은 마을의 인심이 살아있던 시절을 선명히 기억해내곤 한다.

평택에 어떤 마을에 갔더니 겉보리와 상추 등이 모두 같은 종이었다. 물어보니 씨앗의 출처는 한결같이 한 할머니를 가리키고 있었다. "저쪽 돌아서 외따이 떨어져 사는 할머니가 있어요. 이 마을 것은 다 그 할머니 거예요."차도 진입하기 어려운 마을과 한참 떨어진 곳, 그냥 찾아오라면 오기 어려운 곳에 할머니 댁이 있었다. 할머니는 말했다. "마을 사람들한테 나눠주면 또 이듬해 와. 씨를 못 받았다고 또 가지러 와. 그래서 씨를 밑지지 못해." 우리 회원들도 그렇다. 씨앗을 가져가면 제대로 받지 못해 또 씨앗을 달라고 온다. 몇 해를 그렇게 반복하는 회원들이 있기에 한 번 나눴다고 해서 더 이상 씨앗을 받아가지 않는 경우는 거의 없다. 매번 씨앗을 나누는, 우리와 같은 할머니가 또 있었다.

한 번은 무주에서 일자리 근로를 하는 할머니를 만났다. 인상이 너무 서글서글하고 인심이 후하게 생긴 할머니를 따라 할머니 집으로 들어갔더니 딸이 준 거라면서 음료수를 내어준다. 씨앗을 수집하다 보면 할머니들이 먹을거리를 내어주시는 일이 자주 있다. 두 가지 종류의 음료를 얻어 마시며 씨앗을 구경했다. "이거 참 좋은 서리태인데… 얼마 없어서 가져갈 게 없겠네요."라고 아쉬워하니 "난 4알만 있으면 돼. 다 가져가서 잘 불려서 나눠줘요."라고 말했다. 그러고는 정말 당신 손에 콩 한 줌만 남기고 나머지를 봉투에 한가득 넣어주었다. "나 혼자 사는데 오이는 3포기만 있으면 돼. 오이씨 3알 남기고 다 가져가."라고 하던 담양 할머니도 기억난다.

한 알의 씨앗에 얼마나 많이 달리는지 아는 할머니들은 자신이 필요한 양만 남기고 모두 건네준다. 자식들이 농사를 안 지어 씨앗을 대물릴 곳이 없다는 것을 잘 아는 할머니들은 씨앗을 보전하고자 하는 우리에게 흔쾌히 내어주신다. "씨앗아~ 널리 널리 퍼져라." 하면서. 나는 이런 할머니에게 '두 알 할머니'라고 이름을 붙여본다.

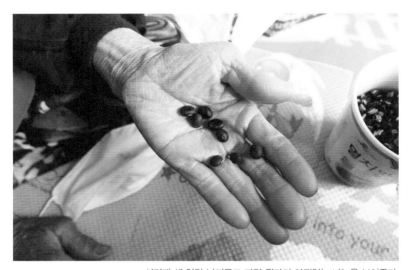

서리태 세 알만 남겨두고 가면 된다며 아낌없는 나눔을 보여준다

방방곡곡의 씨갑씨를 찾아서

마을 집마다 돌아다니면서 담장 너머로 집을 힐끗 본다. 대문 앞마당부터 정겨운 집을 만난다. 비닐하우스도 할아버지가 만들어 깨끗하고, 정갈하게 관리하며 다용도로 사용한다. 대문을 비롯한 마당 곳곳에는

여러 가지 꽃이 있다. 이렇게 꽃도 많고 마당도 깨끗한 집에는 할머니들이 살아계신다. 천으로 기운 오래된 키나 손때 묻은 호미들이 걸려 있는 집에도 역시 토종 밭을 일구는 할머니가 계신다. 채종에 쓰이는 도구들이 있으면 씨앗을 받아서 하는 곳이다.

평택 수집을 할 때, 직접 만든 풀 거름을 옮기던 할아버지를 만났다. 정감 나는 모습에 가던 차를 세워 놓고 할아버지 밭으로 가서 씨앗을 물어보았다. "보리콩을 심었어. 할머니가 2년 전에 죽었는데 할머니가 하던 씨앗을 안 놓치려고 내가 부지런히 심고 있어. 자식들이 그 씨앗으로 한 것들만 찾거든." 또 촉이 적중했다. 할아버지에게 집으로 가서 씨앗을 보자고 부탁을 하고 따라갔다. 혼자 남은 할아버지들은 살림에 서툰 편이다. 집에 들어서는데 할머니가 마치 살아계신 듯 마당과 창고가 정갈했다. 할아버지로부터 보리콩 외에 10점이 넘는 씨앗을 받았다. 전국을 다니다보면 씨갑시 할머니만큼은 아니지만 간혹 할아버지를 통해 씨앗을 만나는 경우도 있다. 그 과정에서 알게 된 점은 대부분의 씨갑시 할머니나 할아버지들이 소박하게 생활하고 가난하지만 자신의 생활 만족도가 높은 편이라는 점이다.

할아버지 씨갑시와 씨앗통(평택, 이○○)

여기 흔치 않은 씨갑시도 있다. 순창의 씨갑시 이득자 씨다. 이제 오십을 갓 넘은 이 분의 집은 도로 아래에 위치한 비닐하우스였다. 비닐하우스 안에 집을 짓고 아이들을 키우고 주변의 경사진 곳을 이용해 농사를 짓고 있었다. 하우스는 돈이 되는 작물을 심기 때문에 수집을 할 때 넓은 평야에 하우스가 밀집한 지역은 세심하게 눈여겨보지 않는다. 누군가 알려주지 않았다면 그냥 지나칠 수 있는 곳이었다. 하지만 이득자 님은 자신이 대물림받은 씨앗만이 아닌 순창지역에 여러 씨앗을 보유하며 잇고 나누고 있었다. 억척스러운 농부의 본능을 온전하게 간직하고 살아가는 사람이다.

Part 1

무주 할머니의 집 마당 사진(도시농업)

　무주의 한 할머니는 나이 들수록 힘이 들어 마을 뒤쪽 조그만 텃밭에서만 농사를 짓는다고 했는데, 집에 들어오니 흙이 조금이라도 드러난 곳은 모조리 작물을 심어놓아 마치 도시 농업을 연상케 했다. 빈 양동이는 모조리 흙을 담아 식물을 기르고 있었는데 그 수가 족히 50개 이상은 되어 보였다. 담벼락과 시멘트를 바른 마당 사이의 흙이 드러난 작은 틈도 이용하여 울타리콩을 심어놓았다. 씨앗을 보존하는 이유를 물으니 "씨앗이 살 돈이 없어서 씨앗을 계속 받아서 쓰고 있어."라고 답한다. 다만 이제는 힘이 들어서 씨앗을 받지 못하겠다고 하면서도 경작본능처럼 채종본능을 줄일 수 없다는 말을 더했다. 봄이 되면 이렇게 해서라도 씨앗을 받는다고 하신다.

마랑선(순천)

　순천의 마랑선 감자를 주신 할머니도 "내가 몸이 성하지 않아서 장에 나갈 수 없으니까 예전 씨앗 그대로 받아쓰고 있지."라고 말했다. 왜 씨앗을 돈이 되는 씨앗으로 바꾸지 않는지 묻기도 한다. "땅떼기도 그리 많지 않고, 품 팔아서 애들 키우고 그랬지. 우리 자식들이 이런 것만 먹고 자라서 그런지 아직도 그 씨앗을 찾거든.", "이건 내가 시집올 때 가지고 온 팥이야. 어떻게 바꿔? 그리고 이건 생긴 건 이래도 맛이 제일로 좋아." 저마다의 사연을 가지고 씨앗을 보전하는 모습이 한결같다.

마랑선 외에도 다양한 씨앗을 보여준 씨갑시 할머니

가난을 이유로 시작한 채종은 몸 상태가 성하지 않은 오늘날까지도 그대로 이어진다. 그러나 그들의 정서에는 가난에 대한 굴종이나 환멸을 찾아볼 수 없다. 세상 살아보니 부러울 것이 그리 없다는 눈치다. 여전히 허리 굽어 움직일 수 있을 때까지 농사를 짓지만 자식에게 직접 지은 농작물을 준다는 자부심과 보람이 엿보인다. 자신이 살아있다는 것을 증명이라도 하듯이 그들은 밭으로 나간다. 토종 씨앗을 가지고 있는 할머니들은, 궁핍한 생활에도 굶지 않고 살아온 것이 다행이고, 늙어서 자식이라도 먹여줄 수 있어 좋다는 소박한 생각으로 살아가는 이들이다. 그래서 그런지 그런 할머니들의 얼굴에서는 욕심을 찾아볼 수 없다.

씨갑시의 씨앗 보관법

할머니들이 씨앗을 보관하는 곳은 대체로 광이다. 시멘트로 처리된 창고에 곡물 씨앗들이 포대로 담겨져 가득하게 쌓여 있다. 아니면 쓰지 않는 방 한구석에 놓여 있기도 하다. 우리가 씨앗 조사를 할 때는 다른 한 사람은 주변의 창고나 여러 곳을 살펴본다. 동부, 팥, 녹두, 밭밑콩이 있을만한 곳을 찾아서.

완두콩은 페트병에 담아 걸어두거나 선반 위에 놓는다. 원예 씨앗은 마루나 사용하지 않는 찬장이나 신발장 같은 곳에서 씨앗을 찾는다. 비닐봉지도 있지만 약봉지에 담아둔 경우가 많다. 약봉지에 오이, 아욱, 갓씨, 상추 씨앗들이 있다. '아욱', '갓', '퍼렁상추' 이렇게 적혀 있다. 이름 없이 '씨가시'라고도 적혀 있다. 또 어떤 할머니는 바구니 하나에 정갈하게 담아놓기도 한다. 바구니 안에는 종묘상에서 산 열무씨, 파씨가 함께 있기도 하다. 여기저기 씨앗들이 나오는데 매해 새로 받지만 몇 년 묵은 씨앗들도 나온다. 우리처럼 씨앗을 혹시 모를 일에 대비해서 씨앗도 다 쓰지 않고 극소량을 남겨두기에 2~3년 묵은 씨앗도 나온다. 밭에 심었지만 혹여 가뭄이나 병충해 뜻하지 않은 일이 발생하여 씨앗을 '밑질까' 염려하여 남겨두기 때문이다.

어떤 할머니는 장독에 넣어두기도 한다. 신문지에 싸거나 양파망에 넣어 큰 장독 하나를 씨앗 보관소로 쓴다. 장독대는 전통적으로 정화수를 올려 상시로 하늘과 소통하는 장소였다. 예전의 민가의 모습이 남은 곳에서는 장독대는 부엌 뒷문으로 나가면 작은 텃밭과 장독대가 있다. 지금도 씨앗을 수집하러 마을을 돌아다니면 종종 발견할 수 있다. 살림을 하는 여성들만의 장소인 것이다. 장문화가 발달한 우리는 장독대는 장을 보관하기만 한 것이 아니었다. 나는 엄마가 매일 장독대를 항상 정갈하게 물로 씻고 닦는 것을 봐왔다. 살림의 장독대가 때로는 씨앗을 보관하는 곳으로 쓰이고 있다. 독은 숨을 쉬도록 만들어져 씨앗을 보관하기에도 괜찮은 곳이었다. 특히 장독에서 나오는 씨앗들은 팥이나 녹두가 나온다. 씨앗을 소량 보관하기에 알맞은 크기다. 지금은 장독을 사용하지 않고 고무로 만든 큰 통을 장독대에 놓고 콩류들을 보관하기도 한다. 매년 사용하는 씨앗을 보관하는 장독대는 그래서 하늘과 소통하는 씨앗을 보관하기에도 안성맞춤일지도 모른다.

무주의 할머니는 냉장고에 한가득 씨앗들이 담겨 있다. 베란다에 놓인 냉장고는 씨앗 창고였다. 몸이 힘들어 씨앗을 그만 받겠다고 해놓고도 매년 꽃이 피면 다시 씨앗을 받곤 한다고 한다. 평생 해오던 버릇을 쉽게 버리지 못한다. 어쩔 수 없다면서 냉장고며 베란다에 씨앗들이 즐비하다. 화성에 할머니도 바깥에 놓인 옛날 냉장고에 씨앗을 보관하여 우리가 간 김에 씨앗 정리를 아예 해드리고 온 적이 있다. 냉장고 하나를 씨앗보관소로 쓰는 할머니들은 대체로 씨갑시 할머니들이다. 대부분 자급을 토종 씨앗으로 한다. 그런 곳에서는 십 수종을 얻어오곤 한다.

매년 수백 종의 씨앗을 받는 나는 씨앗을 받는 것이 얼마나 힘든 일인지 번거로운 일인지 손이 많이 가는 일인지 안다. 그렇게 늙도록 씨앗을 받아온 사람들은 씨앗을 흔쾌히 나누는 인심은 더없이 크다.

페트병에 보관한 씨앗

장독에 보관한 곡물 씨앗

비닐봉지에 보관한 씨앗

토종 씨앗을 찾아다니며 알게 된 사실

씨앗 보관 박(양평, 지○○)

깡통에 보관한 씨앗

각종 그릇과 약봉투에 보관한 씨앗

살림하는 남자 씨갑시

전국적으로 수집을 해도 남성이 씨앗을 다루는 경우는 극히 드물다. 한번은 순천의 후미진 농가에 들어갔는데 분위기상 토종 씨앗이 있을 것 같았다. 밭에서 일하는 할아버지에게 자초지종을 설명했더니 지하광으로 우리를 데리고 가서 고구마를 가져온다. "물감저야."라면서 한 보따리를 가져온다. 할아버지와 툇돌에 앉아서 고구마 보따리를 풀고 이야기를 하려는데 누워 있던 할머니가 툇마루로 나와 하는 말이 "아이고 양반아. 그거 호박고구마야, 물고구마가 아냐. 예전부터 해왔던 물고구마는 2년 전에 버렸어." 한다. 아는 체하던 할아버지는 쑥스러운 듯 의기양양하던 표정이 슬며시 사라진다. 수집할 때 종종 있는 일이다. 할머니가 없는 광을 뒤져보면 씨앗들이 쏟아져 나오면 할아버지는 "마누라가 알아. 나는 몰라."라고 한다.

　그렇다고 남성 씨갑시가 없는 것은 아니다. 평택에서 수집 중일 때 만난 등이 45도 굽은 할아버지는 집안의 살림과 씨앗을 모두 다루는 영락없는 씨갑시 할머니다. 부인이 세상을 떠날 때까지 병간호를 다했고 농사를 홀로 지으면서 자식을 키웠다. 현재는 장성한 아들과 살지만 아들마저 며느리를 잃어 크게 낙담한 상태였다. 할아버지는 아들을 보살피며 밥상을 차려주고 묵묵히 밥을 먹고, 밭으로 나와 하루 종일 농사일을 한다고 한다. 이미 할아버지의 허리는 반쯤 굽어버렸지만 할아버지의 씨앗은 정갈하기 그지없었고 수많은 씨앗을 가지고 있으며, 여기저기 흩어져 있는 손바닥만 한 땅을 버려두지 않고 할아버지의 호미로 경작하고 있었다. 널려진 신문지를 오려 화장실에서 사용하고, 가득 말려둔 댑싸리로 빗자루를 만들고 온종일 쉬지 않는 할아버지는 전통적으로 주로 여성이 주로 하던 몫을 다 해 온 것이다. 그래서 할아버지는 여느 할머니 뺨치게 살림과 농사를 동시에 꾸려나가는 씨갑시 할아버지다.

　시골에서 보면 논에서 일하는 것은 대부분 남성이다. 예부터 소로 하는 밭갈이는 남성의 몫이었으며 경운기와 트랙터 등 기계를 다루는 것도 남성이 한다. 씨앗을 수집하러 돌아다니다 보면 낡은 경운기에 먼지가 앉아 오랫동안 사용하지 않은 채 있으면 그 집은 할아버지가 돌아가시거나 농사짓기 연로하여 방치된다. 가축이나 기계 등을 이용해서 농사를 지으면서 여성보다 주로 남성의 몫이 되었다.

남성들이 모내기 책임을 지면 여성들은 새참 내가는 일과 논둑에 콩을 심는 일을 한다. 논둑의 풀을 메거나 소의 여물을 베어 지게를 지는 것도 대체로 남성이 한다. 여성들은 오히려 손바닥만 한 땅이라도 밭으로 만드는 일을 한다. 여성들은 주로 쪼그리고 앉아 밭일을 한다. 호미가 등장한 것이 조선 후기이다. 한국 농업의 변천사를 보면 조선 전기에는 조방농업이었다. 조선 후기가 되면서 인구도 늘고 곡물로 세금 착취가 심해지면서 경작지가 부족해 작은 여유의 땅이라도 경작해서 생계를 잇느라 여성들이 밭으로 나섰고 작은 땅을 일구는 도구로 호미가 등장했다.

호미는 쪼그리고 하는 농사 도구다. 농사를 지을 때 남성들이 쪼그리고 앉아서 풀을 매는 것을 본 적이 있는가? 남성들이 호미를 들고 일하는 모습을 보기란 그리 쉽지 않다. 농촌에서는 남성들은 낫을 갈고, 지게를 지고, 기계를 다루고 논일을 하며, 여성들이 밭에서 호미로 일을 한다. 특히 기계화된 농촌에서는 남성들은 호미를 드는 일이 좀처럼 없다. 오히려 여성들이 살림하고 있을 때, 밭에서 쪼그리고 농사를 짓고 있을 때, 남성들은 바깥일을 한다. 농촌에서 도박을 하고 술을 먹는 것도 남성이다. 언젠가부터 남성들은 쪼그리고 하는 일은 여성이 하는 것이고 남성들은 그런 일에 대해 거부감을 표시했다. 일을 같이 하다 보면 남성들은 쪼그리고 호미질하기 힘겨워하면서 삽질이나 괭이질을 하겠다고 한다. 농촌에서 허리가 굽은 할아버지보다 허리 굽은 할머니들이 많은 이유이기도 하다. 쪼그리고 앉아서 하는 일 습관이 신체에 길들이지 않았기 때문이다.

그러나 쪼그리고 호미질하는 남성들이 있다. 호미질을 힘겨워하는 남성도 있다. 두 부류를 비교하면 호미질하는 남성들은 밥도 잘하고 살림을 가까이 하는 사람들이었으며 호미질을 힘들어하는 남성들은 대체로 살림을 멀리하는, 대신에 근력을 자랑하는 남자들이었다. 귀농 교육에서도 마찬가지다. 쪼그리고 호미질하는 남성들은 남성임을 일부러 내세우지 않는다. 이는 신체 구조상 남성은 호미를 쥐고 쪼그리고 일을 하지 못한다고 하는 것보다, 신체에 길들이는 과정에 익숙하지 않거나 쪼그리는 것에 거부감이 있거나 힘이 있어야 하는 일을 더욱 선호하는 등 '관습적 기질'에 따라 다르다. 하지만 내 경험상 호미를 잘 다루는 남성들은 대체로 섬세한 일을 잘하며, 여성의 일이라고 편견을 두지 않는 사람들이다.

주변을 둘러보아도 씨앗을 잘 받고 밭일을 하는 사람들은 호미로 농사를 짓는 사람들이 많다. 물론 단언할 수 없다. 씨앗을 받는 남성들은 대체로 살림과 음식 등에도 다른 남성보다 탁월하다. 치마 입는 것을 두

려워하지 않는 남성이라면 아마도 그러하리라. 고려시대까지 남성이 치마를 입었다는 것을 잘 안다면 더욱 그렇다. 치마는 여성만 입는 것이라는 고정관념이 낳은 결과처럼 호미와 남성이 잘 어울리지 않는다는 것또한 고정관념이지 않겠는가?

씨갑시 할아버지(화순, 정○○)

토종 씨앗을 찾아다니며 알게 된 사실

당장 굶어 죽을 판인데 내년 씨앗이 어디 있어?

무주 수집 첫날. 지금까지 수집에서 경험하지 못했던 일을 겪었다. 토종 씨앗을 갖고 계신 어르신들이 씨앗을 내어주기를 꺼린 것이다. 서리태를 한 말 정도 가진 할머니도 씨앗 내주기를 거부하셨다. 한 줌만 분양해달라고 해도 쉽지 않았다. "아~ 네. 그럼 알겠습니다. 기록하고 사진만 찍어 갈게요." 이렇게 물러서기를 여러 차례 했다. 드문 씨앗은 돈을 주고 샀지만, 아주 특이한 씨앗이 아니라면 기록만 남기는 수밖에 없었다. 십수 년 동안 씨앗을 수집하다보면 씨앗을 받아오지 못하는 일도 가뭄에 콩 나듯 생기긴 한다. 그러나 이날 무주에서만큼은 유독 빈번하게 일어나니 놀라지 않을 수 없었다.

무주는, 지금이야 관광으로 유명해지고 농사가 아닌 다양한 벌이로 살아갈 수 있게 되었지만 1980년대 이전만 해도 농사에 의존해서 먹고 살며 자식 교육까지 해야만 했다. 씨앗조차도 남길 수 없을 정도로 곡기를 근근이 이어갔던 경험이 깊이 뿌리내린 곳이기에 그 시절의 '가난'을 충분히 이해하고 남음이 있었다. 척박한 땅을 일구며 대를 이어온 가난과 생존 본능이 만든 인심이다. 그리 쉽게 바뀔 수는 없는 일이었다. 곳간에서 인심 난다는 속담을 실감했다.

일제 강점기와 해방 이후 한국전쟁을 거친 나의 윗세대나 우리 부모의 세대는 "굶어 죽어도 씨앗은 베고 죽는다."는 말을 실현하기 어려웠던 시기를 지나왔다. 밀양 단물 면에서 만난 죽기만을 기다린다는 94세 할머니는 "먹을 것이 없어 당장 죽을 판인데 씨앗을 남겨둘 수가 없었지."라며 살아온 생애에 대한 '너무나 고통스러운 기억'을 끄집어냈다. "마늘과 생강 같은 것은 씨앗이 없으니 심지도 않았고, 양념으로 사용도 안했어. 양념이 어디 있어? 그건 잘 사는 사람 얘기야."라는 말에는 먹을 곡물도 없었기 때문에 양념이란 부잣집에서나 사용하는 것이었다고 항변하는 것 같았다. 씨앗이 없어지면 이듬해 심지 않는다는 얘기였으며 양념은 사치스러운 것으로 생각하고 있었다. 밀양의 산골. 정말 힘들게 살아야만 했던 산골에서는 그저 보리를 가장 많이 심었다고 한다. 쌀은 해봐야 모두 '돈 사는 것'이었다며 "고무신도 살 돈이 어디 있어?"라고 오히려 반문했다.

같은 단물 면에서 만난 또 다른 86세 할머니는 "어릴 때 멸치를 먹었다고 내가 얼마나 두들겨 맞았는데…."라며 눈시울을 적셨다. 나도 비슷한 기억이 있다. 한창 키가 커가는 오빠가 밤에 찬장을 뒤져 멸치를 몰래 꺼내 먹었는데 다음날 엄마에게 발각되어 아침부터 엄마의 몽둥이세례를 받았다. 고기반찬이라곤 아무것도 없었으니 멸치마저 얼마나 귀한 음식이었는지 나도 잘 안다. 지금도 잊지 못할 만큼 어려운 시절이었다.

지금이야 멸치를 비롯해서 모든 음식이 넘쳐난다. 이런 풍요로운 시기를 늦게나마 영위하는 우리의 80~90대 노인들은 힘든 시절 '잘 살아보자'는 모토 아래서 함께 경제를 일으킨 정치가와 경제가들에게 한없는 감사를 보내기도 한다. 다만, 현재의 풍요에 감사한다고 해서 과거 가난했던 기억이 사라지는 것은 아니다. 80세가 넘은 산골 할머니들은 목숨을 연명하기 위해 남편 없이 혼자서 농사를 지어 자식을 먹여 살려야 했던 과거를 선명히 기억한다. 대부분의 삶이 그러했으니 그저 슬픈 개인사라고만 할 수 없다.

물론 이렇게 먹거리가 풍성해진 바탕에 양식이나 생태적 파괴, 생명 단축이나 유전자 조작 등이 있어 후세대의 먹거리를 빼앗아 온 결과물이다. 우리는 너무나 잘 알고 있지만 어르신들은 인지하지 못하는 경우가 있다. 퇴비를 넣지 않고 어떻게 농사를 짓느냐고 일갈하고, 땅을 놀리는 것을 뭐라고 한다. 그래도 과하게 추구한 풍요로움이 결국 많은 것을 망쳐왔다고 조곤조곤 설명하면 한편으로는 이해하시곤 한다. "할머니, 이제 기후도 변하고 환경도 많이 악화되어서 또 할머니들이 젊은 시절 가난했던 것처럼 살아야 할지도 몰라요. 그래서 우리는 할머니들의 옛날 젊은 시절의 지혜를 빌리려고 하는 거예요." 할머니들은 "그렇지. 그땐 우리가 우리 손으로 모든 것을 만들어 썼지. 산이면 산. 들이면 들. 모르는 게 없었어."라며 할머니들이 생존하기 위해 얻었던 지식과 지혜를 들려준다. 씨앗을 남길 수 없었던 그 시절, 목숨을 연명하는 것이 최고의 가치였던 시절의 얘기를 우리는 듣고 기록한다. 우리의 유용한 기록들을 널리 알리기 위해서. 다 같이 살아갈 세상을 위해서.

이름의 중요성

씨앗에서 이름표 붙이기

연두농장 시절에는 종묘사에서 씨앗을 사서 사용했다. 속노랑배추, 불암배추, 춘향열무, 얼갈이배추, 슈퍼3호고추…. 종자 이름은 읽어도 그 이름이 붙은 까닭을 알듯 말 듯 했다. 속노랑배추는 속이 노란 배추로 자란다는 걸 알겠다. 슈퍼속노랑배추는 속노랑배추보다 개량한 종이고, 더 크다는 의미가 들어간 것 같다. 개량종의 이름은 대체로 슈퍼가 많이 붙고, 숫자도 들어가기 때문이다.

인물 이름이 붙기도 한다. 대파에는 장비 대파씨앗, 관우 대파씨앗 등 삼국지에 나오는 이름을 사용하고 있다. 다만 춘향열무는 왜 열무가 춘향인지 모르겠다. 고추 이름에는 독무대, 태백산맥, AR탄저박사 등 광고용으로 쓸법한 강한 문구가 많이 쓰인 것이 보이는데, 심지어 참깨에는 대박참깨라는 씨앗명도 있다. 이렇듯 종자회사에서 출시되는 씨앗명은 정감도 없고, 지역성을 알 수도 없고, 심지어 씨앗의 형질 특성도 알 수 없다.

토종 씨앗은 다르다. 토종 씨앗의 이름에는 삶과 그들의 가치 기준이 묻어나 있다. 언어의 역사가 묻어있다. 무엇보다도 소리글자인 한글의 특성을 띤 수많은 지역 언어가 살아있어 언어학적, 미학적, 사회문화적, 역사적 특징이 담겨 있다. 살아 있는 연구와 지혜의 보고寶庫인 셈이다.

토종 씨앗 이름을 살펴보자. 농민들이 붙인 이름에는 각각의 씨앗의 구별하는 형질을 표현하는 경우가 많다. 그렇다보니 어느 한 지역에서 표현되는 특질들은 완전히는 아니더라도 대체로 일치한다. 세대가 지나도 경험에 기초해 유사형질을 선택하기 때문이다. 사실상 작물은 다른데 부여한 이름은 동일한 경우도 있다.

다만 공간 규모가 확대되면 지역별로 차이가 생기기 시작한다. 다른 농민이나 공동체에서는 다른 형질을 강조하기 때문이다. 모양, 색상, 낟알 크기, 높이 등 식물의 형태를 씨앗 이름에 담기도 하지만, 생리와 재배방식, 성장주기, 개화 날짜 등 키우는 데 필요한 지식이 표현되기도 한다. 또 어떤 이름에는 가뭄·병충해·토양 적응도 등 환경에 얼마나 잘 적응하는지 여부가 꼬리표처럼 따라붙고, 조리법이나 맛에 관련 있는 내용이 붙기도 한다. 어떤 형질을 이름에 표현하느냐에 따라 다양한 이름이 탄생하는 이유이다.

이름에는 지역의 언어 차이도 담긴다. 예시로 전라도에서는 동부를 돈부라고 부른다. 동일한 씨앗과 깍지 형질을 갖는 콩이여도 명칭이 달라지는 이유는 들리는 대로 발음하여 이름 지을 수 있기 때문이다. 지역 언어 혹은 사투리를 사용해 품종을 명명하고 설명하는 탓에 다른 지역과 명칭의 일관성을 보일 수 없다.

품종을 설명하기 위한 형질들은 대체로 지리적 위치와 긴밀한 일관성을 보인다. 각 범주 내에서 품종은 동일한 포괄적인 명칭을 공유하며 때로는 작물 통칭을 사용하는 경우도 있다. 그러나 농민들은 작물의 형질에 따라 각각의 씨앗을 분명히 구별하고 있다. 곧 토종 씨앗의 이름은 지역민들의 기질과 역사적·사회문화적 특징을 반영하는 것이다. 토종 씨앗의 이름을 분석하면 언어가 지닌 삶의 문화를 유추할 실마리를 찾을 수 있다.

풍성한 수확에 풍성한 이름을

굼벵이 동부라는 것이 있다. 꼬투리 모양이 굼벵이처럼 생겼다고 해서 붙인 이름이다. 꼬투리를 까면 진한 미색의 동부가 나온다. 그래서 어느 지역에서는 흰동부라고 한다. 이것으로 떡고물을 만들면 흰색에 가까워서 흰동부라고 부르는 것이다. 또 어금니동부라고도 한다. 씨앗이 어금니처럼 생겼다고 해서 명명된 이름이다. 화순이나 전라도에서는

동부가 참 많다. 모양과 색깔이 다른 것들이 많은데도 그냥 다 동부라고
부른다.

자주 어금니동부(곡성)

어금니동부(평택)

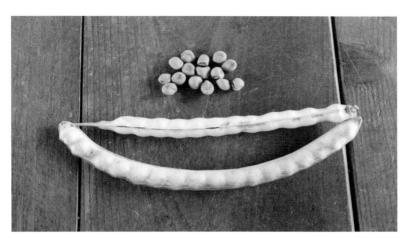

작은 어금니동부(화성)

　홍천에서는 울타리 콩류를 모두 줄콩이라고 한다. 줄을 타고 올라간다고 해서 줄콩이다. 모양과 색이 다른데도 딱히 구분하지 않는다. 홍천 씨앗 수집을 할 때 보면 색깔과 모양을 세심하게 구분하지 않는다. 그래서 "홍천 사람들은 복잡한 것보다 간단한 것을 좋아하지 않을까?"라고 했더니 지역농민이 그렇다고 한다. "홍천사람들은 그냥 줄콩이지 수식어를 붙이거나 굳이 구별하지 않으려고 하는 것 같아." 홍천은 서울과 가까워 상업농이 많은데 호박을 재배할 때도 그냥 호박이지 호박을 세세히 구별하지 않는다고 한다.

(좌) 줄콩(홍천), (우) 줄단콩(홍천)

한편, 순천에서는 둥근검정콩을 줄콩이라고 한다. 특히 서리가 내린 뒤면 순천장에 풋것들이 가장 많이 나오는 검정콩인데 사실 풋것일 때는 자줏빛이다. 이것만을 줄콩이라고 하지 다른 울타리콩을 줄콩이라고 부르지 않는다. 홍천에서는 줄콩이 보통명사로 사용됐다면 순천에서는 고유명사로 쓰이는 셈이다.

홍천과 순천은 뭐가 다를까? 홍천은 척박하여 곡식이 풍성한 곳이 아니다. 콩류도 그리 많지 않아서 다양한 울타리콩이 없었을 것이다. 반면 순천은 예부터 다양한 작물이 풍부한 곳이고 동부를 비롯해서 울타리콩 종류가 다양했다. 이들을 상세하게 구별할 필요가 있었을 것이다. 곳간의 풍성함도 작물의 이름을 짓는 데 영향을 미치는 것이 아닐까 추측해본다.

한편 순창지역에서는 벼농사가 주를 이루고 밭농사가 적은 편인데 이곳은 품종별 이름을 거의 짓지 않는다. 벼 외의 다른 작물은 한두 품종에 그쳤기 때문이다. 개체마다 형태적 특성이 달라도 한데 묶어 강낭콩이거나 동부일 뿐이다. 가령 다른 지역에서는 빨간팥이라고 하지만 순창에서는 빨간팥을 그냥 팥이라고 한다. 검정팥이나 쉬나리팥 등 다양한 팥이 없다. 빨간팥만 했기에 그냥 팥이라고 부르면 빨강색 팥을 으레 가리키는 것이다.

전라도에서는 강낭콩도 돈부라고 한다. 동부가 먼저 있었고 강낭콩이 나중에 들어온 것인지라 울타리가 있는 것을 모두 돈부라고 부르지 않았을까? 더욱이 동부와 강낭콩이 모양과 색이 달라도 모두 밥이나 고물로 구분하지 않고 사용한 것이라 돈부라고 통칭했을 가능성이 크다. 할머니들에게 이유를 물으면 "그렇게 불러와서 그렇게 불러."라고 하시니 내 나름대로 유추를 해볼 수밖에 없다. 이런 유추와 상상이 흥미로워 수집을 계속하고 있는지도 모른다. 부르는 이름들이 농가의 특성이나 지역 주민들의 특성을 반영하기에 그들의 문화를 읽는 재미가 너무나 쏠쏠하다.

이데올로기 갈등이 남긴 흔적

전국적으로 붉은빛이 나오는 상추는 빨강상추라고 하고 청색의 상추는 파랑상추라고 부른다. 사투리가 섞여서 뻐런상추, 퍼런상추라고 발음에 힘을 주는 경우도 있다. 씨앗의 이름을 정할 때 색을 넣는 경우가 많은데, 특히 경기도에서는 대체로 빨강 아니면 파랑을 사용한다.

용인에서 씨앗을 수집할 때의 일이다. 이곳에서는 유독 이름에 빨강과 파랑을 많이 사용하고 있었다. 그런데 검정빛이 묻어나는 팥을 파란 팥이라고 부르는 것이 아닌가?

　"할머니 이거 검정팥이라고 하지 않고 왜 파랑팥이라고 하세요?"

　"아냐. 이거 여기서는 계속 파랑팥이라고 불렀어."

옛날 팥(용인)

평택에서도 마찬가지였다. 검정을 파랑으로 불렀다. 검정빛이 푸르스름하게 보일 수도 있겠지만 아무리 봐도 검정이라고 할 것을 파랑이라고 부를 이유는 없었다.

순천과 담양으로 가보자. 여기서는 줄기색으로 토란을 구별한다. 자주색 줄기면 자주토란이라고 부르고, 녹색 줄기면 흰토란이라고 부른다. 가끔은 상추에서도 비슷한 사례가 나온다. 빨간상추와 파란상추라고 흔히 말하는데, 어떤 할머니는 파란상추를 흰상추라고 한다. 그러니까 색에 대한 대비를 기준을 정해놓고 파란색은 흰색으로 간주하는 것이다.

"할머니 이건 파란색인데 왜 흰 것이라고 해요?"

"몰라. 그렇게 불러왔으니까."

평택이나 용인 등 경기지역에서는 왜 흰상추나 흰팥이라고 하지 않을까?

평택은 미군기지가 있는 곳이다. 혹시 이데올로기적인 요소가 평택 지역에 영향을 미치지 않았을까 싶어서 평택의 역사를 물었다. 평택과 아산은 조선말부터 외국인들이 들어와 청일전쟁을 치렀던 곳으로 예부터 전쟁 피해가 막심했다고 한다. 비극적인 역사가 남아 있는 곳이다. 해방 이후에는 미군이 주둔하여 땅을 미군기지로 내어주어야 했다. 십수 년 전에 대추리 사건이 그러했다. 대대손손 이어온 농경지가 이데올로기로 인해 미군의 땅으로 강제로 넘겨져 고향을 등져야 했던 곳이다. 그런 곳에서는 공산사회국가를 빗대는 빨강과 남한을 상징하는 파랑 두 개만이 있을 뿐이다. 다양한 스펙트럼을 표시할 여유가 없었던 것이 아닐까?

같은 씨앗, 다른 이름

중학교 때 '분순'이라는 친구가 있었다. 그녀는 자신의 이름을 싫어했다. "할머니가 또 딸을 낳았다고 분하다고 이름을 이렇게 지었대." 자

알록달록한 풋동부의 스팩트럼

신의 감정을 투영해서 손녀의 이름을 그렇게 지어버린 할머니가 밉다고 했다. "나 크면 이름 고칠 거야." 늘 그렇게 말했다. 40년이 훌쩍 지난 지금으로서는 그녀가 이름을 고쳤는지 알 수 없다.

씨앗 조사를 할 때도 분순이라는 이름을 가진 할머니를 만났다. 민가에서는 '성명학'에 큰 의의를 두지 않아서 돌쇠, 개똥이, 점순, 말녀와 같은 이름이 흔했다. 사람 이름도 씨앗 이름처럼 지었다. 점이 있다고 점순이라고 하고, 끝에 여자아이가 나왔다고 말녀, 딸을 낳아서 분하다며 분순이라고 지었다. 좀 사는 집에서는 자식에 대한 소망이나 자식의 명운을 보완하기도 한다. 이름 하나로 남녀선호사상과 집안의 정서를 읽을 수 있는 시대였다.

모름지기 이름이란 부르는 사람이나 불리는 사람에게 좋은 에너지를 주어야 한다. 이름은 개체의 구별을 위한 장치지만 1, 2, 3호라는 개별

적 특성 없이 번호만 매겨지는 것은 박하다. 사람도 씨앗도 '이름을 불러줄 때 비로소' 꽃이 되는 것이 아닐까? 비록 생명이 유명무명有名無名일지라도 말이다.

동글동글 동부 콩

동부는 콩과에 속하는 덩굴성 식물을 말한다. 이집트 원산의 콩으로 덩굴성이나 꼬투리가 팥보다 길다. 이집트에서 건너온 동부는 눈이 검은 것으로 각시동부라고 불리운다. 최근에는 각시동부와 같은 눈이 진한 외래종들이 많이 들어와서 농가에서 재배한다.

전라도에서 특히 많이 재배하며 팥처럼 떡고물로 사용하거나 죽으로도 먹는다. 전라도 사투리로는 돈부라고 불린다. 한국에서는 동부가 먼저 있었는데, 울타리강낭콩이 나중에 들어온 탓에 울타리가 있고 꼬투리가 긴 콩을 모두 동부·돈부라고 불렀다. 하지만 전라도에서는 울타리 강낭콩류도 돈부라고 부른다. 전라도에서 많이 재배하는 전통적인 재래종 동부로는 검정동부가 있는데 이는 줄기는 길게 뻗지만 밭가장자리에서 재배한다.

각시동부(흰동부)(화성)

검정동부(순천)

토종 씨앗을 찾아다니며 알게 된 사실

개파리동부

큰개파리동부

돌동부
(야생)

꿩동부

보라동부

Tohono O'odham
Southern pea

Hog Brains
Cowpea

굼벵이동부

검은어금니동부

붉은동부

꿩동부

각시동부

검정동부

충청도나 경기도에서도 동부가 수집되지만, 주로 어금니처럼 생긴 동부 또는 흰동부를 많이 재배한다. 흰동부나 어금니동부는 바탕이 진한 미색이며 눈이 희다. 동부는 특히 품종이 다양해 지역에 따라 동부라는 통칭을 사용하거나 씨앗이나 작물의 특징에 따른 이름을 붙여 부른다. 흰동부, 굼뱅이동부, 어금니동부와 같이 각기 꼬투리 색, 꼬투리 모양, 콩 씨앗의 모양을 두고 이름을 달리 부르는 것이다.

오랜 기간 키워온 동부는 그 종류도 다양하다. 평택 수집을 할 때의 일이다. 동부를 두고 수집단에서 약간의 언쟁이 일었다. 순천에서는 '밭갓동부'라고 수집된 동부가 평택에서는 다른 이름으로 불리고 있었기 때문이었다. 평택 할머니들은 '동냥치 동부'라면서 씨앗을 건넸다. 왜 동냥치 동부라고 하느냐고 물으면 "옛날부터 여기에서는 그렇게 불렀어."라며 이유를 알 수 없다고 했다. 동냥하던 거지들의 옷처럼 지저분하다고 해서 동냥치 동부라고 불렀을 것이라고 추측했다.

갓동부(순창)

동냥치동부(화순)

　같은 씨앗을 두고 곡성에서는 '꿩동부'라고 한다. 모양은 비슷비슷하다. 그냥 꿩 색깔을 띤다고 해서 꿩동부였다. 또 화순에서는 '곰팡이 동부' 또는 '곰팡 동부'라고 부른다. 곰팡이가 핀 것 같이 보였기 때문이다. 화순과 가까운 담양에서도 곰팡이 동부라고 하고, 간간히 동냥치 동부라는 말도 했다. 다른 경기도 지역이나 괴산에서는 '개파리 동부'라고 불렀다. 개에 붙은 파리와 생김새가 같다는 뜻이다. 순천에서도 간간히 개파리 동부라고 불렀으나, 그보다는 '밭갓 동부'라고 했다. 모양이나 색깔로 얘기하지 않고 밭 가장자리에 심는다고 뜻이다. 순창에서는 그냥 동부, 돈부라고 부른다.

꿩동부(순창)

개파리동부(화성)

개파리동부(동냥치동부)(담양)

곰팡동부(담양)

곰팡동부(화순)

토종 씨앗을 찾아다니며 알게 된 사실

이처럼 같은 종류의 씨앗을 지역마다 다르게 부른다. 대개는 생김새가 비슷한 단어를 사용했으나 유독 순천에서만 어디에 심는가를 염두에 두고 명명한 점이 달랐다.

뿔이 나고 가시가 돋친 시금치

이른 봄에 곡성장에 가면 시금치가 많이 나온다. 재래시장 씨앗전에는 '뿔시금치'라고 소개되어 있다. 시금치 씨앗이 뿔이 있어서이다. 뿔시금치는 잎도 둥글지 않고 각이 져서 뿔 모양이다. 경기 지역으로 올라가면 '가시 시금치'로 바뀐다. 화성지역에서는 알게 된 것인데, 씨앗이 가시처럼 날카롭다고 해서 가시시금치라고 한단다. 화순과 순창에서는 그냥 '시금치'라고 한다. 담양에서는 '조선시금치'라고 하거나 '재래종시금치'라고 한다.

뿔시금치(무주)

(좌) 뿔시금치 씨앗(평택), (우) 가시시금치 씨앗(화성)

이 시금치는 재래종이다. 재래종 시금치는 날것으로 먹어도 맛있으며 가을에 심어서 이듬해 이른 봄에 주로 먹는다. 부드럽고 잎이 크다는 특징이 있다. 이에 반해 '둥근시금치'가 있다. 씨앗도 둥글고 잎 모양도 둥글다. 뿔이나 가시가 없다.

둥근시금치

둥근시금치 씨앗

한편 무주지역에서는 시금치를 찾기 어렵다. 시금치는 평야에서 주로 재배하기 때문이다. 무주는 산간 지역이라 산나물 위주의 채소들을 이용했던 터라 자급용 시금치를 재배한 농가도 거의 찾지 못했다. 수집한 씨앗을 보면 지역의 특성과 문화를 알 수 있는데 무주에서는 그 흔한 시금치 씨앗을 찾지 못했던 점이 기억에 남는다.

더욱 선명한 빨간 팥

곡성 수집을 할 때, '빨간팥'을 '앵두팥'이라고 부르는 경우가 있었다.

살펴보니 정말 앵두처럼 색이 선명하게 붉고 둥글다. 일반적으로 빨간
팥이라고 하는 것 중에서도 앵두팥으로 특별하게 부르는 것은 모양이
색의 선명성을 두고 지어준 이름 같다. 두 팥의 차이를 선명하게 설명하
기는 어렵지만 예전에 할머니들이 앵두처럼 생긴 것을 특히 앵두팥이라
고 부른 것으로 보인다. 남도에서는 집 우물가에 앵두나무가 한 그루씩
있었던 터라 앵두팥 이름의 유래를 따라보면 농가의 풍경을 떠올릴 때
와 같은 정겨움이 묻어난다.

　　화순 수집할 때는 앵두팥이라고 명명된 이름의 팥들이 많이 수집되었
다. 할머니는 "앵두팥은 빨간팥과 달라. 맛도 더 좋고, 눈도 요렇게 길
고."라고 설명했다. 화순은 재래팥을 앵두팥이라고 하는 것 같았다. 그
래서 화순에서 수제 팥빵을 만드는 곳에서 일반팥 대신 앵두팥을 넣어
서 '앵두팥빵'을 만들기로 했다. 조만간 화순에서 재래종 앵두팥빵을 만
날 수 있으리라.

앵두팥(화순)

경기도나 경상도 충청도로 올라오면 '빨간팥, 쉬나리팥, 섣날거리팥, 삐런팥' 등의 이름을 사용한다. 가끔 앵두팥이라고 부르는 이름은 있어도 화순처럼 빨간색 팥 대부분을 앵두팥이라고 부르는 데는 없었다.

빨간팥(평택)

붉은팥(화성), 삐론팥(화순)

반면 순창에서는 빨간팥을 그냥 '팥'이라고 한다. 다른 팥은 재배하지 않기 때문이다. 전통 제례나 의례에서 사용하는 것이 빨간 팥인 것을 감안한다면 벼농사 위주의 순창에서는 굳이 팥까지 재배할 필요성을 갖지 못했다. 결국 팥은 모두 빨간팥뿐이기 때문에 굳이 색깔로 개체를 구별할 이유가 없었던 것으로 보인다.

붉은팥의 팥 깍지

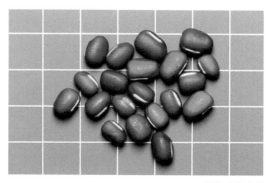

붉은팥의 팥 알

대갈쟁이 팥의 유래

전국적으로 많이 재배되는 여러 품종의 팥 사이에서 심심치 않게 보존되고 있는 것이 '개구리팥'이다. 화성에서 개구리팥으로 팥앙금을 해드시는 분은 이 팥에 대한 특별한 애정을 드러냈었다. 몇 알만 가지고 계셨다가 이듬해 페트병 하나 가득 증식해서 주셨던 덕분에 회원들에게 넉넉하게 씨앗 나눔을 했던 기억이 있다.

개구리팥 혹은 개골팥은 개구리처럼 알록달록하게 생겼다고 해서 붙여진 이름이다. 이를 통칭 까치팥, 새대가리팥이라고도 부른다. 순창에서는 '새대가리팥'이라고 부르는데 정읍과 인접한 쌍치면과 복흥면에서는 '대갈쟁이'라고 불렀다. 순창지역에서도 부르는 이름이 달라서 여쭈어 보았지만 "그냥 옛날부터 그렇게 불러왔으니까 그렇게 부르지."라고 한다. 새대가리와 대갈쟁이, 머리의 뜻인 대가리는 같은데, 새 자는 왜 뺐으며, 쟁이는 왜 덧붙였을까? 수집단원들과 유추해보았지만 근접할 것이 없었다.

답은 다시 들른 농가에서 얻을 수 있었다. "어제 깜박 잊었는데 대갈쟁이를 안 주었어." 하면서 내민 씨앗을 받으며 "왜 대갈쟁이라고 불러요? 순창읍에서는 새대가리팥이라고 부르는데."라고 물었다. 씨갑시는 대뜸 "대머리에 머리카락이 좀 있는 사람을 대갈쟁이라고 하거든."라고 설명했다. 이 말을 듣고 팥을 자세히 보니 정말 옅은 노란색 바탕에 검은색이 살짝 섞여 그렇게 보였다. "와~ 정말 그러네요." 놀라왔다. 어떻게 이런 방식으로 귀엽고 다감한 이름을 붙일 수 있었을까. 감탄할 수밖에 없었다. 행정단위가 같더라도 순창읍보다 정읍과 가까워 정읍으로 마실을 간다는 복흥면과 쌍치면 사람들이 부르는 대갈쟁이. 아직 정읍에서는 씨앗 조사를 하지 않았지만 아마도 이곳과 가까운 지역에서 새대가리팥, 까치팥, 개구리팥을 만나면 대갈쟁이라고 부르지 않을까 싶다.

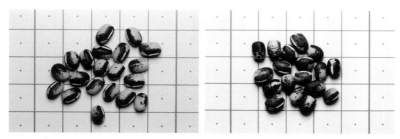

개골팥(담양), 까치팥(무주)

새대가리팥(순창), 대갈쟁이(순창).

왜콩은 어디서 왔을까

두벌콩은 남부지방에서 일 년에 두 번을 농사지을 수 있어 붙여진 이름이다. 키 작은 강낭콩이라서 '앉은뱅이콩'이라고도 부른다. 화성에서는 외국에서 들어온 콩이라고 해서 대부분 '왜콩'이라고 부른다. 왜콩이라고 부르는 것은 대체로 콩이 미색에 붉은 점이 있기 때문이다.

이름을 명확하게 구분하지는 않지만 수집 종을 살펴보면 빨간색이나 검은색인 재래종은 왜콩이라고 부르지 않는다. '빨간 두벌콩, 검정 두벌콩' 또는 '빨간 앉은뱅이콩. 검정 앉은뱅이콩'이라고 부른다. 그러니 알록달록한 키 작은 강낭콩은 일본에서 들어온 콩이라고 유추할 수 있다. 왜倭는 일본을 가리킬 때 쓰는 말이었기 때문이다.

두벌콩

검정두벌동부(화순)

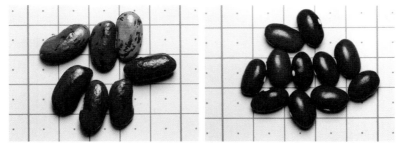

두벌동부((좌)화순, (우)담양)

　무주와 순천 등에서는 '감자밭콩'이라고도 부른다. 감자를 심을 때 감자 옆에 심는다고 해서다. 특히 무주에서는 '감자밭올콩'이라고 부른다. 감자밭 가장자리에 심는 일찍 심는 콩이라는 의미다. 전통적으로 '유두콩'이라고도 부른다. 일찍 심어 유두절양력 7월에 수확한다고 해서 부르는 이름이다.

감자밭강낭콩(광주)

가랏인가 유채인가

가랏은 화순에서 수집된 십자화과 식물이다. 전라도에서 수집되는 토종작물 이름에는 대체로 순우리말이 많다. 가랏은 '가라지'의 방언이다. 가라지란 풀이란 뜻인데 특히 성경에서는 쓸모없는 풀에 비유한다. 가랏을 수집한 곳은 예전에 탄광촌이었던 마을이었다. "이것이 진짜 가랏이야."라고 말한 할머니는 할아버지가 제천에서 와서 정착한 사람이며 자신은 장흥에서 시집을 왔다고 했다.

"탄광에 할아버지가 왔고, 난 장흥에서 여기로 시집을 온 거지. 장흥에서 올 때 가져온 씨앗이야."

이때 얻은 가랏 모양에 대해서는 의견이 분분했었다. 가랏은 남부지방에서 유채를 말하는데 이 할머니의 가랏은 결각缺刻*이 별로 없었기 때문이다. 대물림해서 가랏김치를 담그던 할머니는 가랏이 결각이 좀 있는 것이라고 했다. 화순장에서 만난 가랏도 결각이 깊지 않고 얕게 톱니처럼만 나 있었다.

가랏 잎과 꽃(화순)

* 잎가장자리가 들쑥날쑥한 모양.

어쨌거나 장흥에서 시집온 할머니가 화순에서 오랫동안 재배해온 가랏은 봄에 솎아서 김치를 해 먹거나 쌈을 싸 먹는 용도로 사용했다. 가랏김치에 대한 화순 할머니의 사랑은 남달랐다. 늦가을에 뿌려서 월동을 한 뒤에 이른 봄철에 잎을 뜯어 쌈으로 먹고, 김치를 담가 먹었다.

화순 할머니가 가랏김치를 버무리고 있다

경기도나 충청도에서 유채를 수집하면 '하루나春菜, はるな'라는 이름을 많이 사용한다. 일본어로 봄에 싹트는 채소를 말한다. 아마도 경기도나 충청도에서는 유채 씨앗을 겨울 전에 뿌려서 봄에 싹이 트면 먹는 것으로 사용했기 때문에 붙여진 것 같다. 가랏·하루나·유채는 잎이 부드럽고 연하여 봄철 채소로 각광을 받는다. 5월에 씨앗을 채취하여 기름을

배추 꼬랑지의 맛

조선배추(담양)

결구되지 않는 재래종 배추를 조선배추라고 부른다. 조선배추 중에서 뿌리가 발달한 배추를 뿌리배추라고 부른다. 많은 어르신들은 뿌리를 먹었던 시절에 추억이 있어서 뿌리가 발달한 배추를 찾는다. 대체로 서울배추나 개성배추 등이 반결구배추로 뿌리가 굵고 크다. 반면에 의성배추는 거의 결구가 되지 않지 않으며 조선배추라고 한다. 특히 역삼각형의 뿌리로 순무처럼 생긴 꼬랑이꼬랭이를 가지고 있어 '뿌리배추, 꼬랭이배추'라고도 부른다.

하지감자와 더불어 가을감자라는 것이 있다. 가을에 심어서 씨앗으로 남겨두는 것이다. 특히 홍감자를 가을감자라고 부른다. 가을감자보다 하지감자가 많은 이유는 우리나라 기온 특징상 가을감자는 씨알이 작기 때문이며, 한편으로는 가을에 식량 대용인 고구마를 수확해 감자의 자리를 대신하기 때문이다. 언젠가부터 수미감자가 나온 뒤로는 감자씨알을 매년 구입해서 심을 수 있기 때문에 굳이 씨을 보전할 이유가 없어졌기 때문인지도 모른다.

줄콩

울타리콩울콩을 줄콩이라고도 하는데 어떤 지역에서는 단 하나의 품종만을 줄콩이라고 부르고, 어떤 지역에서는 울타리형을 모두 줄콩이라고 부른다. 순천에서는 검정둥근강낭콩만을 줄콩이라고 부르고, 유독 홍천에서는 각종 울타리콩을 모두 줄콩으로 본다.

지금은 전국적으로 각종 울타리콩을 많이 재배한다. 외국에서 도입된 콩들도 최근에는 부쩍 많아졌다. 그러나 홍천에서 본 줄콩은 지금도 대체로 한 두 종류에 불과하다. 옥수수를 많이 재배하는 홍천에서는 옥수수를 지지대로 삼아 콩덩쿨이 올라가도록 재배한다. 그래서 울타리란 말보다 넝쿨의 의미인 '줄'을 사용했는지 모르겠다.

줄콩(홍천)

저시살이

전라북도 순창군에서 수집된 '저시살이'가 있다. 저시살이는 겨우살이의 속명이기도 하다. 겨우살이는 겨울을 난다고 해서 겨우살이다. 그렇다면 저시살이는 겨울을 나는 작물을 일컫는 말일 것이다.

작물을 보지 못했으니 구체적으로 어떤 것인지 궁금하다. 심어봐야 알 일이지만 씨앗을 보니 십자화과이다. 유채나 배추, 갓 등의 씨앗에서 보이는 모양이다. 그렇다면 저시살이는 봄동을 가리키는 것일까? 겨울에 땅속에 있다가 이른 봄에 먹는 배추를 봄동이라고 부르니 말이다. 봄동도 배추, 갓 씨앗과 같은 십자화과이다. 그러나 할머니는 저시사리가 배추라고 하지도 않고, 갓도 아니라고 한다. 그렇다고 유채라고 하지도 않고 그냥 '저시살이'라고 부른단다. 곡성에서 할머니는 밑갓을 보더니

'저세살이'라고 부른다. 그렇다면 겨울을 난 십자화과를 통칭 저시살이라고 하지 않을까?

우리말 사전에 의하면 '저세살이'는 밭에서 죽지 않고 겨울을 넘겨서 이른 봄에 먹을 수 있는 배추 따위의 채소를 이른다고 한다. "그럴 때는 저시살이 묵고 사요."라는 말을 전라도 사투리로 들을 수 있다. 다른 지역에서는 어떻게 부를까? 강원도에서는 '겨울살이', '저울살이'이다. 제주도에서는 '저슬살이', 함경도에는 '저우살이', 충북에서는 '겨울살이', 평북에서는 '게우살이'라고 한다. 즉 겨울 동안 먹고 입고 지낼 옷가지나 양식을 통틀어 겨우살이라고 하는 것이다.

토종 씨앗 조사를 해보면 그 이름 안에 우리말이 살아있는 것을 알 수 있다. 그러니 토종 씨앗을 조사한다는 것은 우리 삶 속에서 고유한 사투리를 연구하는 의미도 크다. 토종 수집은 삶의 모든 문화를 표현해준다. 토종 씨앗은 언어도 대물림하는 것이기에 토종 씨앗이 사라지면 지역언어들이 사라지는 것이다.

보리콩

재래종 완두를 보리콩이라고 한다. 보리를 심을 때 보리 사이에 심는다고 해서 보리콩이다. 흰색 바탕에 알이 동글동글한 콩만을 일컬었다. 그러나 전라도 지역에서는 완두콩을 보리콩이라고 한다. 완두의 통칭으로써 푸르스름하고 둥근 초창기의 완두콩도 보리콩이라고 하는 것이다.

쌀보리와 같이 자라는 보리콩

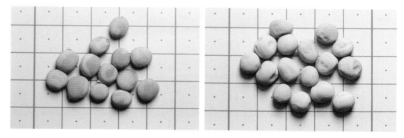

(좌) 보리콩(담양), (우) 보리콩(화순)

특히 남부지역에서 겨울 이전에 심는 재래종 완두콩은 초여름에 수확
해서 먹는다. 흰색이나 푸르스름한 콩을 가리지 않고 보리콩이라고 부른
다. 겨울 이전에 심어야 수확이 많고 병해충이 덜하다고 한다.

다만 개량종 완두콩은 감자 심을 때인 봄에 심거나 좀 더 일찍 심는다. 이렇게 봄에 심는 종자회사의 완두콩은 이름 그대로 완두콩이라고 부른다. 덧붙여 화성에서는 봄에 심는 완두콩을 '인두마마콩'이라고 한다. 채종해서 콩이 마를 때는 쭈글쭈글해지기 때문이다.

인두마마콩(화성)

아주 오래전에 지역을 기억하기 어려운 완두 수집에 얽힌 에피소드가 생각난다. 마을 농가에서 이리저리 묻는 것을 듣고 있던 마을의 할아버지가 "우리 집에 파란 보리콩이 있어. 줄 수 있어."라고 하신다. 그래서 그분의 집으로 따라갔더니 종자회사에서 산 '완두콩 한 봉지를 들고 나온다. "이건 재래종이 아니라 개량종이에요. 저희가 찾는 것이 아니구요." 그러나 할아버지는 수확량도 많고 좋다며 다 줄려고 했다. 우리에게 무엇인가를 내어주고 싶었던 마음을 표현하신 것이다. 그러면서 "이것도 보리콩이라고 해."라고 말했다. 재래종 이름인 보리콩이 완두의 통칭이 되어버린 격이다.

씨앗은 어떻게
이동할까?

시집가는 씨앗

'시집간다'라는 말에서 '시'는 '씨'의 변형이라고 볼 수도 있다. 남자의 성을 따르면서 성을 이어받는 '씨'의 집에 간다는 말이 '시집간다'가 되었다. 시집간 여자를 '각시'라고 하는데 각시는 '각씨'에서 유래된 말이다. 한자를 빌려 '閣氏'라고 적기도 했다. 이렇게 하나의 씨가 되어 씨의 집에 간 할머니들은 그 집의 씨앗을 대물림하기도 하지만, 시집을 갈 때 자기 씨앗을 가져가기도 했다.

화성에서 씨앗 수집을 할 때의 일이다. "내가 살던 평택에서는 여름에 토장국을 먹었어." 화성 할머니들에게 밀로 해 먹던 토장국에 대한 설명을 들었다. 예전에는 화성과 이웃한 지역인 평택에서 시집을 온 경우도 있었다. 평택에서 시집을 올 때 가져온 키 작은 강낭콩을 왜콩이라고 불렀다고 한다. 그래서 오늘날에도 화성이나 평택은 키 작은 콩을 모두 왜콩이라 부른다.

콩알 모양이 제각각이지만 모두 왜콩으로 부르고 있다(화성)

아산에서 시집온 평택의 한 할머니는 시집올 때 팥 단지와 찹쌀을 가져와서 지금까지 애지중지 키워오고 있단다. 팥 단지에 담긴 빨간팥은 마을에서 오랫동안 대물림되고 있었다. 이렇듯 할머니들이 시집을 올 때, 맛을 잊지 못해 가져온 씨앗들이 시댁에서 대물림되어 정착해나가는 경우가 많다.

해남에서 화성으로 시집온 할머니도 있었다. "와~어떻게 여기까지 시집을 왔어요?"라고 묻자 해남에서는 겨울이 와도 고된 농사일을 했기에 겨울에 쉬고 싶어서 화성까지 시집을 왔다고 한다. 하지만 그녀의 바람은 성사되지 않았다. "글쎄, 시집을 왔는데 그때 비닐하우스 농사가 시작될 무렵이었지. 시댁에서 비닐하우스 농사를 시작한 거야. 휴…. 결국 내 꿈은 깨졌고, 평생 고된 농사를 해 온 거지." 아쉽게도 이 할머니에게서 해남 씨앗을 얻을 수는 없었다. 시집올 때 씨앗을 가져왔지만 모두 밀져서 없어졌다고 한다. 소중히 가져온 고향 땅의 씨앗이지만, 너무 시간이 지난 탓이다.

피난길의 금싸라기

지금도 산골을 돌아 수집할 때면 남북전쟁이 일어난 것도 뒤늦게 알게 되는 동막골과 같은 곳을 찾게 된다. 순천의 산골에서 하루나를 재배했던 할머니가 그렇다. 그곳은 깊고 깊어서 육이오 전쟁 당시 보따리 짐을 지고 걸어서 피난 온 사람들이 모인 곳이다. 유채씨앗은 그때부터 재배했다고 한다. 산골에서 밭을 일궈서 유채를 심었고 이른 봄에는 쌈과 배추로, 꽃이 피면 기름을 짜서 먹었다고 한다. 피난 올 때 가져온 씨앗은 두 집만 남은 지금도 여전히 자라고 있다.

순창 참외는 노란색 바탕에 녹색의 알록달록한 무늬가 그려진 타원형의 참외이다. 개구리참외보다 맛있다는 이 참외는 한국전쟁 이전부터 재배해오던 재래종이다. 6.25 한국전쟁이 발생하고 순창 외진골에 피난살이 중에 맛본 참외가 맛있어 씨앗을 가져다가 계속 심어왔다고 한다.

순창의 재래종 참외

순창읍에 사는 할아버지는 하우스에다 심어봤지만 아린 맛이 생겨 그
냥 노지에 계속 심는다고 한다. 곡성 석곡장에 나오는 할머니도 노지에
서 계속 심어온 참외라고 한다. 요즘 성주참외와 같은 것은 하우스에서
심어야 제대로 맛을 볼 수 있다. 이와 달리 재래종 참외는 밭에서 심어
먹어야 제맛을 느낄 수 있다. 피난살이에 살림을 챙기기에도 정신이 없
었을 터인데 금보다 더 귀한 것이 씨앗임을 알 수 있게 해주는 예이다.
이렇듯 맛이 있으면 씨앗을 얻어서 자신이 사는 곳에 정착시킨다. 작물
씨앗은 인간이 이동하는 거리만큼 이동한다.

맛이 좋아 스카우트한 임실감자

"이렇게 못생긴 감자가 있다냐?" 지금은 임실감자라고 붙여진 흰감자
를 보면 울퉁불퉁하여 정말로 못생겼다. 토양에 따라 변한 것이 아니라
임실, 순창, 곡성, 고창 어디서든지 못생겼다. 그런데 맛은 기가 막히다.
포근해서 그냥 쪄서 먹고, 찰기가 있어서 반찬으로 먹어도 포슬포슬하니
흩어지지 않고 쫄깃한 식감과 부드러운 식감을 동시에 즐길 수 있다.

이 감자는 임실 덕치면의 85세 할머니로부터 순창에 이득자 씨에게
전해진 것이다. 임실 할머니가 품 팔러 갔다가 먹어본 감자가 너무 맛있
어 얻어온 것이라고 한다. 그래서 임실감자라고 이름을 붙였다. 이처럼

토종 씨앗은 맛이 좋아서 씨앗이 이동하는 경우가 많다.

흰감자지만 햇살이 비칠 때 보면 감자에서 분홍빛이 반사된다. 홍천에서 대물림되어 오랫동안 이어진 감자가 타원형의 크고 울퉁불퉁한 감자인데 분홍빛이 살짝 돌지만 속살은 하얗다. 분홍감자를 오랫동안 심으면 분홍빛이 엷어지는데 이 감자도 오랜 세월 동안 흰 감자로 변한 것이라 여겨진다.

임실감자

토종 씨앗을 찾아다니며 알게 된 사실

농민의 손길로 토착화된 자갈감자

강원도 홍천의 700고지 내서면에서는 청춘감자를 재배한다. 청춘감자는 5월에 파종해서 하지가 지나고 9월에 캐어 먹는 감자다. 청춘이라는 이름은 하지가 되어도 잎이 갈변하지 않고 줄기와 잎이 파랗게 생생하게 있기 때문에 붙여졌다. 감자 속 색이 노란색이여서 청춘노랑감자라고도 부른다.

청춘감자(홍천)

이 청춘감자는 쫀득하고 포근한, 감자를 찾는 맛을 모두 갖추었지만 지역성이 강해서 한정된 조건에서만 자라는지라 어디에서나 재배해 먹을 수 없다. 만약 남부지방에서 재배하면 9~10월경에는 손가락 마디만 한 알갱이가 혹처럼 붙어서 나오기 때문이다. 그래서 홍천을 벗어나 다른 중남부 지역에서 제대로 수확할 수가 없다. 청춘노랑감자를 가져와 재배한 농가가 있더라고 이듬해에 다시 하지 않는다.

그런데 순천 송광면에서 수집된 자갈감자의 맛과 모양이 청춘감자와 비슷했다. 출처를 물어봤지만, 대물림되어 내려왔기에 어디서 감자를 얻게 되었는지는 알 수 없다고 했다. 자갈감자는 말 그대로 자갈처럼 알이 작은 감자이다. 다만 퇴비를 넣으면 감자알이 커진다. 수확은 하지에 하는데 청춘감자와 꽃색과 줄기색이 같다. 자갈감자는 가을감자로도 심을 수 있다. 이때는 씨앗을 내기 위해 심는다.

아마도 자갈감자는 청춘감자의 계통으로 남부 산간 지역에서 토착된 것이 아닌가 추측해본다. 한 농가에서만 나왔기 때문에 계통을 알 수는 없지만 혹여 강원도에서 가져온 노랑감자일 수 있다는 생각을 떨칠 수 없다. 만약 그렇다면 청춘감자는 당해 연도에 바뀐 토양에 적응이 어렵다 하더라도 수년 동안 적응시키는 일이 가능할 수 있다. 단지 시간이 많이 걸릴 뿐이다. 수많은 육종가들이 토착화된 고정종을 내기 위해 최소 7년 이상을 심는 것도 이런 이유이다. 전통 육종법은 이런 긴 시간과 관심으로 토착화된 씨앗을 만들어냈다.

우리가 먹는 다양한 재래종은 하나같이 그 오랜 세월 동안 농민의 손길이 들어간 결과물이다. 어느 날 갑자기 새로운 품종이 만들어지는 것은 아니다. 한 품종이 만들어지기까지 수많은 육종가들의 노고가 들어 있다. 이 점을 생각할 때, 한 사람에게만 이익을 집중시키지 말고 이익 공유제를 실시해야 한다. 독점적 이익을 강조하는 것은 자연과 사람이 함께 한 공로를 갈취하는 것과 다름이 없다. 씨앗은 공장에서 새롭게 찍어낸 플라스틱이 아니다.

육종한 여러 가지 감자

고향 찾아 돌아온 귀향초와 노가리고추

귀향초라고 불리는 화천재래 고추가 있다. 키가 작고 옆으로 가지를 많이 쳐 우리가 심는 고추와 수형도 고추 모양도 다르다. 화천재래를 곡성에서 처음 심었을 때, 고추가 주렁주렁 달렸었는데 장마를 거치더니 탄저가 오고 9월 늦장마에 결국 탄저균으로 '폭망'했었다. 수형이 작은 반면에 고추가 크고 무거워서 가지들이 땅에 많이 닿았던 탓이다. 그래서 고추를 개량한 이유 중 하나는 토양을 통해 번지는 탄저균을 피하기 위해 입성 수형이 되게 만든다.

중국에서 들어온 중국재래종 금패황양각초도 화천재래 고추와 비슷했다. 조선 후기에 들어온 고추가 대체로 이렇게 수형이 짧고 고추 껍질이 두껍고 물이 많아 통통하다. 또한 역삼각형의 모양이며 단맛이 강하다. 이 고추는 안동에 사는 최종철 씨의 중국교포 아내가 한국으로 건너올 때 '다시'가지고 왔다. 부인의 조부모는 화천에 살다가 일제 강점기에 연해주로 건너가면서 고추씨앗을 가지고 갔고. 그 고추씨앗을 연변에서 줄곧 재배하며 양념으로 사용했으며 부인이 한국으로 들어올 때 고추씨앗을 가지고 돌아온 것이다. 중앙아시아로 이주된 고려인에 관한 다큐를 보았을 때, 그들은 조선땅에서 씨앗을 가지고 가서 만주를 거쳐 중앙아시아로 가지고 갔다. 씨앗은 식량이었기에 당시 평생 먹었던 '고향 맛'을 가지고 갔던 것이다.

이후 최종철 씨의 친구인 봉화 농부 박성인 씨를 통해 토종씨드림에 수집될 수 있었다. 박성인 씨는 원래의 지역명을 따서 화천재래라고 명명했다. 토종씨드림 수집단은 이를 귀향초라고도 이름을 지었지만 토종

씨드림에서는 화천재래라는 이름으로 보급되었다. 작은 씨앗이 화천에서 중국 연해주로 갔다가 다시 안동으로 돌아왔으며 최종적으로는 봉화에서 수집되었다. 씨앗의 경로는 그렇게 국가를 넘나든다.

개량이 한창 되기 전의 모습을 지니고 있는 화천재래는 매우 기념비적인 고추임이 틀림없다. 현재의 어떤 재래종 고추도 화천재래종 고추의 맛과는 다르다. 다만 화천재래는 북방의 고추로 남부에서는 탄저병에 노출될 위험이 크다. 따라서 화천재래가 보전될 지역으로는 경기도와 강원도 경북, 그리고 연변이나 북한지역이 알맞다.

화천재래의 맛이 워낙 좋아서 화천재래의 수형의 단점을 극복하려는 노력도 진행되고 있다. 토종씨드림 육종가인 고창 김완술 씨는 파주초와의 교배를 통해 화천재래의 장점과 파주초의 장점을 보완하여 현재 3년째 고정시키고 있다.

(좌) 파주초, (우) 화천재래

칠성초

　한편 순창의 이득자 씨에게서 수집한 노가리 고추도 고향을 찾아온 씨앗이다. 이득자 씨는 순창에서 유명한 씨갑시다. 이득자 씨가 수집한 씨앗 중에서 쉽게 볼 수 없는 재래종을 고른 뒤 인터뷰를 통해 씨앗의 경로를 세밀히 파악하는 데 주력했다. 노가리 고추도 그중 하나이다. 노가리 고추는 노지에 갈아서 먹는다고 해서 노가리 고추라고 한다. 처음에는 이름이 없다가 이후 재배가 늘며 이름이 붙여졌다. 1980~1990년 대부터 하우스에서 고추를 많이 재배하였으며 특히 순창은 고추장으로 유명한 곳이라 고추 농사를 짓는 농가가 상당히 많았다.

　고추 육묘가 발달하기 전에 할머니들은 고추 씨앗을 3~4월에 노지에 흩어 뿌린 뒤 솎아서 재배하거나 옮겨 심는 방식으로 키웠다. 그러니 이득자 씨가 말한 노가리 고추는 이러한 전통적인 파종 방식에서 이름을 따서 붙인 셈이다. 고추 모양이 노가리처럼 생겨서 노가리 고추라고 한 것 같지만 고추 재배 방식을 고려하면 노지 고추라는 의미가 부각되었다고 보는 편이 더 맞겠다.

　노가리 고추를 재배했던 분은 순창 구림면에서 살다가 임실군 덕치면 수통골로 시집을 갔다고 한다. 시집갈 때 노가리고추를 가지고 가서 며느리에게 대물림했다. 그렇게 임실에서 70년 넘게 이어왔고, 이후 순창 탑리의 이득자 씨가 얻어와 되돌아온 고추가 된 것이다. 임실에서 70년이 넘게 이어왔고, 이득자 씨가 20년을 넘게 심어왔으니 노가리 씨앗은 100년이 넘은 이야기를 품고 있는 셈이다.

　노가리 고추를 보니 100년 전 고추의 모양을 유추할 수 있다. 키는 작고 역삼각형의 고추로 달고 매운 맛을 가지고 있다. 더 자세히 보니 곡성 칠성리에서 수집된 곡성초와도 모양과 크기가 비슷하다. 단지 곡성초는 좀 더 통통하고 노가리초는 노가리마냥 가늘다. 이득자 씨의 노가리초 밭에 가보니 약간 쭈글거리는 모양새도 한두 개 눈에 띈다. 물어보니 며느리가 꽈리고추를 옆에 심어서 교잡되었던 것이 남아 있다고 한다. 자신은 크게 선별하지 않았다고 한다.

(좌) 곡성초, (우) 노가리초

담배 농사와 고추 농사의 관계

무주에서는 심심치 않게 담배 건조장을 볼 수 있다. 예전에는 담배로 농가수익을 올렸지만 지금은 담배 농사를 거의 하지 않는다. 담배 농사를 많이 짓는 곳에서는 흙으로 만든 건조장이 있다. 담배가 많이 재배되었던 논산, 음성, 괴산 같은 곳에서는 고추 재배를 권장했다. 담배 건조장이 고추 건조장으로 쓰일 수 있기 때문이다. 음성의 붕어초가 경북으로 넘어가 칠성초가 된 것도 이런 연유이다. 영양에 수비초가 유명한 것도 영양은 담배 농사를 많이 지었던 곳이다.

음성의 붕어초와 곡성 은은가에서 수확한 칠성초

　고추 농사가 본격화된 것은 1970년대 이후다. 1970년대 이후 고추 개량종이 번창했고 고춧가루를 음식에 많이 사용하기 시작했다. 따라서 고추는 농가의 소득작물이었다. 담배 농사를 하던 곳도 담배재배로 수익이 많은 곳이었는데, 담배 농사를 짓는 곳이 고추 농사로 전환된 것은 재배시설을 활용할 수 있기 때문이었다. 거창에서는 담배 모종을 내고 나서 고추 모종을 내었다고 한다. 육묘가 발달한 곳은 상업적 재배가 번창한 곳인데다가 담배와 고추는 모두 농가의 주소득원이기 때문이다. 많은 토종 고추가 대부분 1960~1970년대 개량 고추로 음성재래, 영양재래, 붕어초, 칠성초, 앉을뱅이초, 울릉초. 파주초, 대화초 등 주로 대과종●이 나온다.

● 과실이 크게 열리는 씨앗 종류

하지만 지역 재래종을 보면 화천재래처럼 역삼각형의 고추들이 많다. 평택에서 수집된 영천에서 가져와서 재배하고 있는 영천고추도 역삼각형의 맵지 않은 고추다. 괴산에서 수집된 역삼각형의 기다란 청룡초나 곡성 칠봉리에서 수집된 곡성초도 역삼각형으로 과실이 많이 달리지 않는다. 수형도 화천재래보다 크고 칠성초보다 작다. 이러한 재래종 고추는 개량이 되기 전인 1950년대 이전의 것으로 추정된다. 수량이 많지 않고 수형이 작으며 많이 달리지 않는 것들이다. 당시 김치는 고춧가루를 많이 넣는 음식이 아니었다. 대체로 백김치 위주여서 여름 풋고추를 이용하거나, 붉어졌을 때 약간의 고춧가루로 이용했을 것으로 추정된다. 특히 영천고추는 맵지 않고 빨갛게 변하는 것이 늦어 예전에는 풋고추로 많이 재배했을 가능성이 높다.

선발에 의한 분화, 흰들깨와 노랑들깨

남부지방에서는 흰들깨가 많이 수집된다. 흰들깨는 거피를 내어 들깨가루로 많이 사용한다. 전라도 지역 음식에는 들깨가루가 필수인데 토란볶음이나 죽순볶음, 고구마 줄기 볶음, 들깨탕 등 들깨 애용이 남다르다.

그러나 흰들깨만 심지 않는다. 특히 화순에는 '노랑들깨'가 몇 농가에서 수집되었다. 노랑들깨는 흰들깨보다 노란색에 가까웠다. 역시 대물림되었기에 출처를 명확하게 알지 못한다. 화순의 장순덕 할머니는 말한다. "노랑들깨는 흰들깨보다 더 고소하고 맛이 있으며 기름도 많이 나. 잎도 오랫동안 먹을 수 있고. 난 노랑들깨를 잎을 따먹으려고 4월에 심고 5월에도 심지." 실제로 재래종 노랑들깨는 흰들깨처럼 작고 고소한 맛이 강하다.

노랑들깨(화순)

흰들깨(화순)

화순의 노랑들깨는 다른 지역에서 거의 볼 수 없다. 순창에서 노랑들깨라고 수집된 것은 화순의 노랑들깨와는 달리 붉고 갈색이 많이 돌았다. 검은색 들깨에서 선별과정을 거쳐서 나온 것이 아닐까, 하는 생각이 들어서 여쭈어보았지만 교잡 여부는 모르시고 집안에서 '노랑들깨'라고 전해왔으며 올들깨로 심는다고 할 뿐이었다. 어쨌든 순창의 딱 한 농가에서 나온 노랑들깨와 화순의 노랑들깨는 확연히 달라 화순에서 노랑들깨는 고정된 품종이지만 순창의 노랑들깨는 올들깨로 오랫동안 재배해오면서 토양에 특성에 의해 색깔이 약간 노란 빛이 도는 것이 아닌가라는 추측해보았다. 짐작이 맞을지는 차차 증식을 통해 확인해 볼 일이다.

은은가에서 노랑들깨와 흰들깨를 7월에 동시에 파종해보니 노랑들깨가 흰들깨보다 훨씬 무성하게 잘 자랐다. 노랑들깨는 흰들깨와 먹들깨 사이에서 교잡되어 노랑들깨로 고정된 것이 아닌가라는 생각을 해본다. 올들깨로 일찍 파종해서 수확하면 붉은빛과 노란빛이 든다. 흰들깨는 회색빛이 도니 어쩌면 들깨의 교잡종에서 고정된 것일 수 있다. 또한 흰들깨와 노랑들깨는 파종시기와 수확시기가 같았다. 10월 초에 수확을 했다. 반면 검정들깨는 10월 중순 이후에 수확했다. 색이 검을수록 늦된다고 볼 수 있겠다.

검정들깨(화순)

토양의 맛에 물드는 씨앗

강원도와 경상북도에서는 콩이 대립인 경우가 많다. 대표적인 것이 '한아가리콩'이다. 한아가리콩은 대립종이라 붙여진 이름이다. 한아가리콩, 금강태, 부석태 모두 대립종이다. 강원도나 경북에서는 대부분 5월에 콩을 파종한다. 남부지방에서는 감자나 밀이나 보리의 후작으로 콩을 심는 경우가 많아 하지● 무렵에나 파종한다.

한아가리콩(봉화)

● 음력 5월로, 양력으로는 대개 6월 22일 무렵이 된다. 낮의 길이가 가장 길다

금강태(가평)

보통 경북 봉화에서 수집된 한아가리콩이나 금강태로 메주를 쑤고 두부와 콩국수 등을 하면 쫄깃하고 맛이 있다. 하지만 한아가리콩을 남부 지방에서 심으면 전라도의 재래종처럼 그렇게 쫄깃한 맛이 덜하다. 어쩌면 전라도 지역에서는 유달리 쫄깃하고 단맛과 고소한 맛이 강한 메주콩을 선호하는지도 모른다. 한편 무주에서 수집을 콩을 수집하면 여느 콩보다 차진 맛과 단맛이 덜한 편이다. 이는 씨앗의 문제가 아니라 씨앗이 지역에 따라 맛이 변한다는 것을 알 수 있다.

강원도나 경북 산간 지역, 무주 지역은 산간 지대로 토양이 척박한 편이다. 비옥한 평야 지대와는 비교할 수 없다. 작물이란 토양에 따라 생산량만이 아니라 맛에도 영향을 끼치기 때문이다. 산간의 척박한 토양에서 자란 작물은 고소한 맛이 있더라도 단맛과 차진 맛이 덜할 것이다. 따라서 강원도와 경북에서는 대체로 대립종으로 한아가리콩이나 금강태 등을 선호한다. 맛에서는 남부지방이나 평야 지대의 콩보다 단맛과 차진 맛은 덜하다. 그래서 무주의 올콩은 약간 쫀득하고 남부의 늦콩들은 대체로 찰지고 단맛이 강하다. 재래종 콩의 공통적인 특징은 고소한 맛이 강한 편이다.

무주의 올콩과 무주 땅에서 자라는 메주콩.

　같은 남부지방이라 하더라도 여기 은은가곡성처럼 산간 지역이나 산성 토양에서는 아랫마을 평야 지대에서 재배한 콩과 또 맛이 다르리라. 곡물 특히 콩의 경우는 지역의 토양에 따라 맛이 변한다. 기후만이 아니라 지역별 토양의 특성에 따라 맛이 변한다는 것을 기억해 자신의 토양 특성에 맞는 것을 여러 토종 품종 중에서 찾아내어 토착화시키는 것도 생물다양성에 기여하는 일이다. 할머니들이 그래왔듯이 말이다. 감자도 마찬가지다. 임실감자는 곡성의 산간 토양에서는 잘 자라지 않는다. 임실은 고도가 높고 거창과 기후가 비슷하다. 거창에서 잘 되는 것은 임실에서도 적응할 확률이 높다. 기후와 토양 등 지역적응성은 작물의 맛도 다르게 한다. 이것이 재래종의 다양성을 더욱 확대시킨다.

기후 위기의 습격

세계 기후가 급격하게 변화하고 있다. 한반도도 열대기후의 특성으로 바뀌어 가고 있다. 기후 영향을 가장 많이 받는 것은 과수 농사이다. 내가 어렸을 때는 대구사과가 유명했다. 하지만 점차 북쪽으로 이동해 지금은 봉화사과가 맛이 좋기로 유명하다. 장수사과나 무주사과 등 고도가 높은 지역에서 사과의 맛이 결정된다. 이처럼 작물도 기후 환경에 따라 바뀌고 있다.

기후 변화로 인해 남부지방에서는 콩이 잘 안 된다고 한다. 하지 무렵에 콩을 파종하는데 장마가 평균 50일로 길어져 개화기와 꼬투리가 왕성하게 성장할 무렵에 습해로 인해 병균의 피해가 잦아졌기 때문이다. 요즘은 동부도 습해로 곰팡이가 펴 채종이 어려워지고 있다. 지역성에 강한 재래종들이 기후 변화로 인해 피해를 보는 일도 적잖게 발생하여 오허려 다른 지역의 품종을 들여와 적응시키는 일이 중요해지기도 한다.

　토종씨드림에서는 매년 수집된 콩을 여러 지역에 나눈다. 동시에 지역적응성을 연구해 회원들에게 정보를 제공하고 있다. 대체로 콩알이 작은 콩들이 기후 변화에 강하다. 알이 큰 밥밑콩 중 푸른콩이나 서리태는 색깔이 변이되어 나타난다. 메주콩도 등틔기*로 나타나거나 갈색 변이가 일어난다. 다만 이런한 형질은 기후 변화로 인해 씨앗에 내재된 특성이 발현되는 것이지 교잡이나 돌연변이가 아니다.

---

* 콩알 표피가 갈라져 터진 모양을 표현하는 말

Part 2

토종 씨앗을
증식하면서 알게 된 사실

아낌없이 불어나다
아낌없는 지혜를 만나다
수확량을 많게 하려면

아낌없이
불어나다

한 알의 씨앗이 얼마나 많아지나?

장마 전에 예초를 했는데 장마 기간에 엄청난 풀이 나오고 있다. 4월까지만 해도 풀이 없었던 경작지는 풀로 가득하다. 그만큼 씨앗들이 무수하다는 뜻도 되겠다. 처음 은은가곡성에는 질경이가 없었다. 질경이를 하나 캐어 심었더니 5년이 지난 지금은 수백 평 밭이 질경이로 가득하다. 우리가 작물 씨앗만을 다루어서 그렇지 자연의 온갖 풀씨까지 포함한다면 씨앗으로 이루어진 세상이라고 할 수 있다. 씨앗 한 알이 자연을 이루고 있다. 이 지구는 씨앗 한 알로 시작해서 인간을 비롯해서 동물과 곤충 등 수많은 생명체들이 살고 있는 셈이다. 지상에서 가장 위대한 것이 식물이며, 씨앗은 불멸의 상징이라는 표현도 과장은 아니다.

우리는 수집하며 할머니들에게서 씨앗을 받아온다. 콩은 한 주먹에서 때론 몇 알을 받는다. 들깨도 두고 먹는 용도로 사용하기에 적당하게 남긴다. 그러나 조선오이는 고작 두세 알일 때도 있다. 대체로 원예종의 경우는 적은 양만 남겨두는 탓이다. 수수나 조, 옥수수 등도 먹고 나서 한 세 개 줄기를 남겨둔다. 옥수수는 많아야 세 자루를 걸어놓는다. 때로는 두 자루나 한 자루 남겨둔다. 수수 한 자루에 씨앗은 수 백 개가 달려 있으며, 재래종 옥수수는 평균 200알. 조선옥수수는 100알 정도이다. 조는 셀 수 없지만 한 가지에 일천 개가 넘을 수 있다. 조선오이는 하나에 수십 개가 나온다. 할머니들이 남겨둔 씨앗은 충분하다.

대체로 갓씨앗은 풍성한 편인데 갓 두 포기에서 씨앗을 받으면 한 주먹에 담기는 양의 씨앗이 나온다. 무 씨앗은 채종량도 많지 않고 채종하기도 어렵다. 6개의 무에서 겨우 반 컵 분량의 씨앗이 나온다. 고추는 한 개에 30개에서 60개 정도가 나온다. 가지와 토마토 씨앗은 한 개에서 수십 개가 나온다. 특히 한 개의 가지에서 나오는 양은 가지를 충분히 먹고 남는 양이다. 즉 씨 하나를 심었을 때 새 씨가 나오는 양을 계산하면 어마어마하다.

순천에 회원에게 한 번은 토마토 씨앗 3알을 증식하라고 주었다. 세 알 중에서 한 알만 발아되어 애지중지 키웠다. 거기서 달린 토마토를 먹지 않고 토마토가 다섯 개를 키웠으나 폭우로 인해 겨우 토마토 한 개를 얻어서 씨앗을 채종했다고 한다. 씨앗 한 알에서 20개가량의 씨앗을 받았다. 옥수수는 보통 다른 줄기에서 나온 세 자루에서 씨앗을 얻어 섞어서 심어야 퇴화하지 않는다. 그러나 보통 옥수수 한 자루나 두 자루를 받아올 뿐이니 어쩔 수 없이 있는 씨앗만 심는다. 대신 채종할 때 세 자루에서 골고루 얻으려고 한다. 옥수수 한 자루에 씨앗이 200여 개가 있으면 한 알의 씨앗에서 나오는 것이 보통 두 자루라고 한다면 400개를 얻는다. 콩은 한 개를 심어서 적어도 150개에서 200개를 얻는다. 배추도 씨앗 한 알을 심어서 꼬투리가 수십 개에 달하니 꼬투리 하나에 수십 개의 씨앗을 얻는다고 가정한다면 족히 수백 개의 씨앗을 얻는다.

이렇게 씨앗 한 알로도 상당량의 씨앗을 얻을 수 있다. 토종씨드림에서도 씨앗을 나누어줄 때 무턱대고 많이 주지 않는다. 무 20알이면 20개의 무를 얻고, 한 무 당 씨앗은 최소한의 수십 개를 얻는다고 할 때, 씨앗으로 한 해를 거치면 농사에 지을만한 씨앗이 충분히 나오고도 남는다.

대체 식량으로 사용하는 고구마나 감자도 한 알의 영양체에서 나오는 양은 몇 배이다. 재래종 감자를 2~4등분하여 심으면 한 등분에서 감자는 족히 10개에서 15개가 달리고, 고구마는 영양체 하나에서 줄기를 내어 심으면 역시 수십 개에 달한다.

곡물 씨앗, 소유와 축적의 기원이 되다

가장 많은 씨앗을 내는 것이 무엇일까? 세계의 주곡은 각기 처한 생태적 환경 내에서 한 알을 심었을 때 가장 많은 양을 얻는 것을 선택한 결과이다. 세계의 식량으로 주목받고 있는 벼, 밀, 옥수수 등이 그러하며, 땅에서 나오는 단백질이라고 하는 콩이 그러하다. 주곡을 대신하는 잡곡인 수수, 조, 보리, 기장, 귀리, 호밀 등 한 알에서 수백 수천 개 나오는 곡물 씨앗들도 그러하다.

자연에서 씨앗은 불멸의 상징이지만, 창고 속에 쌓아둔 씨앗은 가장 오래된 자본 축적의 형상이다. 곧 곡식인 씨앗 한 알로 수백 개를 얻게 된다는 것은 축적의 문명을 알렸고 축적은 사회계층의 분화를 일으키게 되었다. 곡식을 재배한 이래로 전쟁을 낳았으며, 각종 문명이 발달했고, 문자가 발명되었고, 상거래 등이 시작되었다. 역사는 진보라고 이해되어 철학과 과학이 분리되어 갔으며 생명의 통합성은 상실되어 갔다. 즉 곡식 재배는 자연에 대한 인간의 승리로 굳게 믿게 되었다. 축적된 식량은 인구를 폭발적으로 증가시켰고, 경작지를 확대해 나가야 했으며, 이는 공유에서 개인소유로, 국가적 영역으로 전쟁이 일어났다. 마치 행복을 위한 진보라고 간주하면서 자연을 착취하는 인간 문명의 발달에 전력을 쏟게 했다. 미래의 행복을 약속한 진보는 유기적 통합을 대립하는 것으로 분절시켜 수많은 갈등을 발생시키고 만족이라는 행복감을 미래로 밀어냈다.

곡식의 재배는 시간과 공간을 속박하고 식물들도 세속화되어 유용한 식물과 잡초로 구분하게 한다. 인간에게 종속된 대표적인 것이 곡물이다. 곡류는 자연 그대로 얻는 것이 없다. 모든 곡류는 인간의 야생풀을 지속해서 취사선택해 여러 방법으로 교배하여 변형시켜 얻어진 것이다. 곡류는 인위적인 환경을 벗어나서는 살지 못하는 괴물 개체의 별종인 GMO 곡물까지 이르게 되었다. 이런 것은 토양과 인간에게 치명적이다. 우리는 날이 갈수록 진보한다. 진보를 찬양하는 문명은 물질적인 면을 말한다. 인간은 오로지 물질만으로 구성하는 세상에서 욕망을 채워나가는 유일한 개체이다. 멘델의 유전법칙과 드 브리스De Vries 돌연변이 이론은 식물의 품종 개량에 적극적으로 달려들도록 했다. 생산성만을 강조하는 현대농업은 소비자들의 건강을 외면한다. 열매의 크기를 지나치게 강조하면 향기와 맛이 감소한다. 보기 좋고 장기간 보관이 용이한 것이라고 선전하는 것들은 창고에 보관하는 동안 화학 물질로 처리된 씨앗들이나 항균성 디페닐을 쏘인 과일 등 농약을 듬뿍 친 것으로 전 인류의 식탁에 오르고 있다.

따라서 진보란 쇠락을 의미한다. 인간과 자연의 관계가 악화된 이후로 서로를 종속적인 노예로 만들려고 애써왔다. 인간이 자연의 일부라면 문명과 진보 또한 자연의 일부로서 '생명의 지속성'을 위한 생태환경으로 돌려놓아야 한다. 자연 그대로 보존은 아니더라도 최소한 인간생명의 지속성을 위해서라도 식물 종의 다양성을 살려야 할 것이다.

지구 전체의 식물은 80만 종에서 20만 종으로 줄었고 지금도 점차 다양성이 줄어들고 있다. 일제 강점기에는 1,425점의 볍씨가 있었지만 현재는 350종의 볍씨가 박물관에 보관돼있고, 다마금을 원종으로 육종된 볍씨는 30여 종만이 이용되고 있는 현실이 그러하다. 일제 강점기에는 식물류가 수천 종이었지만 이제는 고작 수백 종만 남았다는 것이 곡물 재배가 시작된 문명이 스스로 자멸의 길을 걸어온 셈이다.

자급을 위한 작물 씨앗은 몇 종이여야 할까?

한 농가에서 자급을 위해 필요한 작물은 최소 60가지라고 한다. 그러나 60가지 작물을 모두 가진 집은 없었다. 나의 경우만 하더라도 집에서 심고 먹는 것을 보면 60가지 작물이 된다. 그렇다면 옛날에 씨앗을 받아서 해오던 시절에는 한 농가에서 얼마나 많은 종류의 씨앗을 가지고 있었을까?

일단 수집을 할 때 볍씨가 나오는 경우는 거의 없다. 토종 씨앗을 보유한 할머니들은 논농사 여력이 없거나 설혹 있더라도 직접 하기보다 기계를 소유한 주변의 사람들에게 위탁한다. 씨앗은 거의 정부 보급종을 사용한다. 그래야 농협에서 수매하기 때문이다. 농촌에는 농협나락 보관창고가 곳곳에 있다. 수매와 직접적 관련이 있을 뿐 아니라 우리나라 주요 식량인 볍씨는 정부에서 수확량과 미질을 위해 끊임없이 육종을 해왔다. 또한 옛날과 달리 쌀값이 다른 식료품에 비해 비싸지 않기에 농가에 남자가 없으면 굳이 벼농사에 대한 미련을 두지도 않는다.

잡곡류도 마찬가지다. 수수와 조를 모두 재배하는 경우도 한 지역에서 그리 많지 않다. 수수는 조보다 많은 편이다. 무주나 화순의 경우는 빗자루를 만들려고 수수를 키우는 경우가 더 많았다. 수수와 특히 조는 새 피해 때문에 재배를 기피하고 있으며, 한편으로 자급을 위한 적은 양을 도정해주는 정미소가 없어서 재배를 기피한다. 예전에는 작은 방앗간이 큰 마을이나 최소 면 단위에서 하나씩은 있었지만 지금은 한 지역에서조차 이런 소량의 잡곡을 해주는 곳이 없다. 기장은 경북지역을 제외하고 다른 지역에서는 찾기 어려웠지만 무주지역에서는 벼룩기장과 황기장을 찾을 수 있었다. 이것도 작물을 사주는 잡곡상이 있어 가능했다.

알곡류의 잡곡도 새 피해와 도정의 문제가 있어 소멸해나가고 있다. 그러나 콩은 예외이다. 된장을 만드는 메주콩은 수집의 절반 이상을 차지할 정도로 많이 남아 있다. 밥에 넣어 먹는 밥밑콩으로 서리태나 검정콩, 파랑콩, 완두콩, 강낭콩 등이 있어 밥과 떡고물로 사용되고 있었다. 콩 다음으로 많이 찾을 수 있는 것이 들깨다. 토종 들깨는 향미가 개량종보다 뛰어나고 기름양이 더 많아 토종 들깨는 여전히 많이 남아있다. 들깨의 경우는 검정들깨가 대세를 이루고 남부 지방 특히 화순지역에서는 흰들깨가 많이 수집되었다. 흰들깨는 거피용으로도 사용하지만 잎을 일찍 먹을 수 있고, 잎이 더욱 맛있어 재배되고 있다.

사실 한국의 일등품 토산물로 고려시대부터 중국이나 일본에서 정평이 나 있던 것이 들깨와 참깨다. 현재도 일본에서는 한국의 들깨나 참깨를 선호한다. 그 외에 조선오이. 조선아욱. 조선부추. 조선생강. 조선파, 조선배추, 조선무우, 갓, 늙은호박, 나물박, 조선시금치, 조선토란 등이 국거리나 나물류, 양념류가 남아 있다. 그 외에 고구마. 감자. 마늘이 있다.

내 기억으로는 가장 많은 씨앗을 보유한 할머니가 21종이었던 것으로 기억한다. 다음에 19종에서 17종이며, 최근 2년 이내에서는 12종이 가장 많다. 최근 수집을 분석하면 대체로 대물림된 씨앗을 가진 할머니들이 자급을 위해 여러 작물의 토종을 보유하고 있다. 한두 점 가지고 있는 농가는 대체로 이웃에서 얻어 와서 해온 씨앗들이다. 따라서 여러 작물의 씨앗을 보유하고 있는 씨갑시 할머니들을 만나는 것이 토종 씨앗 조사 수집에서 관건이다.

다량 보유하고 있는 할머니들이 대체로 70~80대 할머니들로 돌아가시거나 농사를 놓으면 토종 씨앗 수집도 거의 끝난다고 볼 수 있다. 최근 수집을 한 무주는 산간 지역으로 작물 다양성이 많이 떨어진다. 37작물 91품종을 수집했지만 시금치, 배추, 무, 토란, 아욱, 동부, 콩나물콩 등 필수 밭작물은 없었다. 이에 반해 순창은 다양한 작물이 살아있다.

자급을 위한 작물은 역시 지역적 특성을 반영할 수밖에 없다. 무주는 산간에서 많이 재배하는 청지감자나 추위가 빨리 오는 것에 대비해 올콩이 많이 재배되고, 순창의 일부 산간 지역임에도 불구하고 마을 전면에 최소한의 나락농지가 있어 잡곡을 비롯한 다양한 작물이 재배되고 있는 등 지역 특성이 발현되는 덕에 수집은 항상 흥미롭고 포기할 수 없는 이유가 된다.

아낌없는
지혜를 만나다

개량종과 토종을 함께 심는다

할머니들은 토종이 개량종보다 약한 지점을 잘 알고 있다. 그래서 개량종을 함께 심어 토종의 약한 점을 보완한다. 가령 조선무와 개량 무를 동시에 심는다. 담양에서 종종 발견되는 것은 조선무는 잎이 연하여 쌈과 겉절이, 무청으로 이용한다. 무를 먹기 위해서는 크고 당도가 높게 영그는 개량무를 심는다. 덕분에 조선무를 채종할 수 있다. 또한 겉절이용으로 사용하거나 쌈 싸먹을 때 이용하기 위해 조선배추를 심고, 김장할 용도로는 일반 배추를 심어 사용한다. 조선배추는 겨울에도 그대로 둔다. 겨울을 지낸 조선배추는 봄에도 먹기에 편하기 때문이다. 파도 마찬가지이다. 겨울에 두었다가 봄에 먹을 수 있도록 조선파를 심는다. 식당에 팔거나 푸른 잎을 다량 활용하려고 대파를 같이 심기도 한다. 이렇게 심는 방법은 경기도를 비롯한 담양과 화순 같은 곳에서 각각의 장점만을 취하기 위해 많이 보이는 모습이다.

왼쪽은 조선무이고, 잎에 결각이 보이는 오른쪽은 개량한 무이다(순창)

    팔 것과 집에서 먹을 것을 구분하기도 한다. 전국적으로 가격이 제일 좋다는 빨간팥은 팔려고 재배하고 집에서 먹을 것으로는 쉬나리팥, 산달팥 등을 재배한다. 빨간팥은 전통적으로 제례, 동지, 돌떡 등 광범위하게 이용하므로 돈이 된다. 할머니들의 표현을 빌리자면 '돈을 사려고' 빨간팥을 재배한다. 팔지 않는 팥 중에서 재색 쉬나리팥은 집에서 떡고 물이나 죽으로 이용하는데 빨간팥보다 더 맛있어서 재배한다.

쉬나리팥(흰팥)(진안)

들깨도 들기름을 내어 집에서 먹거나 팔기 위해 토종 들깨를 하고, 알이 굵은 개량 들깨는 알곡 그대로 농협이나 수매장에 내기 위해 재배한다. 양쪽 모두 골고루 쓰이기 때문에 토종 들깨는 전국적으로 많이 남아 있다. 다만 홍천 달랐다. 홍천은 농협에서 개량 들깨 알곡을 그대로 수매하므로 토종 들깨가 거의 사라져 매우 귀한 대접을 받고 있었다. 서울, 수도권과 가까워 자급농보다 상업농이 발달한 탓이기도 하다.

돈을 만드는 것과 집에서 먹기 위해 하는 것들이 다르다. 토종이 소멸된 이유 중 하나가 시장에서 선호하지 않았기 때문이다. 그 결과 돈이 필요한 농가에서는 씨앗이 버려지고 농촌의 자급농사는 급속하게 붕괴되어 간다. 자급농사가 무너지고 상업농이 발달해가면 결국 시장이나 농협 등 유통회사에서 수매하거나 인기가 있는 것을 재배하는 것은 당연지사이다. 그러니 농가의 자급용으로 사용되는 토종 씨앗이 남아 있다는 것은 다행스러운 일이다.

1980년대에 정부 보급종이 늘어나고 밭떼기로 사가는 도매업자들이 씨앗을 건네기도 했다. 화성에서는 한 할머니가 당근씨앗을 도매상한테 한 통 받아서 심었는데 밭떼기로 팔기를 몇 년 했더니 집 한 채를 살 수 있었다고 한다. 또 농가에 가시오이를 심어달라고 부탁해 파는 경우도 종종 있다. 이렇게 씨앗을 건네받아 키우던 농가는 결국 씨앗을 받아서 심었던 조선오이와 토종 당근 씨앗을 버리게 된다. 즉 토종 씨앗이 사라지는 데에는 도시 근교 농업의 발달도 맞물려있다.

순계주의는 다양성을 줄인다

할머니들로부터 도라지 씨앗을 나눔 받을 때면, 대부분 백도라지와 청도라지가 섞였다고 일러주신다. 전라도의 할머니농가에서는 밭 가장

자리에 도라지를 심는다. 야생도라지를 심어서 씨앗을 받아 작물화된 것이다. 이때 대부분 백도라지와 청도라지를 구분하지 않고 2~3년을 키운다. 음식으로 사용할 때는 청도라지와 백도라지가 다르지 않기 때문이다.

옥수수는 대체로 검은색 낟알이 혼입된 교잡 옥수수가 많다. 검정찰 옥수수를 심었다 하더라도 옆집에 흰색 찰옥수수를 심으면 교잡률이 높아지기 때문이다. 결국 어쩔 수 없이 섞인 옥수수가 나오는데 역시 먹는 용도로는 차이가 없어 굳이 속아내지 않고 교잡된 옥수수를 심는다.

자연스러운 교잡으로 맛이나 형태 색깔 등 농가에서 선호할 만한 품종이 출현하기도 한다. 한번은 순천에서 섞배기 옥수수를 수집했다. 오래전부터 교잡된 것인데 맛이 다른 옥수수보다 오히려 좋아서 이후로도 손대지 않고 수십 년 동안 심어왔다고 한다. 섞배기 옥수수는 검은색과 흰색이 오랫동안 교잡되어 그런지 진자주색과 붉은 황색 낟알도 더불어 나온다. 받아온 씨앗을 증식하면서는 씨앗을 분리하여 심어오고 있다. 특히 진자주색은 색깔과 맛이 좋아서 고정을 시도하고 있다. 이렇듯 자연교잡이 되는 경우는 맛이 오히려 좋은 경우는 그대로 재배하는 경우가 많다.

현대에 들어서는 유통 라인에서 상품의 균일성과 규격화를 요구하기에 소비자나 시장에서 인식하고 있는 고정된 품종이 아니면 판매가 어렵다. 그러나 전통적으로는 자급하거나 농민이 직접 재래시장에 나가

판매하는 터라 맛이 훨씬 더 좋다면 굳이 순계를 고집하지 않았다. 어차피 씨앗은 자연에 맡길 때 다양성이 살아나기 때문이다. 제주에서 수집된 구억배추가 채종과정에서 갓과 교잡되어 갓의 매운 맛이 들어가 오히려 맛이 좋다는 품평에 몇 년의 선발과정을 거쳐 갓 맛이 나는 구억배추로 정착해온 것과 같다.

한편 들깨는 색깔이 엷고 거피가 얇을수록 재배 기간이 짧다. 특히 들깨는 흰들깨 노란들깨 검정들깨 순으로 거피가 얇아서 흰들깨는 10월 중순이내 노랑들깨는 중순, 검정들깨는 하순에 수확할 수 있다. 콩도 작고 껍질이 얇을수록 먼저 수확하게 된다. 검정콩이나 파랑콩처럼 대가 굵고 꼬투리가 두껍고 거피가 두꺼울수록 늦게 되는 것은 자연의 원리이다.

5월에 파종하고 9월 추석 전에 수확하는 올콩은 껍질이 얇고 본줄기도 가늘다. 토종 들깨나 참깨는 과실의 껍질이 얇고 대가 가늘지만 개량 들깨나 참깨는 껍질이 토종에 비해 두꺼워 토종보다 조금 늦게 수확하게 된다. 울타리 강낭콩이나 팥, 녹두, 고추, 참외 등 토종 과실은 대체로 껍질이 개량종에 비해 얇은 편인데 개량종의 껍질이 두껍게 하는 이유는 익었을 때 꼬투리가 터지지 않도록 하거나 장기간 안전한 유통을 위해 껍질을 두껍게 한다. 고추도 제분율을 높이기 위해 과피를 두껍게 한다.

이렇듯 농사의 효율성과 작물의 상품성을 위해 특정 요소만을 남긴 품종을 키우는 경우도 많다. 그러나 최근의 기후의 급격한 변화 – 장기간의 우기, 가을이 짧아지고 이른 추위가 오는 – 등을 고려하여 살펴본다면 지금 주로 키우는 품종이 앞으로도 잘 자라리라는 보장은 없다. 예시로 콩의 경우는 콩알이 작고 꼬투리가 얇고 대가 덜 굵은 것들이 유리하다. 앞으로도 특정 요소만을 강조한 품종은 변화하는 환경 앞에서 시험대에 오를 것이다. 그러나 다양한 품종이 살아있는 토종 씨앗은 기후변화에 적합한 품종을 선택할 수 있다.

돌연변이는 없다

간혹 토종씨드림 카페에 예상치 않은 씨앗이 나오면 "돌연변이가 아닌가요?"라는 질문이 종종 화두에 오른다. 정말 돌연변이일까? 인간의 유전법칙에서 3대까지 비슷한 형질을 유지한다. 하지만 조상이 5대~8대까지 올라가면 자손은 수많은 형질의 교배로 구별이 어려워 친인척의 범주에서 벗어나 '남'이 된다. 족보 체계를 장자 중심으로 갖추는 이유도 구별이 쉽지 않기 때문이다. 어차피 5~8대에 가서는 분별이 어려운 상태이므로, 돌연변이가 나오는 것이 아니라 변화폭이 넓어 추정하기 어렵다고 보는 게 타당하다.

사실 자연적으로 발생하는 돌연변이도 환경에 의해 예상치 못한 결과물이 나온 것이다. 다만 그 결과물이 어느 조상의 형질이 반영된 것인지 특정 지울 수 없을 뿐이다. 그러므로 자연적인 변이를 돌연변이도 보아서는 안 된다.

만약 토종 고추가 하늘로 향하는 고추인 경우는 돌연변이가 아니라 가뭄이나 열대지역의 고추 형질이 그러하다. 고추가 열대지방에서 도입되었기에 원산지의 기후의 특성이 드러나면 고추 씨앗은 잠재되어 있던 고향의 형질이 드러나게 된다. 가지도 마찬가지다. 계란형의 가지가 온대지역 한반도에 도입되어 길쭉한 가지 형태를 가지게 되었지만 열대성 기후로 변화하면 가지도 원래의 둥근 모습을 찾는다.

씨앗 안에는 끊임없이 새로운 환경에 적응해왔던 형질이 축적되어 있다. 이를 기억하고 있다가 다시 이전에 겪었던 환경 변화에 노출되면 내재된 기억 유전자가 깨어나 발현하는 것이다. 따라서 자연 질서 속에서 돌연변이란 애초부터 없다. 씨앗의 역사 속에서 언젠가는 있었던 형질이 드러났을 뿐이다. 만약 새로운 돌연변이가 있다면 그것은 식물보다 동물에서 나타나는 경우가 많으며 자연교배가 아닌 인위적 교배과정에서 단 한 번도 이 세상에 출현한 적이 없는 상태로 나타난다. 돌연변이는 결국 인간 중심의 과학이 만들어낸 것이다. 돌연변이 또한 환경에 적응한 씨앗으로 나타나는 과정이다. 돌연변이는 애초에 없다. 오히려 화학물질이나 완전히 인위적인 교배과정에서 나온 결과물이 진정한 돌연변이라고 할 수 있다.

적기를 기다리는 인내

10월에 수집을 할 때는 콩 작물이 번성해서 밭을 보면서 재래종 보유 자를 찾을 수 있다. 어디 가나 밭 가장자리에는 팥이나 콩들이 즐비하게 자란다. 일을 하러 나갔지만 밭을 둘러보면서 사람을 찾아나서는 경우가 많지만 그래도 작물을 보고 판단을 할 수 있어 수집에 좋은 시기이다.

팥은 수집이 많이 되는 작물이다. 여느 때처럼 마을 구석진 곳까지 갔다가 하우스를 둘러친 팥을 보게 되었다. 여느 팥이나 다를 바 없었지만 팥꼬투리 가죽이 유달리 얇아 보였다. 꼬투리가 얇아서 속 알이 비칠 정도이다. 밭은 깨를 베어난 자리에 서리태가 자라고 있었고 가장자리에는 팥이 둘러치고 고추 사이에는 파가 드문드문 나 있었다. 밭을 꼼꼼하게 섞어짓기 하는 것을 보니 영락없이 할머니 밭이다. 마침 하우스에서 고추를 말리고 있는 할아버지를 만날 수 있었다. 1930년에 태어난 90세의 할아버지다.

"할머니가 2년 전에 죽고 나 혼자 농사짓고 살아. 밥도 내가 해먹고." 그럼에도 할아버지의 집은 정갈하기 그지없다. 돌봄 간병인이 하루에 한 번 오가며 가사노동을 하지만 혼자 밥 해 먹는 것이 낫다며 별로 불편하지 않단다.

할아버지와의 대화에서는 농사 지혜가 묻어나왔다. "저기 큰 저수지가 생기기 전에는 이곳은 가뭄을 심하게 타는 지역이었어. 논에 물을 대는 것이 항상 어려웠지." 그래서 모내기를 놓치는 가뭄 시기에는 논자리에 서숙을 심는다고 한다. 서숙을 심고 나서 콩과 팥을 심는다. 서리태는 참깨를 베어낸 그 자리에 심는다고 한다.

"참깨를 8월에 수확하는데 늦지 않나요?"

"괜찮아."

10월 초의 서리태는 파란꼬투리에 알이 들어서기 시작했다. 서리를 맞고 난 뒤에 수확하니까 괜찮을 수도 있겠다 싶었지만 "할아버지 확인하러 올게요."라고 했더니 "요즘 사람들은 시절을 모르고 무조건 일찍 심는다."라고 하신다. 밭에서 팥 꼬투리는 노랗게 익어가고 있었다.

"동네에서도 내 밭 보면서 어떻게 농사를 이렇게 잘 지을 수 있냐고 하는데 때를 잘 맞추는 거라고 해도 말 안 들어." 서숙이나 콩팥 등 가뭄이 유달리 심했던 지역에서 잡곡으로 연명해왔던 터라 병충해와 피해가 가장 적고 수확량이 많은 때를 골라서 심어왔다는 할아버지의 말은 함부로 버릴 수 있는 얘기가 아니었다.

순창의 한 할머니는 올콩을 심어왔다고 한다. 순창지역은 평야 지대에 논농사가 모든 농사의 중심이다. 예전엔 논 두둑에 콩을 심었는데 모내기 전에 콩을 심고 9월에 콩을 거두어야 논에서 벼 베기가 수월했다. 그래서 올콩을 심었다고 한다. 또한 요즘처럼 콩을 밭에 심지 않고 짜투리 땅을 알뜰하게 사용한다. 순창의 올콩은 황색눈에 콩알이 작은 편인데 무주의 올콩보다 찰지고 단맛이 강했다. 아마도 토양이 비옥해서 그런 것 같았다.

　반면 무주는 산간 지대라 벼를 재배해도 비옥도가 현저히 떨어진다. 척박한 땅일수록 콩의 찰진맛과 단맛이 약해진다. 게다가 산간 지역이라 추위가 일찍 찾아온다. 그래서 콩도 더 이른 시기에 심는다. 순창은 논농사의 편리함을 위해 올콩을 심었다. 이렇듯 같은 콩을 심는다 해도 그 이유는 지역마다 다르다. 어쨌든 주어진 환경에 최대의 수확량을 끌어올릴 수 있는 농사방식을 찾아내 대대로 이어져 내려온 것이니 어른들의 지혜를 하나도 허투루 들을 수 없다.

140
141

수확량을
많게 하려면

농사는 외길이 아니다

현대농업은 수확량에 초점을 맞춘다. 1970년대까지만 해도 초등학교 교과과정에 농사과목이 있었고 작물별 매뉴얼을 제공했다. 하지만 전통적으로 농사와 생활의 지혜는 가족공동체에서 구전으로 이어진다. 전통적으로 3대 이상이 모여 살았던 가족공동체와 마을 단위로 이루어졌던 씨족공동체는 여전히 남아 있다. 내가 사는 마을은 송 씨와 최 씨가 주를 이루고, 옆 마을은 마 씨가 마을을 이루고 있다. 그래서 마을마다 선호하는 작물 씨앗을 계승해왔다. 수집하러 다녀보면 한 농가의 씨앗은 대체로 마을 단위에서는 비슷한 씨앗을 가지고 있다. 설혹 씨족이 아니더라도 씨앗은 나누어 왔기 때문이다.

농가마다 자신의 농사방식도 존재한다. 지금 대부분의 노인들은 "퇴비를 많이 넣으면 수확량이 많다."라고 고정된 답을 준다. 요즘 자연순

환농사를 선호하는 젊은이들이 보기엔 '관행적이다'라며 흘려버릴지 모르겠지만 씨앗을 대물림하는 7~80대 노인들은 상업농으로 이들이 농사짓던 시기는 자식 교육의 비용을 만들었던 시기로 토종 씨앗의 소멸시기와 맞물린다.

1970~1980년대 식량증산을 목표로 국정이 움직였던 시기다. 1970년대 새마을운동이 이어지면서 여전히 오래된 마을에 가면 마을 시멘트로 된 벽에 '식량증산'의 문구가 새겨져 있는 것을 보게 된다.

전통적으로 퇴비는 집에서 기르던 소와 돼지나 닭 몇 마리의 부산물과 풀, 음식 찌꺼기가 퇴비 칸에 쌓여 있지만 화학비료 산업이 급성장하고 이후 축산이 넘치면서 비료나 부산물 퇴비의 다량 사용은 전통농사 방식에 비해 수확량이 수배를 뛰어넘도록 만들었다. 물론 화학비료의 사용과 부숙되지 않은 부산물 퇴비의 사용이 해충과 균을 불러들였고 화학 농약과 제초제 등이 마치 농사의 기본 필수품으로 자리를 잡게 된 원인을 제공하였지만 지금의 노인들은 그것을 당연한 것으로 보고 있다.

이들은 굶주림의 시기를 거쳤으므로 그들의 퇴비 사랑과 제초제와 농약의 필수품 사용을 전면적으로 부정할 수 없는 일이다. 그들에게는 이런 것들이 그리 치명적으로 여겨지지 않는 데다 고령으로 접어들면서 고된 농사를 그래도 덜 괴롭게 해줄 수 있다고 믿고 있기 때문이다. 그들은 씨앗을 주면서 항상 말한다. "퇴비를 많이 넣으면 많이 달려."라고. 그들이 이어온 씨앗은 이렇게 길러진 씨앗이다. 이렇기에 씨앗이 살아남았는지도 모른다. 소위 무투입, 무경운, 무제초라는 농사방식으로 씨앗도 건지지 못했다는 귀농인이나 실습생에 비한다면 어쩌면 이렇게라도 생명과 식량을 담당했던 씨앗은 이어져야 할지도 모르는 일이다.

(좌) 퇴비간(순천), (우) 퇴비간(진안)

젊은 토종 씨앗 수집단원들은 8~90대의 할머니들의 삶의 이야기를 들으면서 왜 마을의 노인들이 풀이 가득한 텃밭과 퇴비 없이 짓는 농사를 나무라는지를 이해할 수 있는 일이다. 더구나 농사로 생계를 유지해야 하는 사람이라면 작물재배의 방식을 고민하지 않을 수 없다는 것을 알게 된다. 그래서 자연 순환 농업을 하는 생계형 농부의 다양한 경험에 귀를 기울이게 된다.

파종 시기를 물으면 할머니마다 다르다

할머니에게 씨앗을 받으면서 파종시기를 묻는다. 지역마다 산간마다 다르기 때문이다. 대표적으로 콩 파종 시기는 "마늘 캐고 심는다.", "모내고 심는다.", "감자 캐고 심는다."라며 자신이 농사짓는 작물 중심으로 답을 한다. 농사는 그들의 모든 생활의 기본이기 때문이다. 우리가 절기를 배우며 산에 나무가 꽃피는 시기로 파종시기를 배우기도 했다. 하지만 지금의 할머니들은 그렇게 말하는 경우가 드물다. 대신 "찔레꽃 이 필 때는 가뭄이 든다.", "배롱나무꽃이 필 때 가장 덥다."라고 말하기 도 한다. 농촌에서는 자연이 기준이기도 하다.

"담양 대나무 축제를 할 때 참깨 모를 부쉬. 축제를 가기 전이나 갔다 온 뒤에 해." 때로는 지역의 큰 행사가 파종시기를 가름하기도 한다. 또 한 파종시기를 "4월 그믐에 넣지."라는 말을 들었을 때는 우리가 알고 있는 상식과는 다르게 매우 이른 시기여서 다시 한번 확인한다. "음력 4 월을 말씀하시는 거죠?"라고. 할머니들은 아직도 음력을 기준으로 시기 를 말하기 때문이다. 양력을 말하는 사람들은 대체로 60대 이전의 사람 들이다. 아무리 농촌이라도 최소한 중학교 이상을 대부분 다녔던 터라 교육의 영향으로 양력을 사용한다.

이렇듯 파종 시기는 지역마다 다르다. 만약 경기도에서 수집할 때 "모 내고 심는다."라고 한 것과 남부지역에서 "모내고 심는다."는 시기가 다 르다. 경기도는 대체로 양력 5월 중하순에는 모내기를 끝내고 남도에서 는 6월 중순까지 모내기를 끝내기 때문이다.

기후에 따라 적합한 콩을 심는다

재래종 콩은 지역의 기후에 따라 적합한 콩을 심는다. 무주에서 만난 올콩은 5월 초에 심어서 8월에 수확한다. 무주 지역은 일찍 추위가 오기 때문에 10월 말에서 11월 초에 수확하는 만생종은 쉽지 않다고 한다. 그렇다고 모두 올콩을 심지는 않는다. 늦콩을 심기도 한다. 할머니들은 '늦콩이 더 크고 수확량이 많다'라고 말하기도 한다. 올콩과 늦콩을 선호하는 경우가 있지만 무주 전 지역에는 올콩이 대세다. 올콩을 수집해서 하지 이후에 심는 늦콩과 비교해보니 올콩은 늦콩보다 키가 크지 않다. 대신 노린재나 다른 병충해에서 자유롭다. 또한 장마철과 8월 이후 태풍으로부터 큰 피해가 없다. 무주의 올콩은 곡성에서는 올콩과 늦콩을 다 심어서 혹시 기후 변화와 병충해 등의 수확에 영향을 미치는 것으로부터 농작물 수확을 최대로 끌어올릴 수 있다. 무주에서는 예부터 올콩을 심었으나 점차로 늦콩도 가능하여 올콩과 늦콩이 공존한다.

강화도에서 수집한 콩은 대체로 타지역에서는 잘되지 않는다. 강화도의 지역에 적합한 콩이기 때문이다. 지역의 적합성 연구를 통해서 보면 거창지역과 강화도 지역에 콩들이 특히 남도에서는 잘되지 않는다. 제주도의 독새기콩도 육지에서는 잘되지 않는다. 나물콩들은 전국적으로 변함없이 잘 되지만 메주콩들은 지역성을 많이 띤다. 진안에서 수집한 북다리콩들은 전국적으로 고르게 잘 된다. 개량 보급종들은 지역성을 떠지 않는 것으로 하는 이유이기도 하다.

땅을 알뜰하게 사용하는 법

순창에서 만난 90세 할아버지는 서리태를 참깨 베고 난 뒤에 8월 초순에 심는다고 하신다. 9월 말에 만난 할아버지의 참깨를 뽑아낸 자리에 심은 서리태가 꼬투리에 알이 차가고 있었으며 꼬투리에는 어떤 병해도 보이지 않았다.

"할아버지 아무리 서리태라지만 너무 늦지 않아요?"

"밭에 둘러봐. 팥도 좋고, 서리태도 좋잖아. 마을 사람들이 항상 어떻게 이렇게 잘 될 수 있느냐고 매번 물어. 얘기해줘도 사람들이 내 말을 안들어."

할아버지는 자신이 서숙과 콩 작물 재배에 정통할 수밖에 없는 이유를 설명했다. "여기가 가뭄이 심한 지역이었어. 저 저수지가 생기기 전까지. 가뭄이 심하니까 논에 물을 대지 못하면 서숙을 심게 돼. 서숙을 심고 나서 팥과 콩을 심어. 팥을 봐. 얼마나 많이 달렸는지." 도로 가장자리와 밭 경계를 둘러친 팥은 키는 작지만 튼실하게 꼬투리가 익어가고 있었다. 참깨를 베어낸 자리에는 서리태가 심겨 있고 밭 안쪽에는 고추가, 고추 사이에는 파가 자라고 있었다. 전형적인 섞어짓기와 돌려짓기 방식이다. 200평 남짓 되는 밭이 사람이 다니는 골을 빼고는 정갈하고 질서 있게 심어져 있었다. 밭 가장자리로 물고랑이 만들어졌고 흙 두둑이 얼마 전에 덤으로 퍼 올린 자국이 선명했다. 두둑에는 팥과 콩이 흐드러져 있다.

 "내가 평생을 농사를 지었는데…." 그렇다. 평생을 농사를 지은 사람은 안다. 자연의 흐름과 식물의 생리를 관찰하였고, 자신의 밭과 매년 날씨를 안다. 무엇보다도 서로 궁합이 맞아 수확량이 가장 많은 시기를 안다. 2021년에 은은가에서 한 콩 특성 조사 결과로도 적합한 시기가 있다는 사실을 알 수 있었다. 7월 10일경에 심은 콩은 분지 수가 적었다. 그러나 단위 면적당으로 계산할 경우, 밀식하여 재배한다면 늦게 심은 콩이 농약을 사용하지 않는 농가에서는 훨씬 유리할 수 있다. 더구나 서리태는 서리 내린 뒤에 수확하는 것이니 충분히 그럴 수 있다. 농진청에서는 늦어도 남부지역에서는 7월 초까지 심어야 한다고 하지만, 평생을 대물림해서 짓는 토종 작물이라면 자신이 가장 잘 알지 않겠는가? 일제 강점기에 태어나서 지금까지 생계도 어려웠던 시절을 거쳤고 농사로 자식을 길러야 했던 팔순 구순의 농민의 지혜는 최악의 조건에서도 살아왔던 이들의 말을 허투루 넘길 수 없는 것이다. 앞으로 우리는 그들이 겪었던 시기를 곧 우리와 아랫세대가 겪어야 할지도 모르기에 생존을 위해 그들의 지혜를 배우고 익히는 절박한 이유이다.

재래종과 개량종의 특성을 활용하기

요즘 수집을 할 때 할머니들은 토종과 개량종의 강점을 적극적으로 활용한다. 우선 담양에서 조선무를 재배하는 할머니는 김장 파종에서 조선무의 특징인 무는 작고, 무청의 활용이 좋은 조선무를 시래기용으로 심는다. 순창에서는 조선배추보다 조선무를 애용하는데 조선무잎이 넓고 많은 잎줄기를 내는 것을 활용하여 열무김치처럼 김치용으로 많이 사용하기에 조선무 씨앗이 많이 남아 있다. 먹을 무는 개량종을 심는다. 개량종 무는 크고 무청이 부드럽지 않기 때문이다.

순창 흙에서 자란 조선무

순창에서 만난 조선무의 잎과 씨앗

크게 보는 조선무 씨앗(순창)

조선배추도 마찬가지다. 조선배추는 쌈이나 겉절이용으로 심고, 개량종 포기배추는 김장용으로 심는다. 또한 조선배추는 남겨서 이듬해 봄철에 쌈과 겉절이로 먹고 씨앗을 받을 것을 남겨둔다. 개량종 포기배추는 씨앗을 받지 않기에 씨앗이 교잡될 이유는 없다. 가랏은 화순, 장흥의 십자화과 작물로 유채와 비슷한데 가랏도 3월 봄철에 먹기 위해 10월에 심는다. 화순에서는 조선배추를 심지 않는 할머니 농가에서는 가랏을 봄철 쌈과 김치로 최대한 활용한다.

조선파는 개량한 파보다 작고 파란 잎이 적은 편이며 조선파 보다 단맛이 떨어진다. 봄철이 지나 5월 – 6월이면 꽃이 피고 씨를 맺어 잎파를 먹기가 쉽지 않다. 반면에 조선파를 먹지 못할 때 개량 파를 먹을 수 있으며, 잎을 많이 사용할 때나 잎이 많이 필요한 양념으로 좋다. 그래서 어떤 할머니는 조선파와 개량 파를 함께 심어서 4계절 파를 먹도록 한다. 이렇듯 재래종과 개량종의 특성을 잘 이용하는데, 들깨의 경우는 올깨와 늦깨를 심어서 한꺼번에 깨를 털어야 하는 부담감을 줄이기도 한다. 올깨와 늦깨의 수확시기 간격은 10일 정도이다. 10일 동안 올깨를 수확하여 털 수 있다고 한다. 일의 분산하는 측면도 고려된 것이다. 들깨의 경우 개량종과 재래종을 함께 하는 경우가 강원도에서는 많은 편이데, 개량종은 알은 굵지만 들기름으로 내면 재래종보다 양과 맛이 덜하다. 그래서 농협의 수매용으로 개량종을 심고, 자급과 들기름으로 팔 것으로는 재래종을 심는다. 시장의 원리에 따르는 경우와 자급용으로

따로 두는 것이다. 팥도 그렇다. 시장에서 내다 팔 수 있는 빨간팥을 하
고 집에서 맛이 좋다는 쉰날거리, 재팥 등을 해서 '돈을 사기 위한 것'과
'맛을 위한 것'을 구분한다. 따라서 시장에서 잘 팔린다고 해서 맛이 반
드시 좋다고 생각하면 오산이다. 빨간팥은 전통적으로 제수용 또는 명
절 떡과 동지에 먹는 팥죽으로 많이 이용하기에 빨간팥이 시장에서 많
이 거래되고 있기 때문이다. 할머니들은 한결같이 말한다. "쉰날거리팥
이 더 맛있거든."

　토종이 무조건 좋다는 것도 배타적 의식에서 기인한다. 모든 토종 작물이 맛이 좋을 수도 없으며, 가난한 시기에 먹을 것이 없었던 시기에 먹었기에 더욱 맛에 대한 기억이 아련할 수 있다. 또한 수확량이 떨어져도 토종 작물을 선택하는 것을 일반 농민에게 강요할 수 없는 일이다. 상업농에서는 작물 기준이 바뀌었고 자기 삶의 방식도 변했는데 옛것이 무조건 좋다고 할 수 없는 일이다. 옛것을 무조건 배타하지 말 것이며 새것을 받아들이되 자신에 알맞게 적응하는 것, 이렇듯 자신의 이익에 부합되도록 토종 농사를 짓고 있는 할머니들의 지혜를 배우는 것이 우리의 삶이 더욱 풍요롭지 않을까?

Part 3

토종 씨앗이 일깨워준
자연의 원리

시간이 응축된 자연의 힘
야생에서 작물로, 개량의 역사
다양성과 작물의 변이

시간이 응축된
자연의 힘

늙은 호박과 오이

엽록소가 활발하게 작용하는 식물은 초록색을 띠지만 엽록소를 이용한 광합성 작용이 줄어들거나 멈추면 노란색으로 바뀐다. 모든 식물의 잎과 줄기, 열매가 황색으로 변한다는 것은 식물체 안에 열매가 익어 씨앗이 충실해진다는 의미다. 즉 새로운 생명체의 탄생을 의미한다.

늙은 호박 또는 조선호박이라고 부르는 토종 호박은 과실이 푸를 때는 애호박으로 부르며 반찬으로 이용하고, 노랗게 익으면 늦가을에 따서 죽을 해 먹거나 호박고지 등으로 만들어 겨울철 음식과 약으로 이용한다. 늙은 호박 안에는 수많은 씨앗이 충실하게 담겨 있다. 씨앗을 걸어내고 누렇거나 불그스레한 속살은 단맛과 호박 특유의 향을 낸다.

농촌에서 늙은 호박씨는 곡류 외에 제일 많이 수집되는 씨앗이다. 둥근호박부터 납작호박, 맷돌호박, 긴호박 등 모양따라 이름이 지어진 호박들은 늦은 가을 헛간 지붕 위에나 마당 한쪽 퇴비 마당에 덩그렇게 매달려 한국의 대표적 시골 정취를 더한다.

토종 호박들

　10도 이하로 내려가기 전에 호박을 따서 툇마루에 놓다가 온기가 있는 집안으로 들여놓은 호박덩이는 차가운 겨울에 몸을 따뜻하게 하는 한국에서는 중요한 약용 음식이기도 하다. 허약한 몸이나 산후에 붓기를 빼는 데도 좋아 유용하기가 이루 말할 수 없다. 할머니들은 다른 씨앗을 밑져도 호박은 밀지지 않았다, 그만큼 농촌 사람들이 제일로 치는 보약이다. 반면에 마트에 나오는 한 뼘 길이의 개량 애호박은 제대로 된 씨앗도 내지 못하고 애호박으로만 수확된다. 늙지 않는 호박은 씨앗을 맺지 못한다. 애호박 농가는 매년 씨앗을 사서 심는다. 특히 애호박은 일 년 내내 비닐하우스에서 재배하는데, 애호박의 상품을 표준화시키기 위해 과실이 어느 정도 커지면 비닐을 씌워 더 이상 크지 못하도록 만든다. 비닐이 씌워진 채 수확되는 애호박은 어린 살이 특징이라 부드러운 반찬으로 이용한다. 이런 개량 호박은 젊은 청춘으로 살다가 늙지 못한 채 생명을 마감한다. 약으로 쓰는 것은 황색으로 변한 늙은 호박만이 가지는 특징이다.

조선오이도 마찬가지다. 토종 오이는 늙은 오이, 즉 노각이 될 때까지 오래 키워 갖가지 음식을 만들 수 있다. 늙은 오이가 되면 호박처럼 황색으로 변하고 그물도 생기며 씨앗이 충실해진다. 늙은 오이는 표피가 두툼해져서 밭 가장자리 언덕바지에 줄기가 뻗어나가 땅에 닿아도 속살이 상하지 않는다. 굳이 지지대를 세우지 않아도 된다. 반면 개량 오이는 호박처럼 파란색일 때만 이용하도록 육종되어 씨앗을 매년 사야 하며, 좋은 모양을 위해 주로 하우스에서만 재배한다.

외과인 오이는 참외처럼 여름에 이용하는 차가운 성질을 가진 음식이다. 오이를 많이 먹으면 설사가 나오므로 설혹 한여름이라도 많은 양을 섭취하는 것을 금한다. 하지만 늙은 오이를 먹으면 찬 성질의 기운이 줄어 아무리 먹어도 몸을 보호할 수 있다. 볶거나 지지거나 김치로 담가 먹는 등 용도가 10가지를 넘는다.

토종 호박과 토종 오이는 늙어야 제맛을 내고 씨앗을 낼 수 있지만 늙지도 못 하고 씨앗도 낼 수 없는 개량 오이와 호박은 매년 씨앗을 사고, 몸에 찬 기운을 만든다. 모름지기 생명이란 과실이 생겨 씨앗을 맺을 수 있어야 한다. 늙어가면서는 노란색으로 변하며 씨앗이 충실해지고 살아온 만큼 지혜도 생기며, 본래의 모체에서 분리되어 새롭고 독립된 생명으로 지속된다. 자연이 채 제대로 늙지 못하는데 하물며 인간이 제대로 영글어질 리가 없다. 현대 인간 사회에서는 노인은 쓸모없다고 폐기되고, 뒷방 신세로 전락한다. 혹여나 몸을 추스르기 어렵거나 병이 들면 요양원으로 보내지며 생명이 끝날 때까지 젊은 세대와 단절된 채 생애를 마무리한다. 그들의 살아온 지혜는 그들이 죽음으로써 끝난다. 그저 가족이나 자식을 먹여 살리는 것만이 전부인 생애의 도구로 취급당하는 것은 아닌지 우려된다.

늙는다는 것은 한 생명이 이 세상에 온 목적이나 과제를 수행하러 와서 전 생애를 통한 경험을 자식이나 후세대에 정서나 지혜로 남기는 것이다. 공장에서 대량 생산된 지식이나 정보와 같은 집단적 관념에 의존하면 고유한 한 두 세대에 걸친 가족이라는 인연들은 단절되고 만다. 가축으로 불리는 동물도 마찬가지다. 늙기 전에 폐기되고 마는 양계, 양돈, 축산 등을 말한다. 산란계로만 개량한 닭은 공장식 수정방식을 통해 알만 죽도록 낳다가 조기 폐기되고, 돼지도 공장식 수정을 통해 새끼만

낳다가 늙기도 전에 도살장으로 끌려간다. 소도 매한가지다. 동물들은 부모와 자식 관계를 경험하기도 전에 한 세대에서 단절되어 인간의 '고기'로 보내진다. 개량 오이나 개량 호박과 하등 다를 것이 없다.

전통적인 마을에서는 부모가 밖으로 일하러 나가면 할머니나 할아버지가 손주와 놀면서 옛날얘기를 해주거나 집안 생활 기술을 전수해주기도 했다. 지혜 전달의 지속성은 그렇게 가족이나 마을 공동체에서 노소老小의 전달체계로 끊임없이 지속됐다. 생명이란 세대와 세대의 연결로, 지속적인 생명의 불멸성으로 연결됐다.

단절된 생명, 황색으로 변하지도 못하도록 만들어진 개량 호박이나 오이와 같은 시스템에서 씨앗의 생명 순환, 삶의 지혜를 고스란히 쓰레기로 버리는 현대 농업은 조각조각 분절된 지 오래다. 현대 문명은 식물이든 동물이든 인간이든 생명으로서 타고난 '권리'를 폐기했고 그 폐해는 고스란히 인간에게 되돌아올 것이다. 질병의 시대다. 지구 생명의 극심한 변동 속에서 지속가능한 방향을 찾지 못하는 모습이다. '순환'을 생각하면 간명한 것을 말이다.

지역마다 각자의 뿌리를 내려온 토종 호박

조선시대에는 호박을 남과南瓜라고 했다. 남쪽에서 온 열매라는 뜻이다. 때로는 황과黃瓜로도 불렀다. 노란색으로 변한다고 해서 붙은 이름이다. 조선호박은 중국과 일본을 거쳐서 16~17세기에 들어온 덩굴성 동양계 호박이다. 우리나라에서는 호박이 들어오기 전부터 '박'을 이용하고 있었는데 박처럼 덩굴성이며 그 모양이 비슷하여 오랑캐로부터 들어왔다고 하여 오랑캐 '호'자를 사용하여 호박이라고 불렀다. 당시 호를 사용하는 경우는 대체로 중국 청나라를 의미한다.

덩굴성 둥근 호박은 우리나라에서 가장 오래된 호박으로 가장 많이 남아 있는 것도 둥근 모양의 호박이다. 전국적으로 제일 많이 수집되는 것도 둥근 형태의 호박이며, 조선시대 풍

조선호박과 풋호박

경화에서도 제일 많이 나오는 것도 둥근 모양을 한 호박이다. 호박은 매끈한 호박이 아니라 줄이 있어 울퉁불퉁하거나 타원형의 호박 또는 납작한 호박 등이 많다. 전북지역에서는 타원형의 둥근호박이지만 줄이 엷게 나온 호박이다. 호박 밑이 약간 움푹 파인 것을 가리켜 또아리 호박이라고도 부르기도 한다. 순천지역에서는 둥근 호박을 동이호박, 동오호박이라고도 한다. 물론 순천지역에서도 둥근호박을 또아리호박이

라도도 부른다. 대체로 타원형의 넓적한 호박을 또아리라고 한다. 화순, 담양 등 남부 지방에서는 둥근형태의 호박이 많이 수집된다. 둥글거나 약간 타원형의 호박들을 선호한다. 충청지방에서는 맷돌호박이 주로 수집된다. 맷돌호박은 납작하고 골이 있는 호박으로 맷돌처럼 생겼다고 해서 맷돌호박이라고 부른다.

양평이나 홍천 등지에서는 긴호박류가 주로 수집됐다. 화성 지역에서도 긴호박이 수집됐다. 화성에서는 호박으로 김치를 담갔다고 한다. 특히 염분이 많았던 바닷가 근처의 화성지역에서 긴호박 김치가 각광을 받았다. 경기도 광주에서는 푸른색의 아주 큰 긴 호박이 수집됐다. 누군가가 청호박과 긴호박을 교잡한 것이기도 하지만 아마도 외국에서 들어온 호박일 가능성이 크다. 할머니는 이 호박으로 할아버지 호박죽을 만들어준다고 했다. 이 호박은 평택에서도 수집됐다. 무게가 수십 킬로나 됐던 이 호박은 약호박으로 호박즙으로 사용한다고 했다.

긴호박(양평, 이〇〇)

둥근청호박(광주)

긴청호박(광주)

검정호박(담양)

곡성에서는 검은색의 짙푸른 호박이 수집됐다. 검정호박이라고 부르지만 몇 해 증식을 해본 결과 청호박으로 밝혀졌다. 토양이나 거름에 따라 검은색에 가까운 짙은 녹색을 취해서 검정호박이라고 부른 것이다. 청호박은, 괴산에서는 옛날에 사료로 사용했고, 곡성이나 순천에서는 약호박으로 사용했다고 한다. 순천에서는 청호박으로 떡을 해서 먹기도 한다.

되호박과 울릉호박도 있다. 되호박은 속이 국수처럼 생겼다고 하여 국수호박으로도 불리는데 맛이 그리 달지 않아 찌개용으로 많이 쓰였다고 한다. 강원도 홍천에서 수집된다. 위아래로 둥글지만 살짝 럭비공처럼 타원형이며 작은 편이다. 울릉호박은 달아서 호박 살을 고아 엿을 만드는데 사용한다. 울릉도 호박엿으로 유명한데 무게가 20kg에 달한다. 갈라보면 진한 주황색 살이 나오고 둥글고 완숙한 후에도 녹색 반점이 많다.

호박은 농가마다 다양하게 사용하지만 지금은 호박즙을 내어 먹거나 호박죽을 만드는 데 주로 사용한다. 도시 사람들은 이미 가공된 호박즙이나 호박죽을 사서 먹는데, 그마저도 젊은 세대들은 호박즙이나 호박죽을 선호하지 않아 단호박죽을 먹는다. 별다른 간식이 없던 시절에는 호박씨를 까먹기도 했다. 지금은 외국에서 들여온 가공된 호박씨를 멸치볶음이나 반찬용으로 사용하지만 예전에는 '호박씨 깐다'는 말이 만들어졌을 정도로 친숙하고 빈번하게 먹은 간식이었다. 게다가 호박씨에는 다량의 기름이 함유되어 수박씨와 더불어 회충약으로도 사용했다. 화학약품으로 회충약이 나오기 전, 천연 약이자 간식으로 먹었다. 약식

동원藥食同源이란 말이 이를 두고 한 말이리라 여겨진다.

미생이어도 괜찮다

아메리카 원주민 문화는 지구와 식물들과 땅을 여성적인 것으로 보았다. 또한 식물을 기르고 음식을 만들고 아이를 낳아 기르는 등 공동체 내의 살림살이와 관련된 기본 생활에 가장 익숙한 자들도 나이 든 여인들이었기에 남자들이 여인들의 본질적인 능력과 힘을 인정하는 데는 많은 사색이 들지 않았다. 아메리카 원주민 통치 형태의 기본 단위는 대개 할머니 한 분을 우두머리로 하는 그룹이다. 재산을 공동 소유하고 모든 구성원들을 먹여 살리기에 충분한 힘을 기르는 데에 이 단위를 이용하며 할머니에서 할머니로 이어갔다.

식물에서도 마찬가지다. 과실이나 낟알이 성숙해지면 씨앗도 성숙하다. 씨앗을 품고 있는 익어가는 과실과 낟알들은 한 생명이 생애의 과제를 완결하면서 동시에 새 생명인 씨앗의 독립을 준비하는 과정이다. 따라서 죽음과 삶은 대립적인 것이 아니며, 늙어가는 것은 영원한 삶으로 이어지는 불멸의 생명성을 담고 있는 것이다.

그런데 잎이나 과채가 노랗게 변하지 않았는데도 성숙한 것이 있다. 고추나 토마토 등 과채류가 그것이다. 무한으로 계속 열매가 달리는데 주로 가짓과가 그러하다. 고추의 경우 파란색의 풋고추도 따서 먹을 수 있다. 손으로 가볍게 꼭지를 따서 수확하는데 초록색인데도 이미 그 안에 씨가 맺혀 있다. 평택 수집을 할 때의 일이다. 고추 농사가 폭삭 망해서 그동안 해왔던 토종 고추의 씨앗을 건질 수 없었다. "풋고추라도 가져가 볼래요?"라는 말에 몇 개를 얻어 와서 수집 단원 중에 한 사람이 전기장판 등을 통해 빨갛게 익게 만들었다. 강제로 성숙을 시킨 셈이다. 덕분에 겨우 씨앗을 얻고는 이듬해에 심었다. 곡성초도 겨우 한 개를 건져 씨앗을 유지하고 있다가 우리에게 전달되었다.

박과나 가짓과 등 과채류는 꼭지나 잎, 열매가 누렇게 되지 않아도 독립을 선언한다. 토마토는 푸른색에서 빨간색으로 익는다. 제 색을 발현하면 손으로 꼭지를 가져가 약간의 힘만 줘도 가지로부터 잘 분리된다. 가지, 호박, 수박, 참외도 마찬가지다. 색깔 외에도 꼭지의 튼튼한 정도로 인간이 이용할 수 있는지를 알려준다. 손으로 꼭지를 눌렀을 때 쉽게 분리되면 이미 과채에 씨앗이 생겼다는 징조이다. 더 성숙해서 충실한 씨앗을 얻을 수도 있지만, 부족해도 잘만하면 독립된 개체로서 발아력을 가질 수 있다는 의미이다.

인간도 미처 충분한 시간을 들이지 못하고 태어나는 경우가 있다. 지금은 인큐베이터로 충분히 성숙하게 돕는다. 전통사회에서도 미숙아는 태어났다. 사망 확률이 높아도 반드시 죽는 것은 아니었다. 씨앗도 그렇다. 미숙하여 분리된 상태에서 고추는 빨갛게, 가지나 오이는 충분히 숙

성시켜낼 수 있다. 수박이나 참외 모두 당도가 충분하고 무를 때 씨앗은
더욱 성숙하지만 혹여 덜 성숙하더라도 독립된 개체로서 발현을 완전히
무시할 수는 없는 일이다. 그래서 사람과 씨앗은 닮았다. 미생이여도 살
아갈 수 있는 이유이다.

야생에서 작물로,
개량의 역사

색의 스펙트럼

태초에는 검은색이었다

태초에 세상은 검었다. 빛이 생기기 전이다. 그래서 모든 만물이 제 각각의 형색을 갖기 전에는 검었다. 순창 수집을 할 때 들판을 바라보고 잠시 쉬는데 바람결에 이삭이 검은빛을 띠었다. 검은색이 없는 나락임에도 불구하고. 모든 것의 시작은 백색이 아니라 검은색이며 검은색은 모든 색을 함유하고 있다. 생명의 빛이 생긴 순간부터 빛의 양과 토양에 따라 오색찬란한 색깔이 나온다.

검정들깨는 오래 채종할수록 점차로 엷어져 붉은빛과 갈색빛이 돌고, 검정콩은 푸른색과 밤색, 진한 갈색이 나온다. 검정콩을 오랫동안 재배하면 밤색콩이 나오고, 서리태를 오랫동안 재배하면 파란색이 섞여 나온다. 검정찰 옥수수도 교잡이 되거나 오랫동안 재배하다 보면 검은색이 엷어지거나 교잡되어 자주빛과 붉은빛이 나오고 분홍빛이 나온다. 그렇게 색깔은 검은색에서 흰색으로 엷어진다.

태초의 검은색은 물질화되지 않은 세상이었던 것이다. 야생녹두나 야생팥, 야생콩은 대부분 검은색이거나 진한 회색이다. 꼬투리 색도 검은색에 가깝다. 씨앗이 검은색에 가까울수록 야생에 가깝다.

고창에서 수집한 반 야생콩

빛은 세상의 시작이다

만약 빛이 없다면 당신은 세상의 아름다운 색깔을 인지할 수 있을까? 자연을 보는 것의 아름다움은 빛의 향연이다. 꽃은 더할 나위 없다. 그러나 꽃 이름을 대라고 하면 대다수의 사람들은 꽃으로 즐기는 화훼 품종을 말한다. 장미, 백합, 개나리꽃, 국화 등등. 요즘 도시 사람들은 물론이고 농부조차도 자신이 재배하는 작물의 꽃을 볼 기회가 없다. 씨앗을 받아쓰지 않기 때문에 꽃을 보기도 전에 뽑아버린다.

배추는 겨울을 보내고 난 뒤에 4~5월이면 노란 꽃이 피고, 무는 자주색 꽃이 핀다. 흐드러지게 꽃을 피운 뒤에 수정하고 꼬투리를 맺는다. 꼬투리에는 씨앗이 촘촘하게 들어있다. 씨앗을 내기 위해서는 꽃이 필요하다. 꽃은 수정을 위한 표식이다. 옥수수꽃. 콩꽃. 결명자꽃. 고추꽃. 우리가 자주 볼 수 있는 감자꽃도 있고, 간혹 볼 수 있는 고구마꽃도 있다.

꽃은 열매를 맺고 씨앗을 낸다. 씨앗을 심으면 각종 다양한 작물이 나온다. 대부분의 식물은 꽃이 만들어야 씨앗도 내올 수 있다. 꽃이 피는 시기에는 수정을 위한 시간이다. 벌이나 벌레나 나비에 의해 타가수정*을 하거나, 자웅동주인 경우에는 서로 수정한다.

빛의 파장은 비단 꽃 색깔의 향연만을 벌이지는 않는다. 눈을 통해 생명체의 형태를 가늠할 수 있도록 한다. 빛이 없다면 광합성 작용을 하지 못하는 것처럼 빛은 세상을 만들고 생명을 만드는 일이다. 그래서 빛은 생명의 세상을 의미한다.

푸른콩의 비밀

밥에 넣어 먹는 밥밑콩 중에 푸른콩이 있다. 지역에 따라서 농가에 따라서 퍼렁콩, 푸른콩, 파란콩, 푸르데콩이라고 부른다. 푸른콩을 삶으면

---

* 같은 나무의 다른 꽃이나, 다른 나무의 꽃으로부터 꽃가루를 받아 수정하는 현상

푸른색 물이 우러나오는 것이 있고 그렇지 않은 것도 있다. 푸른콩 속이 노란색이면 푸른색이 우러나오지 않는다. 머루콩이 대표적이다.

푸른콩을 재배하면 푸른콩만 나올까? 기후와 토양에 따라 푸른콩에 검정빛이 섞여서 나오는 경우가 많다. 이것을 통해 푸른콩의 원조가 검은색에 가까웠으리라는 것을 알 수 있다. 푸른콩 중에서는 눈 위에 검은색이 번져 나오는 것들이 있는데 이 또한 토양이나 기후 변화에 영향을 받는다.

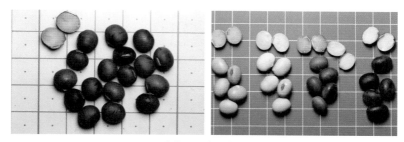

(좌) 퍼렁콩(순천), (우) 퍼렁콩에서 나온 다양한 색깔의 콩들

푸른콩은 몇 년간 지속적해서 자가 채종될 때 노란빛이 들어 푸른색의 선명도가 떨어지도 한다. 머루콩이 그러하다. 이렇게 푸른콩은 검은색에서 노란색 사이의 스펙트럼 속에서 색이 변하는데, 이는 갑작스러운 변이가 아니라 환경의 변화에 의해 푸른콩 안에 내재된 다양한 색깔이 드러나는 것이다. 서리태가 가끔 선비잡이콩과 같은 색이 나오는 경우도 그러하다.

검은색 서리태에 내재된 초록색이 나타난 모습(순천)

선비잡이콩(용인)

육종은 이런 형질의 변화를 이용한다. 원하는 조건으로 변화된 씨앗을 선발하여 계속 파종하여 고정시킨다. 하지만 새롭게 탄생한 품종도 어떤 특정한 환경과 마주하면 내재된 성질이 발현된다. 우리는 빛이라는 전자기파 중에서 일부인 가시광선만을 볼 수 있다. 가시광선은 수백만 가지의 색깔을 가지고 있지만, 우리가 인식하는 색은 가시광선이 물체에 닿을 때 흡수되는 빛을 제외한 반사되는 빛의 조합이다. 푸른콩에는 검은색에서 노란색 사이에 다양한 색의 조합이 애초부터 내재됐던 성질일 뿐 돌연변이나 다른 콩과의 교잡에 의한 것은 아니다. 다양한 빛의 조합이 푸른색으로 나타난 것이기 때문이다.

식물의 기원 콩과식물

야생에서 씨앗의 역사는 곧 환경 적응의 역사이다. 씨앗이 자신의 방식으로 다양하게 이동해 온 역사는 새로운 환경에서 생명을 보전하고자 하는 과정을 보여준다. 반면 작물은 손을 통해 선발되는 과정을 보여준다. 씨앗 자생적인 적응이 아닌 사람에게 필요한 성질만을 선발하는 데 강조점을 두고 환경에 적응시키는 과정이라고 볼 수 있다. 그러므로 인간의 역사는 작물의 역사라고 해도 과언이 아니다. 문명의 역사와도 같다.

한반도 씨앗의 역사는 중국과 한 대륙으로 있었을 때부터 거슬러 올라갈 수 있다. 콩이나 팥, 녹두 모두 한반도를 포함한 아시아 동북부를 기원으로 둔다. 그러므로 콩의 원산지가 현재의 중국이냐 한국이냐 따지는 것은 의미 없는 논쟁이다. 이미 15,000년 전부터 콩은 실존해 있었다.

식물의 번성은 콩과 즉 아카시아, 칡 등의 수많은 콩과 작물로터 시작됐다. 식물의 번성이 콩과로부터 시작되는 이유는 토양의 질소를 다량 확보하기 위해 공기 중의 질소를 고정시키는 콩과가 필요하기 때문이다. 우선 야생에서 작물로 변화한 식물을 먼저 살펴보자.

야생에서 작물로, 야생종과 재배종의 경계선

농업의 역사는 야생종을 재배종으로 선발 전환한 역사와 통한다. 야생형에서 직접 재배형이 성립한 작물로는 보리, 밀, 면화, 콩, 옥수수, 감자 등이다. 야생형에서 잡초형을 거쳐 재배형으로 변한 것으로는 기리, 호밀이 있다. 한편 피, 자운영, 유채는 재배형에서 잡초형으로 바뀌었다. 야생형, 잡초형, 재배형 이 세 가지 유형은 인간의 선택에 의해 변한다.

나무는 어떠한가? 예시로 도토리를 얻는 떡갈나무는 오랜 기간 재배형으로 만들기 위해 시도했지만 실패했다. 그 이유는 성장 속도가 느려 열매를 얻기 위해 10년씩 걸리는 점이 첫째고, 이미 다람쥐들에게 맞는 크기와 맛의 열매로 진화한 점이 둘째며, 쓴맛을 조절하는 유전자가 여러 개라서 쓴맛을 제거할 수 없는 점이 셋째이다. 그래서 재배형으로 만들지 못했다.

독이 없어야 하며 발아가 균일해야 할 것. 야생종을 재배종으로 성립하는 데 제일 중요한 조건이다. 수박, 감자, 가지, 배추 등 낯익은 농작물의 야생 조상은 원래 쓴맛이 나거나 독이 있었다. 긴 시간 동안 인간이 독 없는 작물을 선발 유지해 오늘날에 이르렀다. 이들을 더 자세히 알아보자.

수박

원래 수박은 붉은 과육 부분이 적었다. 6개로 나눠진 삼각형이 소용돌이처럼 보였고, 주로 와인에 담가 먹던 과일이다. 이후 붉은색 '리코펜' 성분을 보충해 색을 빨갛게 하는 방향으로 개량했고 현대로 올수록 씨앗을 최대한 적게, 수분은 최대한 많게 변화시켜 지금 우리가 먹는 수박이 됐다.

옥수수

본래 '테오신테'라는 품종이었던 옥수수는 강아지풀과 같은 잡초였다. 한눈에 보기에도 알갱이가 너무나 적어 먹을 부분도 거의 없었지만 중남미에서 오랜 시간에 들어 품종 개량을 지속해서 12세기 정도에 이르러 지금 형태와 비슷한 먹을 만한 옥수수가 나타났다. 개량은 여전히 진행 중이다. 놀랍게도 옥수수를 심어 알곡이 여무는 과정을 보면 야생에서 작물에 이르기까지 개량의 과정을 모두 볼 수 있다.

당근

가장 초기의 당근은 10세기경 페르시아에서 발견된다. 본래 모습은 흰색을 띤 얇은 형상으로 마치 나무뿌리처럼 보인다. 우리나라 토종 당근에서도 흰당근은 이러한 형질을 엿볼 수 있다. 지금의 홍당근과 달리 흰색이며 뿌리가 얇고 길기 때문이다. 흰당근은 봄이나 늦가을에 뿌린 어린 것을 캐어 잎

까지 먹지만 먹는 시기가 지나면 두껍고 뿌리가 산발한다. 이런 흰당근은 점차 노란색 당근으로 바뀌며 뿌리가 부드럽고 큰 것으로 개량을 거친다. 17세기에는 단맛이 더 나도록 연구하던 네덜란드의 원예학자들이 오렌지색 당근을 만들어내면서 우리가 먹는 당근이 만들어졌다.

토마토

품질 개량 전 토마토의 모습은 방울 토마토처럼 작은 크기였다. 품종 개량을 통해 토마토 크

기를 키워냈으며 이것을 다시 자게 만든 것이 우리가 지금 먹는 방울토마토이다. 토마토는 알이 작을수록 더 많이 달리고 단맛도 강하다.

한때 진안 토마토라고 하는 노란색 토마토가 있었는데 인도나 서남아시아에서 볼 수 있는 토마토로 요즘 유통되는 토마토와는 달리 단맛이 약하고 신맛이 강했다. 괴산의 찰토마토나 옥발토마토 등 1970~1980년대에 개량되어 하우스 대량생산에 적합한 토마토 품종보다 과피가 훨씬 얇고 씨앗이 많이 들어있는 등 확연하게 구별이 가능하다. 다만 바이러스와 습해에 매우 약해서 지금은 단종됐다. 토마토는 우리나라보다 외국종자회사에서 꾸준히 개량되고 있다.

양배추

양배추는 야생 겨자가 품종 개량된 것이다. 양배추는 겨자과의 두해살이풀로 야생 겨자의 끝 꽃눈을 비대화시켜 탄생했다. 잎이 주름져 서로 겹쳐진 공 같은 모습을 가진 채소가 된 이유이다. 군산농업기술센터에서는 이를 다시 줄여서 크기가 주먹만 한 꼬꼬마 양배추를 육종했는데 이는 1인 가구에 인기리에 판매되고 있다.

감자

감자는 남아메리카 안데스 산맥의 작물로 기원전 3천 년 전부터 재배해왔왔다. 초기엔 보라색, 주황색 등을 띠고 있어 악마의 작물이라는 소문도 있었지만 맛이 좋았다고 한다. 지금은 개량이 되어 현재의 감자가 됐다. 품종 개량 전 감자의 색을 가진 보라밸리라는 보라색 감자는 맛이 최고라고 알려져 있다.

가지

가지는 영어로 eggplant
라고 부른다. 작고 동그란
형태의 열매가 꼭 계란처
럼 생겼기 때문이다. 본래
가지는 떫은맛이 나는 솔

라닌solanin이라는 독소가 포함되어 독성 식물이었지만 이를 수십 대에 걸
쳐서 개량한 끝에 다 자라면 독성이 사라지는 보라색 가지가 탄생했다.

이상으로 성공적으로 품종이 개량되어 오늘날 우리가 애용하는 과채
류를 살펴보았다. 작물화에 대해 하나 더 이야기하자면, 산나물을 작물
화하는 데는 독이 가장 큰 걸림돌로 작용한다. 인간이 끊임없이 먹어보
면서 안전성이 대물림된 것이 현재 이용하는 산나물이다. 발아 양상 때
문이기도 하다. 재배형이 되려면 관리가 용이하도록 일시에 발아되어야
하는데 야생종의 경우는 자연환경에 적응하며 몇 년에 걸쳐 지속해서
싹을 틔운다. 종자가 일시에 발아하면 예상치 못한 자연재해, 즉 장기간
의 가뭄과 폭우, 이상기온 등에 부딪히면 번식이 어려워질 수 있기 때문
이다. 그래서 아직 산나물은 채취하는 경우가 많다.

야생과 작물이 공존하는 콩

현대농업에서 인간의 식량으로 80%를 책임지고 있는 작물은 12종으로 밀, 옥수수, 벼, 보리, 수수, 메주콩, 감자, 고구마 등이다. 이 중에서 한국에서 제일 많이 재래종으로 남아 있는 작물은 콩이다. 수집하다 보면 종종 돌콩, 돌팥, 돌녹두를 수집하게 된다. 할머니들은 주변에서 나온 잡초형 콩을 채종해서 이용하기도 한다.

돌팥이나 돌콩, 돌녹두는 밭 가장자리나 길가에서도 종종 볼 수 있다. 이들은 모두 넝쿨성이다. 알도 매우 작다. 한국이나 중국이 콩의 원산지인 덕분에 그래도 콩 종자는 많이 남아있다. 야생콩 전문가인 전남대 정규화 교수도 매년 야생콩을 수집한다. 우리는 재배종을 수집하지만 종종 할머니들이 야생종이나 잡초형으로 남아있는 이들을 내어주면서 '딱딱하지만 오래 삶아 먹으면 약으로 좋다'라며 내어 준다. 야생형이나 잡초형은 작물형보다 작고 껍질이 두껍거나 덜 부드럽다. 특히 돌콩이나 돌팥, 돌녹두, 돌동부는 물에 며칠을 불려 오랫동안 삶아야 부드럽게 먹을 수 있다. 이는 자생적으로 살아남기 위한 씨앗의 전략이기도 하다.

또한 대체로 넝쿨이 대체로 넝쿨이 긴 무한형 초형● 이다. 야생에서 생명을 보전하기 위한 전략으로 넝쿨을 택했다. 햇볕의 양을 최대한 받

● 생장이 멈추지 않고 계속 자라는 모양

시간을 오래 들여야 먹을 수 있는 돌팥(순천)

기 위해 넝쿨을 되도록 길게 내고 주변 식물도 넝쿨로 칭칭 감아서 최대
한 광합성 작용과 씨앗의 번식을 이끈다. 살아가려는 그들의 생리이다.

야생에서 잡초형으로, 잡초형에서 작물형으로 인간에 의해 선택 개량
될 때면 대체로 식물의 키를 조정한다. 무한 생육형을 유한 생육형으로
개량한다. 우리나라 메주콩들이 대체로 유한 생육형인데 남도장콩을 보
면 넝쿨성으로 경장 길이가 2m가 넘는다. 재래종이며 오래된 것일수록
넝쿨이 크게 뻗어나가는데 남도장콩이 그러하다. 이들은 가지가 산발적
으로 뻗어나가며 경장*의 길이가 무한형 초형으로 뻗어나간다. 따라서
콩은 넝쿨형일수록 야생에 가깝다고 볼 수 있다.

* 지면으로부터 최하단 원가지가 발생한 지점까지의 길이

남도장콩 덩굴 모습

(좌) 남도장콩과 (우) 넝쿨동부(순창)

넝쿨 강낭콩이나 넝쿨동부가 그렇고 완두도 넝쿨형이다. 가짓과인 고추도 토마토처럼 넝쿨형이며 다년생이지만 한반도에 건너와서는 변화가 있었다. 온도가 낮은 고위도로 갈수록 단년생으로 변하고 가지도 더 이상 뻗어가지 못한다. 그렇지만 다시 적당한 온도와 햇볕을 준다면 본래 그들이 가지고 있던 다년생 성질을 볼 수 있다. 비근한 예로 조경이나 하우스 재배에서 고추나 토마토를 넝쿨로 키우는 작물을 본 적이 있으리라.

이렇게 야생에서 작물로 갈수록 재배와 수확이 용이할 수 있도록 넝쿨형에서 키가 작은 형태로 선발하고 육종한다. 키 작은 강낭콩은 넝쿨형 강낭콩에서 개량된 것이라고 볼 수 있다. 숲으로 가면 이런 성질이 확연하게 드러난다. 벌목한 뒤 넝쿨성 식물을 심는 것은 다량의 비가 왔을 때 토양유실을 막기 위해서이다. 벌목된 곳에서 넝쿨인 칡이 자주 보이는 이유이기도 하다.

콩과식물들은 대체로 넝쿨성으로 더 많은 열매를 맺고, 토양에 질소를 더욱 유입시키고 가뭄에 이겨낼 수 있으며, 폭우에도 토양 유실을 막고 자신이 살아갈 수 있도록 한다. 열대우림 지역에서도 넝쿨나무나 넝쿨 식물이 많이 보인다. 빛이 적은 환경에 뿌리를 내려도 자신의 줄기를 넝쿨로 키워 최대한 볕을 많이 받을 수 있는 위치까지 잎을 올린다. 만약 광합성 작용을 못 하게 되면 습지 식물로 남게 된다.

따라서 콩과, 가짓과 등의 식물들은 야생에서는 잡초형이지만 인위적인 요소를 첨가해 작물형이 될수록 넝쿨에서 키가 작은 것으로 변화한다. 가장 최근에 개량된 콩들은 대체로 키 작고, 꼬투리는 크며 작물이 많이 달린다. 탈립이 잘 되지 않는 특징도 있다. 최근에 개량된 대원콩은 11월 중순이 되어도 키가 작고 가짓수가 많으며, 경장이 짧고 꼬투리 탈립이 되지 않는다. 넝쿨은 야생에 가까울수록 야생에서 살아갈 수 있는 자기 모습을 가진다.

다양성과
작물의 변이

생활 문화의 변화와 작물의 변이

재래종은 특정 지역에서 오랫동안 지속해서 재배되거나가 전통적 육종방식으로 개량된 것 또는 도입된 고정종으로 시대에 따라 흥망성쇠를 거듭한다. 이는 지역 사람들의 삶과 문화에 얽혀 토착화된 종자를 말한다. 일반적으로 토종이라고 불린다.

화곡류인 밀, 보리, 벼, 수수 중에서 밀은 유럽의 주식으로, 벼는 아시아의 주식으로, 수수는 아프리카의 주식으로 이용됐다. 밀은 건조한 지대, 벼는 습윤한 지대의 성질을 가지지만 밀은 사실 습윤한 지대에서도 큰 차이가 없다. 밀은 섭씨 0도 이하가 되어도 잘 자라 섭씨 14도 이상이면 재배에 가능하기에 고지대나 고원에서도 재배가 가능하다. 밀이 지역적 특성의 차이가 크지 않은 관계로 어쩌면 세계의 주식은 밀이 될 가능성을 배제할 수 없다. 특히 최근 들어 많은 젊은이들이 빵의 문화에 익숙해지고 집에서도 빵을 만들어 먹는 등 밀의 사용량이 많아진 한국의 상황을 보면 더욱 그렇다.

쌀은 밀 재배보다 노동력이나 기후를 많이 가리므로 여러 비용이 더 들어갈 수 있다. 전통적으로 쌀의 문화가 이어져 왔지만, 가난해서 굶주림이 일상이던 서민들에게는 잡곡이 주식이었다. 이 점을 비추어 볼 때, 밀의 확대 가능성은 충분하다.

끊임없는 품종 개량이 일어난 것 중의 하나가 토마토이다. 토마토의 근연 야생종은 페루 안데스산맥 서쪽 계곡에 깊숙한 곳에서 자생하고 있다. 감자의 야생종은 세계에 널리 퍼져 있다. 눈 속에서도 자라는 3배체 또는 5배체 재배종이 있다. 농경의 역사를 통해 농민들은 자연 교배와 선발 육종으로 끊임없이 작물 육종을 시도해왔다. 그러다가 멘델의 유전 법칙이 발표되며 육종기술은 급속하게 발달했다.

멘델의 유전법칙에 의하면, 잡종 2대에서는 열성 인자가 재현되기에 형질이 저하되므로 개별 농가에서 1대 잡종을 채종하기란 사실상 어렵다. 이 문제를 해결하기 위해 1대 잡종 종자를 농가에 공급해주는 체계가 필요해졌으며 종묘 산업이 새롭게 등장했다. 종묘산업에서 1대 잡종 품종들은 인공교배로 생산되기에 종자 소요량에 비해 종자 생산량이 많을수록 이득이다. 따라서 이익의 극대화를 꾀할 수 있는 토마토, 가지, 오이, 수박 등의 과채류가 먼저 육종되기 시작했다. 신품종의 보급으로 작물 생산량이 50% 이상 증가했다는 점에서는 육종 기술도 충분한 의미를 갖는다.

전통적 육종방법

예전에는 농사를 지으면서 자기도 모르는 사이에 육종을 해왔다. 가령 고추를 재배하면서 과실이 큰 포기에서 채종하고 다시 그 종자를 이듬해에 심는 일을 거듭하는 식이다. 이 방법을 통해 과실이 큰 품종이 만들어져왔다.

전통적으로 기본적인 육종은 농가에서 원하는 모양과 크기, 색, 맛 등을 골라 선발하는 것이었다.

가장 기본적인 것은 작물을 다른 지방 또는 외국에서 도입하여 재배하는 방식인 도입육종이 있으며, 같은 품종이라도 잎의 모양, 크기, 색깔 등 차이에 따라 분리하는 분리육종이 있다. 이런 분리 육종은 유전적인 변이가 아니고 단지 식물의 자연교잡이나 돌연변이에 의해 생긴 것에 한해 새로운 계통을 선발한다. 이것은 다음 단계인 교잡 육종의 준비과정이기도 하다. 교잡육종은 각각의 장점을 결합시켜 육종하는 것을 말한다. 현대 육종 전문가 집단에서는 유전공학을 이용한 첨단육종법이 시행되고 있다.

잡종으로부터 유용한 형질을 분리, 고정시키기 위해서는 자가 수정 즉 자식하는 방법을 이용한다. 그러나 타가수정작물을 강제로 그리고 지속해서 자식하면 세력이 약해져서 더는 재배가 곤란하게 되는데 이를 자식 약세라고 한다. 호박, 수박, 오이 등은 문제가 되지 않으나 배추,

무, 당근, 파 등은 자식약세 현상이 강해 육종의 어려움이 많다.

자식을 몇 대 거듭해 세력이 약해진 계통을 교잡시키면 다시 세력이 회복되어 생육이 왕성해지는데 이를 잡종 강세라고 한다. 이는 배추, 무 등의 십자화과 채소를 비롯한 가지, 고추, 토마토 등의 가짓과 채소에서 현저히 나타난다. 잡종 강세 현상을 이용한 채소의 일대 잡종 품종들은 재래종이나 고정종에 비해 내병성이 강하고 수확량이 많아진다. 종묘산업에선 일대 잡종 품종들은 인공 교배로 생산되기에 단위면적당 종자 소요량이 적은 토마토, 가지, 오이, 수박 등의 과채류에서 먼저 육종되기 시작했다. 이후 자가불화합성● 또는 웅성불임성●을 이용하는 교배종 육종체계가 확립되어 많은 작물에서 교배종 종자가 실용화되기에 이르렀다.

근대의 품종 개량사

1906년 우리라나에는 원예모범장이 설립되어 채소종자를 개량하기 시작했다. 그러나 1945년까지는 주로 외국 품종을 도입하여 선발하는 수준으로 대체로 일본에서 종자를 수입했다. 한국 전쟁이 끝나고 1953

● 자가수정이 되지 않는 것
● 화분이 제대로 발육하지 못하거나 아예 형성되지 않아 수정 능력이 사라지는 것

년부터 대부분 일대 잡종을 육성해오다가 1970년대 중반에 잡종 품종을 개발해서 1970년대 후반부터는 여름 노지 재배용 결구배추를 육성하여 우수계통을 선발하여 민간 종묘회사에 공급해왔다. 국가기관에서 육성한 배추 원종은 민간회사에 이전되어 민간 기업이 자가불화합성을 이용한 배춧과 채소 일대 잡종 기술을 가지게 됐다.

고추는 1969년에 웅성불임성을 이용한 일대잡종 품종을 육성하여 보급했다. 주로 시설재배 및 노지 건고추 재배용 품종을 육성했다. 1970년대에는 고추 웅성불임성 이용 연구, 가공용 토마토 품종 개발, 영양번식 채소의 품종 개발, 조직배양 기술 개발 등 육종 연구를 수행하여 민간 기업의 품종 개발 기술을 향상시켰다. 1980년대에 접어들면서 육종 방향은 생산비 절감을 위한 품종 육성에 치중했다. 배추의 약배양 기술을 개발하고 재래종 무등산 수박을 계통 육성하여 보급했다. 조기 다수성인 '대풍고추'와 맵고 다수성인 '신흥고추' 및 역병과 탄저병에 강한 복합내병성 품종인 '장수고추'를 육성하여 육성 재료를 민간종묘회사에 분양하기도 했다. 가공용 토마토의 국산화를 위해 노지 무지주 재배용 품종인 진흥, 홍조, 적풍, 조풍, 강동 등 특성 있는 품종 개발했으나 여름철 고온기에 부패병이 발생해 경쟁력이 없었다.

비록 1990년에 이르러 국내 농산물 시장개방 그리고 IMF외환위기로 인해 부도 위기에 처한 국내 종묘회사들이 외국 종묘회사로 넘어갔지만 배추, 무, 고추는 지속해서 육성사업을 했다. 특히 무는 진홍색 뿌리와 씹는 식감이 우수한 레드탑, 퍼플탑 등의 일대 잡종 품종을 개발했다.

호박은 배주 배양에 의한 종간 잡종기술을 이용하여 왜성이며 재래형인 애호박, '원예401호'를 중간 모본으로 육성했고 풋호박 형태의 고정종 품종 '만수, 천수'를 애호박품종으로 육성했다. 고추는 집중 착과형인 고추 '생력211호'에서 '생력216호'까지 고정종 품종을 육성했고 고온다습한 장마기에 문제가 되는 역병 저항성 '원장1호' 등 세균성 점무늬병에 강한 '세원1호'~'세원4호'를 개발 분양했다. 방울토마토는 대일본 수출용 품종으로 고당도이며 내열과성인 '우량방울1호'에서 '우량방울3호'까지 고정종을 개발했다. 이를 민간육종회사에 기술이전 하여 육종 연한을 단축시켰다.

육종 재료로서 재래종, 앉은뱅이밀 이야기

'앉은뱅이'라는 말은 요즘에 쉽게 사용하지 못하는 용어이지만 '일어나 앉기는 하여도 서지 못하는 장애'로 우리나라 재래종 중 키가 작은 작물에 대해 '앉은뱅이'란 명칭을 붙였다. 특히 종자명으로 많이 사용했는데 유명한 것 중 하나가 '앉은뱅이밀●'이다. 앉은뱅이밀은 육종학에서 주목을 받았는데 작으면 쓸모없는 줄기를 덜 만들고 줄기가 짧아 많은 낟알을 달고도 쓰러지지 않기 때문이다.

● 현재는 '앉은뱅이'란 말이 장애인 비하 표현으로 여겨져 2021년 농진청은 종자명에 사용하는 '앉은뱅이'를 '앉은키'로 명칭을 변경하여 사용하도록 했다

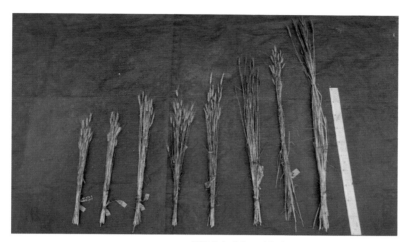

왼쪽부터 차례로 앉은뱅이밀, 순천174밀, 순천135밀,
봉화206참밀, 양평190참밀, 남도참밀, 보라밀, 다홍밀이다

앉은뱅이밀 낟알

토종 씨앗이 일깨워준 자연의 원리

동경대 농대 교수가 1904～1905년 한국토지농산조사에 기록해 둔 것에 연원을 둔다. 교수는 밀의 종류를 키에 따라 앉은뱅이밀, 난쟁이밀, 키다리밀 등으로 구분하고 이삭의 형태에 따라 늘밀, 목짜른밀 등으로 나누었다. 1933년 일본인이 펴낸『조선 주요 농작물의 품종명』에도 당시 토종 밀 이름이 90여 가지나 기록돼 있으며, 이 앉은뱅이성을 띄는 품종도 10가지나 된다고 나타나 있다.

현재 우리가 재배하고 있는 앉은뱅이밀은 경남 남해군 설천면 덕신리 김재명 씨가 16세1939년 때 아버지로부터 대물림되어 재배해 온 것이다. 키가 70～80cm 정도로 작고 낟알이 색깔이 연한 갈색을 띠면서 이삭은 가늘고 까락이 중간 정도로 길다. 이를 수집하여 현재 전국단위로 광범위하게 보급 소비되고 있다.

앉은뱅이밀은 이미 세계로 뻗어간 지 오래다. 노만 볼로그는 1970년 녹색혁명의 기초를 마련한 노벨 평화상을 수상한 최초의 농학자로 멕시코 재래종브레보아의 F3과 일본 단간종 밀 품종농림10호와을 교배하여 7년간 육종한 끝에 펜자모62, 퍼티크 62를 만들어 인도와 파키스탄에 식량종자로 사용했다. 그가 사용한 농림 10호는 육종가인 동경제대 이나즈카 곤지로가 만들었다고 알려져 있으나, 1983년 '토종을 살리자'라는 중앙일보 기사에서 다른 출처를 확인할 수 있었다. 사실 일본 관동지방에서 재배한 달마는 한국에서 건너간 앉은뱅이 밀로 키가 다소 큰 것과 작은 것들이 섞여 있었으며 일본이 우리보다 육종기술이 앞서 있던 관계로 계통 선발하여 키 작은 것을 '달마'라고 했을 것이라는 추리이다. 그렇다면 현재 세계적으로 가장 많이 재배되고 있는 단간, 조숙 등 다수성 밀 품종 개발사에 가장 중요한 유전인자를 제공한 달마는 바로 우리 재래종인 앉은뱅이밀인 것이다.

소위 난쟁이 밀은 오랫동안 아시아의 토양에서 자라왔다. 이 밀은 야생의 트리티컴triticum 속에서 나왔는데 재배밀의 선조로 밀은 사람들과 함께 전 지구상으로 퍼져 다양한 환경에 적응했다. 서반구에서는 환경 조건이 좋아서 오랫동안 재배하는 과정에서 곧게 자라며 키 큰 밀이 됐고 아시아에서는 티베트 고원지대, 중국의 북부, 몽고, 남부 러시아의 방대한 토지에서 자라면서 유전자와 염색체들이 짧은 여름과 추운 겨울, 그리고 휘몰아치는 바람에 적응하느라 고난을 겪으며 강인하고 키 작은 밀이 됐다. 대신 포기당 분열 수가 많아 수량도 많아졌다. 경제성을 위해선 유럽의 키 큰 밀보다 아시아의 키 작은 밀이 유리했다. 그래서 노만 볼로그 박사는 셔틀 육종shuttle breeding으로 농림10호를 만들었다. 1년에 2번씩 채종포를 이동하면서 재배하여 특정 형질을 빨리 고정시킨 것으로, 즉 서로 다른 두 환경에 노출시켜 밀이 적응하도록 강요한 셈이다. 수박과 같은 박과 작물도 우리나라와 태국, 인도네시아를 오가며 육종한다.

적응이란 모든 생물에 기본적인 것이며 대부분의 식물은 빛에 민감하다. 식물들은 양분과 빛을 흡수하여 필요한 에너지를 만듦과 동시에 매일의 광선이 얼마나 되는가를 측정하여 기록하는 생화학적 카메라를 가지고 있다. 식물에 있는 기억장치인 인지 카메라는 유전자가 만들어내는 효소에 의해 작동된다. 식물이 계속 자라는데 광선이 충분하지 않다는 것을 발견하면 생장 과정을 단축시키는 유전자에게 알리는 식이다. 따라서 햇볕이 가장 적은 겨울에는 식물들이 건강하게 살아있지만 빛이라는 양분을 보존하기 위해서 자라는 것을 멈춘다. 이 밀들은 일 년에 두 번씩 오가면서 태양광선이 충분한 장소로 옮겼기 때문에 볼로그가 선발한 것은 항상 생장에 필요한 최소한 이상의 광선에 노출되어 있었다. 그 결과 생장이 중단된 적이 없었다. 볼로그의 밀에서는 카메라 작용 효소를 생산하는 유전자가 작동을 중단한 것이다. 즉 멕시코 밀은 비감광성 성질로 바뀌었다. 이것은 아주 기본적인 변화였다. 그의 밀은 이제 낮의 길이를 감지하지 못하는 새로운 밀 계통이 육종되어 세계 어디에서나 재배할 수 있게 됐다.

순창 수집을 하면서 만나는 할머니와 할아버지들에게 "땅개밀 있어요?"라고 물었다. 순창에서는 키 작은 밀과 보리를 '땅개'라고 불렀다. "종자는 이미 없어졌지. 키는 작고 빨간색 낟알인디…. 벌써 없어졌어." 땅개밀은 남도참밀과도 다르다. 들어보면 앉은키밀보다 키가 작아 5~60cm 정도의 '난장이밀' 종류이지 않을까 추정해본다.

가지각색 파 이야기

파는 전통적으로 약의 개념으로 사용하는 양념이다. 우리나라 재래종은 구조파로 현재는 서울백파, 홍구조파, 양수리 구조파가 있다. 파 품종은 천주군과 구조군으로 나뉘는데 금장파 석창파는 천주군에 속하고, 구조파는 구조군에 속한다. 구조군은 분얼수가 많고 백경부가 가늘고 길어 외대파보다 인기가 떨어지나 저온에서도 성장이 강해 경기도에서 노지 월동 재배가 가능하다.

겨울에 안 얼어 죽는 구조파는 양평군 양서면 일대에서 재배되던 구조를 남양주시와 구리시 파 농가들이 가져와 재배하며 재래종이 됐다. 특히 양수리 구조파는 월동하여 봄에 추대가 늦게 발생하는 재래종으로 잎색이 진하고 분얼수도 많다. 일반 구조파와 종묘회사에서 파는 구조파, 대농종묘에서 파는 구조파는 얼어 죽지만 재래종 양수리 구조파는 얼어 죽지 않는다. 서울백파는 월동은 되지만 꽃대가 5월 초에 올라와 양수리 구조파보다 빠르다.

1950년 재래종은 거의 사라지고 일본에서 육종된 품종이 도입됐다. 1960년대부터 파 육종이 시작됐는데 시판된 품종이 원예시험장에서 분양된 석창대파이다. 이 석창대파는 하얀 줄기 부분인 백경부白莖部가 짧으며 균일도가 떨어지는 결점이 있다. 그래서 홍농종묘는 석창대파를 개량하여 파 교배종인 불암백은주외대파를 보급했다.

양평군에서 많이 수집된 재래종 조선파는 대체로 구조군에 속하는 것으로 5월에 꽃대가 올라온다. 조선파를 자급용으로 재배하는 이유는 향과 단맛 무엇보다도 월동이 가능해서 이른 봄에 먹을 수 있다는 장점 때문이다. 하지만 조선파의 장점에도 불구하고 파를 많이 사용하는 식당에서 교배종 개량 파를 선호한다. 파란 잎이 많지만 조선파는 키도 작고 파란잎이 적으며 잎이 부드러워 식감이 떨어지기 때문이라고 이유를 밝힌다.

지역에서는 재래종이 많이 수집되는 편이다. 일반적으로 조선파라고 하면, 무주와 순창에서는 가랑파, 진안에서는 대가리파, 영광에서는 구족대파, 영주에서는 부석파 등이 있고 순천에서는 뿌리로 번식하는 '동파' 등이 있다. 파는 아직 지역마다 자급용으로 키운 재래종이 살아있는 편이다. 특히 재래종은 백경부가 가는 편이고 잎이 얇고 부드러우며 향이 진하고 뿌리 주변의 머리가 붉은색이 도는 홍구조파가 많다. 반대로 일본에서 도입된 삼층거리파 또는 삼층파는 왜파라고도 불리는데 2010년 괴산에서 수집되어 특이한 모양 덕택에 도시텃밭과 학교텃밭 중심으로 전국적으로 보급되어 있다.

상추 이야기

상추의 역사는 뿌리가 깊다. 기원전 4500년경 고대 이집트 피라미드의 벽화에서도 긴 모양의 상추잎을 발견할 수 있다. 우리나라에서는 고려 고종1213~1259년 시기에 저술된 〈향약구급방鄕藥救急方〉에서 와거, 백거라고 한 상추를 만날 수 있다. 한국의 상추는 삼국시대에 중국으로부터 도입되어 김치, 쌈용, 겉절이용으로 사용됐다. 조선조 최세진이 간행한 한자 학습서인 〈훈몽자회訓蒙字會〉에도 상추가 기록되어 있는데 거의 비결구로 전해지고 있다. 중국에서는 당나라 때인 713년 문헌에 처음 등장하고 중국의 문헌에는 "고려 상추가 질이 좋다."라는 기록이 남겨져 있다.

상추는 결구상추, 잎상추, 배추상추, 줄기상추 등 다양한 재래종이 있다. 재래종으로는 충남의 메꼬지 상추, 경남 김해의 안동꽃상추, 서울 신정동의 개적상추, 서울 하일동의 찹찹이 상추, 서울 은평구의 은평오구리상추, 개성 지방의 개성꽃상추 등의 있으며, 곡성, 순창, 담양 등에서 지금도 인기리에 재배되고 있다. 특히 담배상추는 전라도 지역에서는 아삭한 맛이 좋아 담배상추만한 것이 없다고 할 정도로 인기가 있다. 또한 평택의 오세봉 할머니가 90대가 될 때까지도 대물림으로 재배해온 상추는 비나리상추와 같은 특징을 지니고 있다. 지금은 대부분의 상추가 고기 쌈용으로 부드러운 반면 밥을 싸서 먹었던 시절에 아삭함이 살아있어 밥과 잘 어우러진 특징을 가지고 있다. 무엇보다도 다른 재래종 상추보다 추대가 늦다는 점은 상업농가에서도 매력적으로 다가온다.

상추는 전국적으로 많이 수집되는 엽채류이다. 재래종이 아니더라도 주로 잎상추는 할머니들이 부르는 파란상추, 빨간상추라는 이름으로 할머니 텃밭에서 십수 년 채종해서 재배해오고 있다. 상추는 전 국민의 애용하는 엽채류로 지금도 종묘회사에 의해 선발과 대량 보급되고 있으며 외국으로부터 도입되어 도입육종과 교배육종으로 다양한 상추가 나오고 있다.

콩팥의 상상력

우리 땅의 콩, 우리 몸의 콩

토종 씨앗이 거의 전멸되고 있는 상황에서도 여전히 전국적으로 재래종 콩과 팥이 수집한 종자의 50% 이상을 차지하고 있다는 것은 무엇을 의미할까? 바로 중국 대륙과 한반도가 콩과 팥의 원산지에다가 오랫동안 한반도의 삶과 긴밀하게 연결되어 있음을 증명한다. 콩은 단순히 음식 문화만이 아니라 농사문화 더 나아가 우리의 사고에 영향을 끼치고 있다. 지금부터 콩팥에 얽힌 상상력을 동원해보자. 왜냐하면 과거에도 현재도 이런 연구가 없었기 때문이다. 농사와 음식문화는 이후에 서술하고 콩과 팥이 우리의 몸과 마음 깊이 영향을 미치고 있는지 살펴보자.

콩팥은 먼저 신체 장기의 이름이기도 하다. 콩팥은 영어로 신장kidney이고 신장과 모양이 닮은 강낭콩kidney bean에도 같은 단어를 사용한다. 강낭콩처럼 생겼으면 한글로 강낭콩이라고 하면 되는데 강낭콩이라고 하지 않고 콩팥이라고 한 이유는 무엇일까? 강낭콩의 어원을 보면 강남에서 들어온 콩이라고 하여 중국 남부지역에서 도입된 콩을 이른다. 이 강낭콩을 전라도에서는 동부라고 부르기도 한다. 이전에는 콩과 팥이 있었다. 콩과 팥은 순우리말이다. 콩은 대체로 둥글고 납작한 원형이며 팥은 둥글고 길쭉하며 붉은색이다. 팥 또한 콩과로서 콩 종류의 팥을 의미하는 것이 콩팥이라고 상상해본다. 즉 신체 장기 이름을 붙였을 때는 콩팥만이 있었기에 강낭콩 모양과 유사한 콩팥의 이름을 여기에 붙여진 것으로 여겨진다.

이는 소리문자로서 콩팥과도 연결되는데 콩은 에너지가 모아지는 역할로 영양소를 받아들인다면 팥은 파열음으로 내보내는 역할을 한다. 실제 콩은 단백질과 탄수화물. 지방의 인체에 필요한 기본영양소를 갖춘 땅에서 나오는 고기이다. 팥은 노폐물을 내보는 이뇨 작용을 하며 더구나 빨간팥은 전통적으로 귀신을 내보내는 역할을 한다. 이는 신체에 붙은 노폐물이나 불필요한 것을 '귀신'이라고 봤던 관습과도 연결이 되어 있다. 이처럼 콩팥이라는 장기는 영양분을 최종적으로 거르고 노폐물을 내보내는 장기로서 '콩팥'의 실제적인 작물 효능과도 연결이 되어 있다. 모음과 자음의 소리문자로서의 한글과도 깊게 연결되어 있을 때, 장기로서의 콩팥은 의미와 소리 그리고 기능까지 통합적으로 연결된 경이로운 언어인 것이다.

팥 중에서도 재래팥의 대명사인 빨간팥은 귀신을 내보내는 중요한 곡물로 우리의 전통적 의례와 제례에 사용되어왔다. 전국적으로 빨간팥이 돈이 된 이유이며, 여전히 빨간팥의 용도가 유지되고 있는 이유이기도 하다. 한편으로 검정팥이 있는데 검정팥은 오행에 있어서 신장의 색깔을 상징하기도 한다. 그래서 검정팥은 검정콩과 더불어 한의학에서 신장경락을 건강하게 하는 용도로 사용한다.

콩팥은 이렇듯 신체 장기부터 우리의 무수한 문화에 얽혀 있다. 소리에 남겨진 콩팥의 중요성을 한 번 더 강조해볼까? 마음이 '콩닥콩닥 뛴다'라는 말은 콩을 볶을 때 튀는 것을 형상과 소리를 함께 묶은 것이다. 전래동화인 〈콩쥐 팥쥐〉 또한 콩은 신체의 영양소로서 '좋은 것' 팥은 신체 밖으로 내보내야 하는 '나쁜 것'의 의미로 사용했다는 것을 유추해볼 수 있다. 그만큼 콩팥은 원산지로서 한국인의 깊은 삶의 시원과 연결되어 있다. 이는 콩팥만큼은 '옛것'을 버릴 수 없다는 증거이기도 하다.

인류의 젖줄

앞서 말했지만 콩과는 산림 생태적 보고를 양산하는 식물이다. 산이 헐벗고 척박해지면 공기 중의 질소를 토양에 고정시키고 다른 식물을 번성케 하는 역할을 한다. 또한 덩굴성이라는 생리학적 특성으로 토양 침식을 막는다. 콩과는 다양한 식물의 모태와도 같다. 이런 콩의 성질로 인해 사계절 번성할 수 있는 다양한 콩류가 탄생했다. 수십 미터를 뻗어 나가는 강낭콩을 비롯하여 완두콩류 제비콩, 동부류, 팥류, 녹두류 등이 다. 그중에서 단백질 성분이 많은 장콩류와 탄수화물 성분이 많은 밥밑 콩, 팥류, 나물콩 등은 중국을 비롯한 한반도를 기원으로 하고 있다.

콩과 팥은 벼, 조와 더불어 고대유적지에서 출토되는 것으로 미루어 볼 때 인류가 시작된 초기에도 먹은 곡물이다. 콩은 인간의 생명에너지 를 주요 영양원으로 각종 곡물과 대등할 수밖에 없는 작물이었다. 특히 인간의 손을 거쳐 수없이 개량을 해온 작물콩이 있지만 여전히 들과 밭 에서는 야생 콩이 공존하는 것으로 볼 때 지구 생태적 측면에서도 무척 중요한 식물군이라고 할 수 있다.

한반도에서는 콩으로 인해 전쟁이 발발한 적도 있다. 1892년 일본은 자국의 식량 자급을 위해 조선의 일정량의 콩을 일본으로 수출을 해야 한다는 강제협정을 체결했다. 조선의 콩 수확량이 이에 미치지 못해 콩 을 수출할 수 없음을 통보하자 일본은 전쟁을 불사하겠다며 이행을 강 요했고, 조선이 청에 군사적 협력을 요구하게 되면서 청일전쟁이 발발 하게 됐다.

또 다른 예로 1905년 일본과 전쟁 중이던 러시아는 채소류 등의 비타 민 공급이 원활하지 못해 병사들의 병증이 심각해졌고 결국 일본에 항 복했다고 한다. 항복을 받아낸 일본인이 러시아 식량창고를 열어보니 콩만 한가득이었다고 한다. 만약 러시아 사람들이 콩으로 콩나물을 만들어 먹을 줄 알았다면 전쟁의 향방이 달라졌을 수도 있다는 설이 있다.

또한 파주 장단콩 역사 전시관에 따르면 1차 세계대전은 콩이 유럽으로 전파된 계기였는데, 이 당시 영국은 단백질 보충원으로 콩고기와 콩으로 만든 빵을 보급했다고 한다. 미국 역시 1차 세계대전이 끝난 뒤 콩재배 면적을 늘리고 콩 가공 기술을 대폭 확대했다. 이 와중에 2차 세계대전이 발발하면서 콩은 단백질 보충원으로 큰 기여를 했다. 명실공히 전세계가 인정하는 밭에서 나오는 고기 또는 밭에서 나오는 황금이 됐다.

한반도의 장콩 문화

그렇다면 한반도에서의 콩 재배와 이용 역사는 어떠한가? 콩은 한반도에서 오곡 중 하나로 재배 이래 변함없는 지위를 가지고 있다. 콩에 대한 재배법 등 다양한 콩과 작물을 소개하기 시작한 것은 조선시대 농서에서 잘 드러난다. 콩과만 해도 29종의 콩과작물이 소개되어 있다. 한반도에서는 농경이 본격화되기 시작한 이래로 콩 재배가 시작된 것으로 추정하며, 중국과 한반도 일본에서는 발효를 통한 장 문화가 발달하게 됐다. 특히 한반도에서의 장 문화는 '제를 지낼 때 조상들은 자신의 장 냄새를 맡고 찾아온다'라는 말이 있을 정도로 장은 집안의 흥망성쇠를 가르는 기준이었다. 장독이 깨지거나 장이 변질되면 집안이 망하거나 불길한 징조로 여겼다. 아마도 가공식품회사에 의존한 현대인들의 밥상문화를 감안하면 조상들은 도시나 식품회사 주변을 배회하고 밥 한 끼도 못 먹고 갈지도 모르는 일이지만 말이다.

조선시대 〈세종실록지리지世宗實錄地理志〉에서는 지역별 장류에 대해 언급하고 있는데 경기도에서는 담뿍장과 보리고추장, 별미장류로는 무장(물장)과 장땡이가 있었으며 충청도에서는 청국장, 막장, 담뿍장. 빠개장, 지레장이 있고 예산에는 즙장이 있고 별미로는 비지장이 있으며 황해도 말장, 강원도 말장, 경상도 두시가 있다고 전해진다. 조선시대 말엽의 실학자 이규경이 지역별 장류를 밝힌 〈오주연문장전산고五洲衍文長箋散稿〉에는 평안북도 강계에서는 간장과 함께 도토리 된장이 이름난 장류였고 순창은 지금처럼 고추장을 의미하는 초장으로 유명했으며 전주에서는 전주의 지역명을 딴 전주즙장법으로 유명하다고 전한다.

유중림이 간행한 〈증보산림경제增補山林經濟〉에서는 전주가 즙장의 고향으로 유명하다고 전해지고 있다. 즙장은 여름에 먹는 용도로 콩과 밀기울로 만든 메줏가루에 소금과 가지, 오이 등 말린 채소를 넣어 숙성시킨 장이다. 보통 장은 2~3개월 숙성이 되어야 제맛이 나는데 즙장은 7~9일이 지나면 바로 먹을 수 있다. 숙성은 발효시간과 적정온도가 관건이다. 즙장은 담가 오래 두지 않고 바로바로 먹었던 관계로 즙장용 메주를 준비하여 두고 별미로 사용했다. 담뿍장은 경기도 화성에서 수집할 때, 선비잡이콩으로 담뿍장을 담근다고 하셨다. 할머니의 담뿍장은 잘 띄운 메주를 곱게 빻아 소금이랑 버무려 따뜻한 데서 두었다가 먹는 장이라고 했다.

콩 개량의 역사

어느 지역 어느 곳을 토종 씨앗 조사 수집을 할 때 가장 많이 수집되는 것이 장콩이다. 장콩 외에는 밥밑콩을 비롯한 각종 콩을 포함하면 수집종자 중에 50%를 차지할 정도로 집안의 장맛으로 인해 대물림 종자들이 많이 남아 있다. 이들은 한결같이 장맛이 좋다며 자신이 보전 유지하고 있는 콩에 대한 자랑을 남다르게 드러낸다.

현재 농촌진흥청 농업유전자원센터에 보존하고 콩 중에서 한반도를 원산지로 하는 것이 10,564점이며, 이 중에서 72%인 7,600여 점이 재래종이다. 물론 중복된 것이 있지만 정확한 데이터는 없다. 재래콩 수집은 1906년 권업모범장에서 처음 시작했는데 1930년대에 벌써 1,537품종이 수집됐다. 재래콩 중에서는 금강대립, 장단백목, 충북백, 충북황, 익산, 부석, 함안, 광두, 단천담록, 백좀콩, 평북태, 올기밭, 외알콩 등이 유명하다.

이 중에서 장단백목은 1909년 경기도 장단지방에서 수집되어 1913년 전라남도, 1914년 황해도의 장려품종이 됐으며, 1931년에는 황해도에 66,000ha*에 재배되었고, 1936년에는 경기도에서도 39,000ha나 재배되며 가장 많은 면적에서 재배한 콩이었다. 1973년에는 장단백목과 육우3호일본도입종를 교잡 육종한 '광교'를 보급했다. 수확기는 장단백목에 비하여 같거나 약간 빠르며, 경장은 약간 짧고 분지수가 약간 많고, 콩알의 크기는 장단백목과 거의 같거나 약간 작으며, 색은 담황색이고 눈색은 담갈색이다. 광교를 원종으로 육종된 품종으로는 백운콩, 장경콩, 황금콩, 밀양콩, 새알콩, 단경콩 등이 있다.

황금콩은 1970년 광교와 Clark 63을 인공교배한 제3세대 품종이다. 1973년에는 괴저 바이러스에 저항성을 가진 콩인 백목장엽과 교배하여 1977~1978년에 대만에 있는 아시아채소연구개발센터AVRDC에서 증식됐고 3년간 지방적응연락시험을 거쳐 1980년 중북부지방의 장려품종으로 지정됐다. 황금콩은 평균 무게 25g 정도이며, 눈이 황색으로 콩 모자이크 바이러스Soybean Mosaic Virus, SMV에 높은 저항성을 지닌다. 아직도 두부용으로 많이 재배되고 있다. 황금콩의 영향으로 우리나라 소비자들은 장류 및 두부용 콩으로는 수입콩과 차별화하기 위하여 눈색이 황색인 것만 선호하게 됐다. 이는 1955년 일본에서 콩의 수입자유화가 이루어지자 '백목황색 눈'을 선호하며 수입콩을 구별한 것과 같은 맥락이다. 황금콩을 교배하여 육종된 것으로는 무한콩, 검정콩1호, 광안콩, 알찬콩, 선흑콩, 진율콩, 호장콩, 천상콩 등이 있다.

* 1ha는 10,000㎡이다

장단백목

장단콩의 후손이 이렇게 많은 이유는 국내 최초로 교잡육종법에 의하여 육종된 '광교'와 광교의 2세인 '황금콩', 3세인 'SS74185'의 영향이 크다. 장단백목의 후손 중 현재 많이 재배되고 있는 품종으로는 장류 및 두부용인 대원콩, 태광콩2003년 한국육종학회품종상 수상, 황금콩, 대풍2009년 대통령상 수상이 있으며, 밥밑콩인 청자콩3호2007년 농림부장관상 수상 등이 있다. 장단백목은 우리나라 재래종 콩 중 가장 많은 59품종의 후손을 남겼을 뿐만 아니라 일본에서도 같은 계열인 '장단'과 교배되어 Higomusume, Orihime, 柳川黑小粒, 柳川茶小粒 등 4품종을 육성했다.

콩 육종 계통도

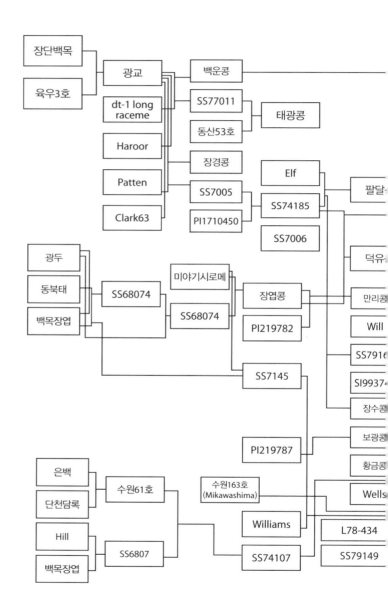

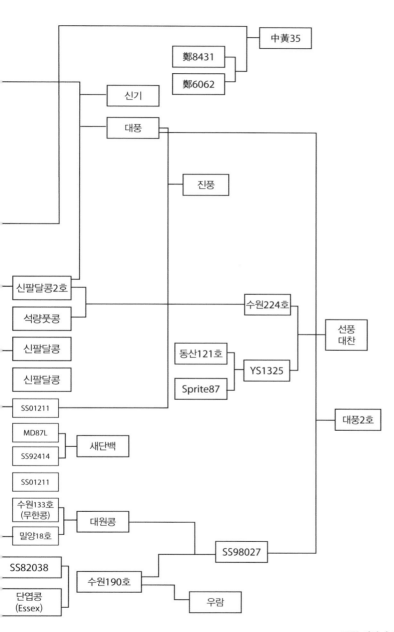

약콩의 유래

인산 죽염으로 유명한 김일훈은 독립운동에 투신하다 서대문형무소에 투옥됐으나 탈옥 후 20여 년간 전국 산지를 다니며 약초를 연구했다. 연구를 통해 병명도 모른 채 죽어가는 사람들을 대가 없이 살려내 신의神醫로도 불렸다. 김일훈은 쥐눈이콩서목태로 죽염간장을 만들고, 서목태를 '약콩'으로 불리게 한 장본인이기도 하다. 원래 서목태쥐눈이콩는 쥐눈처럼 작고 반짝반짝하다고 붙여진 이름인데 인산이 서목태를 이용해 장을 담그고 그것을 치료제로 이용하자 약콩으로 부르게 됐다. 양의에서는 서목태를 안토시아닌 함량이 많아 항산화 작용이 있다고만 기록했을 뿐이지만 인산은 약콩으로 서목태의 가치를 다음과 같이 서술했다.

"콩과 식물은 태백성의 금기가 왕성해 공기 중의 질소를 뿌리에서 직접 합성하므로 질소비료를 따로 주지 않아도 되는데. 특히 서목태는 근류 박테리아의 활동력이 극강하므로, 공간색소와 수중전류水中電流로 이뤄진 분자를 흡수하는 능력이 다른 식물보다 월등히 크다. 태양광선의 힘에서 이뤄진 색소와 지중화구地中火口에서 올라오는 전류의 힘으로 생긴 분자는 지구생물을 화생시키는 원천이기 때문에 서목태는 생명력을 강화시키는 데 으뜸가는 식품이 된다. 우선 서목태는 수성정기를 함유하고 있어 콩팥과 방광 약으로 쓰이며 날것을 그대로 먹어도 불치병이라는 당뇨를 쉽게 완치시킬 수 있다. 서목태로 메주를 만들고 죽염으로 간장을 담가 만든 간장은 사리간장이 되는데 이는 모든 난치, 불치병을 치료할 수 있는 영약이다."

배추, 무가
우리 채소가
되기까지

배추 육종 역사

조선 후기 실학자들은 배추, 무, 상추를 도시에 내어 팔면 돈을 벌 수 있다고 했다. 〈향약구급방〉에도 배추와 관련된 문자인 '숭菘'이 등장한다. 숭채菘菜의 기록이 있는 문헌으로는 〈훈몽자회〉가 있는데 중국에서 도입된 무역품의 하나로 숭채종자가 포함됐고, 그 후 중종과 선조 때에 숭채종자가 중국으로부터 수입됐다. 〈한정록閑情錄〉 치농편에는 '숭채'와 함께 배추가 처음으로 등장하고 음력 7~8월에 파종하는 것으로 기록됐다. 박세당의 〈색경穡經〉 박지원의 〈연암집燕巖集〉 홍석모의 〈동국세시기東國歲時記〉에도 배추에 대한 기록이 남아있다.

임영빈의 〈한국채소 재래종〉에 의하면 배추 재배가 일반화된 시기를 반결구형인 개성배추와 서울배추의 국내 채종에 성공한 1850년도 이후로 추정한다. 김치를 사계절 담가 먹기 시작한 역사는 얼마 되지 않았다. 봄과 여름에 본격적으로 재배된 것이 1960년대 이후이기 때문이다. 게다가 1960년대의 배추는 대체로 반결구배추로 70~90대 어르신들의 기억에 선연하게 남아있다. "배추 뿌렝이를 두었다가 겨울에 먹었어. 그때는 그게 그렇게 맛있었어." 향수에 젖으며 말씀하신다. 간혹 우리가 여러 지역에서 수집된 뿌리 배추 종자를 드리면 무척 좋아하신다.

재래종 반결구배추로는 서울배추, 개성배추가 유명하고 꼬리가 있는 배추는 의성배추와 전주지방의 재래종 배추가 있었다. 서울배추는 조선 왕실의 어채로 오래도록 재배됐는데 비결구로 통이 길며 잎은 연두색이다. 초세가 강하고 어느 계절이나 파종이 가능하며 어느 토양에도 잘 자란다. 얼갈이배추로 오랫동안 명성을 유지했다. 서울배추는 국을 끓이면 달큰하고 맛있다.

개성배추는 우리나라 대표 품종으로 개성지방에서 재배됐다. 서울 배추에 비하여 '반결구형' 배추였다. 잎은 서울배추보다 진한 녹색이며 잎맥은 두텁지만 전체적으로 작은 편이다. 배추통은 크고 병해충에 강했으며 김장용으로 널리 재배됐다.

1906년 서울 뚝섬에 설립된 원예모범장에서는 중국에서 도입된 포두련배추와 직예배추, 화심배추, 산동배추 및 일본에서 도입된 경도3호 배추 종자를 생산했다. 포두련 배추는 중국 산동 반도가 원산지이며 백방황엽계와 청방계흑엽로 나뉜다. 포피형 결구배추인 백방계가 우리나라에 도입됐으나 병해에 약해 재배가 중단됐고, 청방계 배추는 병해에 강하여 교배종 품종이 보급되기 전까지 남부지방에서 많이 재배됐다. 특히 포두 련과 같은 청방계배추는 오늘날까지 교배 육종 소재로 이용되고 있다.

현재 토종씨드림에서 보급하고 있는 청방배추는 일본종자 경도3호 와 포두련 배추를 교배 육종한 개량형 청방배추로 추정된다. 또한 토종 씨드림이 보유하고 있는 포두련 배추는 길이가 길고 반포형으로 흑엽이 약간 남아 있는 것으로 보아 중국에서 도입된 포두련 배추의 원형에 가 깝다고 볼 수 있다. 해방 직후 우리나라에서는 일본 다끼이 종묘タキイ種 苗에서 육종한 경도3호를 가장 많이 심었고, 중국 사람들이 가져온 청방 배추를 많이 심었다. 경도3호와 청방배추는 우리나라 초기배추의 대표 적인 결구배추이다.

1960년 원예시험장에서 자가불화합성을 이용해 원예1호와 원예2호 배추를 발표했다. 원예2호는 경도3호와 청방배추를 교배해 만든 배추 로 '청경배추'라고도 불렀다. 또한 결구와 반결구배추의 중간 형태인 '대 형50일배추'를 만들었다. 1962년에는 불암1호와 불암2호 배추, 1965년 불암3호 배추가 보급됐다.

1971년에는 가을 재배용 배추로 장미포형의 배추인 대형가락배추를 중앙종묘에서 발표했지만 발아력이 떨어져 폐기했다. 대신 병해충에 강 하고 안정적 재배가 가능한 가락신1호배추장미포합형와 삼진배추를 보급 했다. 2008년 제주여농과 함께 토종씨드림 수집단이 제주에서 수집한 장미포형인 구억배추구억리에서 수집했다고 해서 구억배추라고 명명했다와 무릉배추

무릉리에서 수집해서 무릉배추로 명명했다가 가락신1호 배추 또는 삼진배추로 추정된다. 이유는 2017년 경기도 화성에서 수집할 때 김현례_{당시 89세}할머니는 "배추 중에서 삼진배추가 맛도 좋고 재배도 괜찮아. 삼진배추가 나오기 전까지는 조선배추로 김치를 담갔거든." 하면서 삼진배추의 그리움을 술회한 적이 있기 때문이다.

1970년대 중반부터 봄·여름 배추가 재배되기 시작했다. 1980년대 이전까지는 홍농종묘의 내서백로배추, 일본에서 수입된 춘추배추와 무쌍배추가 많이 재배됐다. 이후 1980년대에 사계절 배추 재배가 가능한 품종들이 속속 개발됐다. 1990년대에는 홍농종묘에서 만든 속노랑배추는 배추 품종 새로운 역사를 열었다. 기존 개량 배추는 속이 흰색이라서 한자로 '白菜_{백채}'라고 불렀기 때문에 속노랑배추는 '黃菜_{황채}'라는 신조어를 탄생시킬 정도였다. 속노랑배추는 푸른 겉잎이 적고 고소한 속노랑 잎이 촘촘하게 많아 소비자의 배추의 선호도를 완전히 바꾸었다. 시장에서 유통되는 결구형 배추를 'Chinese cabbage'로 명명하다가 2017년 'kimchi cabbage'로 명기하게 된 계기가 됐으며 배추 종자 수출국이었던 중국이 반대로 한국형 배추를 선호하며 한국형 배추를 수입하는 국가로 바뀌는 계기가 됐다.

만능 의성배추

의성배추는 경북 의성지역에서 많이 재배되는 재래종으로 반결구배추다. 과거에는 김장배추로 이용됐으나 결구배추에 밀려 다른 용도로 이용하고 있다. 의성배추는 잎 수가 10매 내외로 결구가 많이 되지 않는다. 띄엄띄엄 심으면 작게나마 결구가 된다. 봄부터 8월 말까지 밭에 뿌려 연중 솎아 먹는다.

계절에 따라 겉절이, 김치, 씨래기 쌈으로 이용한다. 반결구배추의 김장 김치는 그늘에 10일 정도 반건조시킨 상태에서 김장 김치보다 소금

의성배추

을 더 많이 넣어 작은 독에 절여 땅속에 묻었다가 봄에 김치처럼 양념해서 먹는 김장 김치가 바닥날 때 먹는 봄용 김치다. 가을에 그늘에서 반건조해야 푸른색을 유지할 수 있고 수분이 빠져 저장력을 높일 수 있다.

의성배추가 보존되는 이유는 맛과 연중 재배 가능하기 때문이다. 여름에 습해를 받을 수는 있지만 의성에서는 적응성이 좋아 추석 때 김치로 먹을 수 있다. 가을에는 뿌리를 시래기용으로도 한다. 의성에서는 시래기를 콩가루에 묻혀서 국도 아닌 찌개도 아닌 형태로 먹는데 아침 식사용이기도 하다. 우리나라에서 배추 뿌리가 발달한 것은 이듬해 씨앗을 받기 위해 뿌리를 저장했기 때문이다.

서울배추는 종묘회사에서 종자를 판매하며, 의성배추는 의성의 종묘회사인 경신종묘에서 두 가지로 선발되어 판매되고 있다. 의성배추는 '뿌리배추'와 여름철 채소로 '명지엇갈이'로 품종화해서 판매되고 있다. 명지엇갈이는 7월 말부터 8월 초에 파종해서 8월 20일에 수확이 가능하다. 경신종묘는 무. 배추를 전문적으로 육종하는 종묘회사로 재래종 '의성반청무'를 '비단무'라고 하여 육종 재료로 이용하고 있다.

비단무(화성)

무 육종 역사

무는 1년생 또는 다년생으로 배춧과에 속한다. 재래종 무는 전라도 지역에서 간혹 수집되고 있다. 무는 지중해에서 흑해에 이르는 지역에서 기원한 것으로 알려져 있다. 우리가 먹는 재배종 무는 지중해 지역의 야생무 아종끼리의 교잡으로 발생한 것으로 추정하고 있다. 중국 일본과 더불어 우리나라에서 기원전부터 재배해온 것으로 알려져 있다. 세계적으로는 야생무, 기름용무, 쥐꼬리무일본의 모그리바, 일반무 및 20일무● 등 5개의 분류군으로 나뉜다. 우리나라에서는 봄무, 여름무, 가을무, 겨울무와 같이 계절로 분류한다.

현대인들은 김치하면 당연히 배추김치를 생각하지만 전통적으로 김치의 주재료는 배추보다 무였다. 무는 다른 채소보다 재배가 쉽고 잎을 먹을 수 있기에 김치 주재료로 오랜 역사를 가진 채소이다. 깍두기. 동치미뿐만 아니라 소형무와 총각무알타리무를 이용한 총각김치. 열무김치로 먹었는데 총각김치는 1970년대 중반 이후 총각무가 상업적으로 재배되면서 만들어졌다.

잎과 동시에 먹을 수 있는 무는 지역에 따라 기호도가 다르다. 열무잎은 판엽계●는 전라도 사람들이, 절엽계●는 그 외 지역에서 먹는다. 맛

● 학명 Raphanus로 고대그리스 합성어로 뿌리가 매우 빠르게 성장하는 무이다. 최근 텃밭에서 키우는 래디쉬 radish라는 품종의 원원종
● 잎이 결각이 거의 없고 잎이 널찍한 것
● 잎이 결각이 심한 것

보다 잎의 모양에 따라 기호도가 다르기 때문이다. 판엽계는 쌈으로도 먹을 수 있다. 지금도 전라도에서는 잎이 넓은 판엽계 재래종 무를 수집할 수 있는데 무청은 쌈이나 시래기로 이용한다고 할머니들은 말한다. 한국인들은 채소나 과일은 아삭아삭한 맛을 좋아하는데 전국 어디 가나 재래종의 장점을 '아삭한 맛 때문'이라는 말을 빼놓지 않는다.

젠피로 맛을 낸 열무김치. 아삭한 식감이다

열무 잎과 열무 씨

무는 재배역사가 오래된 만큼 다양한 재래종이 있다. 주로 중국을 통해 들어온 북지무● 계통이 오랫동안 재배되어 각 지방에 토착한 것으로 서울무, 진주대평무, 중국청피무, 용현무, 의성반청무 등이 있다. 중국에서 전래된 북지 작은무 계통해서 분리된 총각무, 봄무 등이 있고, 일본을 통해서 들어온 남지무● 계통인 궁중무, 미농조생무, 성호원무, 단무지무 등이 있다. 조선무는 전국 재래종으로 서울에서는 '서울묻을 무'라는 이름으로 재배됐는데 육질이 단단하여 김치용, 생식용, 국반찬용, 장아찌 저장용으로 전국에서 재배됐고, 일제강점기에 일본계 무의 재배가 많아져 조선무와 교잡이 일어나 우량 잡종이 생겼는데 대표적으로 울산무와 남강무가 그렇다.

저마다의 개성이
드러나는 재래종 무

● 둥근무라고도 하며, 보통 조선무를 말한다. 둥글고 단단하며 윗부분이 푸른색으로 깍두기 김치용으로 사용한다
● 일본에서 들어와서 왜무라고도 부른다

서울무는 경성무로도 불렸으며 고양시. 뚝섬. 은평 등에서 재배됐고 보통 조선무라고 불렀고 때로는 지역 이름을 붙여 경성종으로도 불렀다. 조선무는 원통형 뿌리로 길이는 21~24cm이고 뿌리 끝이 둥근 것이 대부분이다. 겉껍질은 거칠고 육질은 단단하고 저장성이 좋다.

계림무는 경주 재래종으로 뿌리 모양은 짧은 원통형으로 뿌리 끝이 둥글고 굵으며 저장성이 좋다. 풍산무는 경북 안동 풍산면 하리 등으로 낙동강 상류에서 재배됐으며 뿌는 원방추형으로 일본의 성호원무와 같이 둥글고 컸다. 육질은 단단하지만 서울무만큼 단단하지 않고 장기간 저장에는 강했다.

백양사무는 주로 전라도에 재배했는데 뿌리가 방추형이고 뿌리 끝은 가늘고 타지역 재래종 무와 구별이 뚜렷하다. 곡성, 순천. 진안. 장수, 담양. 화순 등에서 수집됐다. 남강무는 진주군 진주읍 일대 낙동강 지류 충적토에서 재배되던 무로 도동무로 호칭되기도 했다. 1907년 일본의 성호원무가 우리나라에 도입되어 진주지방에서 재배되어오던 재래무와 자연 교잡되어 잡종이 재배됐다. 특성은 초세가 왕성하고 뿌리가 큰 무로 육질이 치밀하며 맛이 좋다. 저장 중에 바람이 들지 않고 겨울 동안 익혀서 먹는 무로 가장 우수한 것으로 정평이 나 있다.

진주대평무는 경남 진양군 대평면에서 남강상류 유역의 사질양토의 특산무로 신풍무라고 했다. 남강무에 비해 무의 길이가 길고 육질은 연한 편이며, 진주 대평 지역의 재래종과 청수궁중의 교배 후대로 추정되며 바이러스에 강하여 진주를 중심으로 재배되고 있다. 특성은 초세가 왕성하고 잎이 약간 직립성이며 뿌리는 추근성으로 짧은 원통형 또는 중장형이나 머리 부분은 담녹색으로 밑쪽이 약간 굵고 맛이 좋다.

울산무는 1915년 경남 울산의 김동기 씨가 도입품종인 감태무의 종자를 구입하여 울산에서 채종하던 중 울산지방의 재래종과 자연교잡된 결과물이다. 특성은 뿌리 끝이 둥글고 추근성으로 추근된 부위는 녹색이다. 진딧물에 강하고 직립성이다. 뿌리는 육질이 서울무와 같이 단단하지는 않으나 김치용으로 지장이 없다. 이 밖에 용현무, 서울봄무, 총각무, 중국청피무, 송정쥐꼬리무, 갯무 등이 있다.

쥐꼬리무. 교잡되어 모양이 다양하다

1920년대 서울, 개성, 대구 등지에서 느르베기●와 서울봄무가 봄에 재배됐고, 1950년대에는 서울봄무와 시무時無무가 주로 재배됐으며, 1967년 교배종인 불암대형봄무가 봄재배용으로 보급됐다. 여름무는 1960년에 청수궁중무 및 진주대평무를 6월 하순~7월 중순 파종 시도했지만 추대 현상이 많아 실패했다. 1970년대가 돼서야 5~7월에 파종하여 7~9월 수확할 수 있는 불암대형봄무가 보급됐다. 가을무는 오랫동안 궁중무, 진주대평무, 용현무, 의성반청무, 송정쥐꼬리무 등의 고정종이 주로 재배되고 있다.

열무는 전라도 지역에서 판엽계인 남원무와 암무가 주로 재배됐고 그 외에는 진주대평무, 용현무, 중국청피무, 궁중무, 성호원무, 의성반청무 등의 고정종이 간혹 열무로 재배됐다. 전라지역에서는 조금 늦은 암무를 4월부터 파종하여 하우스에서는 총각무를 솎음하여 주로 열무로 이용했다.

일제강점기에는 조치원 부근의 미호천면, 부여, 강경 백마강변, 안동, 창원 등 낙동강 하천부지에는 단무지무 재배단지가 조성되어 미농조생무나 이상무 등의 고정종이 주로 재배됐다. 이 밖에 이천에서 수집된 재래종 게걸무는 이천시 대원면의 재래종으로 1934년생 이은희 할머니가 25살 때 시집왔을 때부터 재배되고 있었던 무이다.

● 종자라는 뜻도 갖고 있다

게걸무는 한 마을에서 소량씩 재배한 것으로 무크기가 순무와 비슷하고 잔뿌리가 많아 단단하고 수분함량이 적어 저장력이 뛰어나다. 처음에는 맵지만 익히면 점차로 매운 맛이 없어진다. 게걸무 잎은 땅바닥에 붙은 개장형으로 일부가 붉은색을 띠고 있다. 동치미로 주로 이용했는데 익으면 구수한 맛이 났고 소금을 보통보다 2~3배 더 넣어야 여름까지 먹을 수 있다. 그래서 게걸무는 기다려야 맛있는 무이다. 강화 순무는 연하고 배추꼬랑이 맛이 나지만 게걸무는 맵고 독하나 익으면 매운 맛이 없어지고 구수하다. 시래기는 부드럽고 풋것은 열무로 먹었다.

게걸무는 고추밭에 고추를 다 걷고 난 뒤, 혹은 7월 말에 참깨 베고 남은 공간에 심는다. 이천에서는 김장무보다 15일 앞서 씨를 뿌린다. 게걸무는 토종씨드림에서 보급하여 전국적으로 재배되고 있다.

✳✳✳✳✳✳✳✳✳✳✳✳✳✳✳✳✳✳✳✳✳✳✳✳✳✳✳✳✳✳✳✳✳

개량한 무 종자들

1970년대 이르러 남부에서부터 무의 하우스 재배가 시작됐다. 이 시기에는 불암대형봄무를 재배하다가 속성대형봄무와 평강대형봄무로 바뀌었다. 1970년대 후반 여름무로 비안1호가 일부 재배됐고, 그 후 5월 파종에는 속성대형봄무와 평지대형봄무, 평강대형봄무가 재배됐다. 1974년부터 가을무로 태백무가 보급됐고 1979년에는 교배품종인 희락무가 육종됐다. 가을무로는 1983년 왕관무, 1984년 백자무, 1987년 오성무가 육종됐다. 백자무는 지금까지도 반응이 좋고 오성무는 해안지방의 얼갈이 재배*에 이용되고 있다.

총각무는 1975년에 처음으로 교배종 춘추총각무로 선보였고, 1976년에는 가을재배용 총각무가 육종됐다. 이 무렵 단무지무는 고농미농, 미까도 등이 재배됐다. 1980년대 들어와서는 하우스 봄무가 재배되기 시작했다. 대표적으로 하우스총각무가 1981년에 육종됐다. 1987년에는 도령총각무가, 1988년에는 속성총각무가 육종됐다. 열무 교배종으로는 중앙종묘에서 만든 1985년 사철열무와 1986년 홍농종묘에서 만든 춘향이열무가 있는데, 전라도에서는 지금도 인기가 좋다.

단지무로는 1980년초 다까이종묘의 백추, 팔주를 가져와 재배해 오고 있다. 1980년에는 홍농에서 장백미농조생을 보급했고, 1987년에는 궁중무 계통의 교배종인 별미궁중무를 육종했다.

2002년 하우스 재배를 기준으로 보면 농우바이오의 청대봄무와 1997년 관동여름무가 지금도 인기 품종이다. 1993년 육종된 청운무 또한 여전히 인기 있다. 2000년대 중반부터는 제주도에서 월동무 재배가 급격히 증가해서 관동여름무가 재배되고 있다. 한편, 1987년 한농에서는 초동무를 육종하면서 소형무 재배가 시작었다. 2002년을 기준으로는 은동무가 많이 재배되고 있었다. 열무는 남촌열무가 재배됐으며 단무지무는 일본 다끼이종묘품종인 T−734가 1990년대 이후로 줄곧 인기가 좋다.

* 논밭을 겨울에 대강 갈아엎은 뒤 푸성귀를 심어 키우는 일

불같은 맛

고추의 전래

고추는 다년생 작물로 멕시코 중부가 원산지이다. 1492년 콜럼버스의 탐험 이후 토마토, 옥수수, 감자, 담배 등과 함께 대륙 이동이 시작됐다. 고추의 한반도 전래는 이수광의 〈지봉유설芝峰類說〉1613년에서 확인할 수 있다. "남만초는 센 독이 있는데 처음에 왜국에서 들어왔다. 속칭 왜가자倭가자라 했다. 때로 이것을 심고는 술집에서 맹렬한 맛을 이용하여 간혹 소주에 타서 팔았는데 이를 마신 자는 모두 죽었다."라고 기술됐다. 고추에 센 독이 있다고 표현한 것은 도입 초기의 품종을 두고 한 말이며, 고온성 작물이라서 도입 초기에는 남부지방에서만 재배됐다는 사실을 알 수 있다.

위 기록에서는 고추가 일본에서 들어온 것으로 적고 있지만 이견도 있다. 고추가 조선에서 전래된 것으로 보는 일본 문헌이 있기 때문이다.

일본 문헌 〈초목육부경종법草木六部耕種法〉에 따르면 1542년 포르투갈인과의 거래 품목으로 레드페퍼가 있었으며, 이 레드페퍼는 명나라 용병이었던 포르투갈인이 임진왜란에 동원되었을 때 한국에 먼저 도입되었다고 보고 있다.

17~18세기에 조선은 매년 흉년과 가뭄, 홍수로 기근이 발생했었다. 중종실록에는 만약 소금만 있으면 곡물이 없더라도 채소에 섞어 먹어 명을 이을 수 있다고 하며 이 때문에 기근에는 소금의 수요가 증가했다. 18~19세기 초에는 홍수와 가뭄이 집중됐고 인구 증가도 한몫하여 걸식하는 사람들이 많았다. 당시 도입된 이앙법도 하나의 원인이 되었다. 직파법보다 생산량이 좋다는 장점이 있지만 물에 대한 의존도를 높여 계속되는 가뭄에는 오히려 생산량을 줄었다.

소금 품귀 현상은 젓갈이 김치 양념으로 쓰이는 데 일조했고 김치에 고추를 적극적으로 사용한 배경이 되었다. 고추가 김치의 발효과정에서 미생물의 발육을 억제하는 기능으로 소금을 대신할 수 있기 때문이다. 〈임원십육지〉에서 서유구는, 고추를 적극적으로 권장하면서 고추를 사용하면 채소를 신선하게 저장할 수 있다는 의미로 '무청으로 김치를 담글 때 파와 고추를 써서 담그면 봄이 온 듯'하다고 적었다. 그러므로 고추가 들어간 김치의 변화는 17~19세기 말의 200년 사이에 이루어진 것으로 보인다.

고추 재래종의 역사와 중공초

한국의 고추 재래종은 주로 충북과 경북에 집중적으로 분포돼 있다. 고추 주산지는 충북 음성, 경북 영양, 전북 임실로 지리·사회·경제적 공통점이 있다. 1960년대부터 기관에서 소득 작물로 고추를 대량으로 재배하도록 했다. 이 지역들은 평야지보다 산간지가 많아 논보다 밭면적이 많고 산간지에 고추재배가 적합했다. 또 이들 지역은 담뱃재배로 유명한데 육묘, 비닐멀칭, 건조기술이 발달되어 고추에도 응용할 수 있었으며 담배와 고추는 정식부터 수확 시기까지 노동력을 분산하여 겸업이 가능했다. 또한 이들 지역에는 고추 재래종이 있었고 전북 임실에서는 종묘회사의 교배종이 전국에서 제일 먼저 대량으로 보급됐다. 1970~1980년대 충북 음성을 대표하는 재래종은 중공초, 앉은뱅이고추, 붕어초 등이 있고, 경북 영양을 대표하는 재래종은 수비초, 대화초, 별초, 우엉초, 팽이초, 칼초 등이 있다. 앉은뱅이초, 칠성붕어초, 수비초 등은 중공초와 교잡되기 전 기존 재래종은 가죽이 얇아 지붕에서도 말릴 수 있었다.

1960년대 초까지는 주로 3월 하순부터 4월 중순에 농가마다 고추를 직파하여 재배했다. 때로는 담배 육묘장에 고추 육묘도 겸하는 경우가 있었지만 1968년 농특사업으로 음성에 고추 주산지로 조성하며 고추 육묘시설이 도입, 육묘재배를 했으며 1971년 비닐멀칭 재배가 시작됐

다. 음성지역의 고추 품종은 중공초, 붕어초, 앉은뱅이초, 청룡고추일명
소태초 등이 70%를 차지하고 있었다. 1969년 전국적인 고추 흉작으로 홍
콩에서 수입된 중공산 호고추가 음성재래종과 자연 교잡되어 일부 농가
가 선발한 고추로 대과며 맵기가 덜하고 수분이 많아 건조율이 낮고 다
수확으로 재배 농가가 많아졌다. 특히 중원군 금가면 사암리에 사는 임
상균 씨가 선발한 청룡고추2호가 우수했다고 한다. 1970년대에는 연탄
화력건조법이 이용됐다. 방, 헛간, 창고 등에 건조대를 설치하고 그 위
에 발을 쳐서 고추를 넣어 놓고 난로나 화덕을 띄엄띄엄 설치하여 불을
지펴 1~2일 정도 건조 후 하루 정도 태양에 말리는 방법이다.

충청권에서 재래종으로 주목받던 중공초는 교배종이 보급되기 전에
중간다리 역할을 했고 교배종 시대에 중요한 육종 소재가 됐다. 초기 교
배종에는 중공초의 피가 흐르는 품종이 많은데 당시 국내에 수입되어
명맥이 살아있는 고추 고정종이 붕어초칠성초이다. 중공초는 과피가 두꺼
워 햇빛에 말리기 어려워 연탄불 등을 이용해 말렸으며 매끈하고 팽팽
했으며 검붉었고 길이는 10cm가 넘었고 따기도 질겼고 매웠다.

음성군 원남면 상당2리 대웃말에서 중공초를 만든 재야 육종가로 성
주완 씨는 우연히 얻은 모종을 심었다가 이상한 고추를 발견하고 씨를
받아 심었다. 그렇게 7년 동안 잡종만 계속 선발한 끝에 중공초만한 것
이 생겨 고정시켰다. 이 고추는 재래종보다 숙기도 빠르고 과도 크며 수
량이 많았다고 한다. 사람들이 성주완 씨네 고추밭을 보고 생고추를 한

대야씩 물물교환을 통해 인근 지역으로 퍼져나갔다.

상주완 씨는 "고추밭은 칼로 톡 친 것 같아야 해. 병이 나면 고추가 떨어지고 키가 크며. 노란색을 띠고 꽃 떨어지는 법이여. 고추가 들쑥날쑥하면 벌써 고추가 절단 난 겨. 고추가 잘 되면 키가 똑같이 크지. 식물들도 뿌리에서 양분 흡수해 20개 정도 생기면 더 생긴다고 봐야 해. 더 꽃이 안 피고 나무도 안 커. 고추 따기 시작하면 꽃이 피는데 고춧대에서 20개밖에 지탱을 못 하는 겨."라고 말했다. 이후 상주완 씨의 고추는 민간 종묘회사에서 중요한 육종 소재로 이용해서 초창기 교배종에 이용됐다. 역사적으로 중공초는 1960년대 고정된 고추 재래종으로 충북 음성지방이 전국적으로 고추 주산지로 탄생하는데 밑거름이 됐다.

충북 보은군 산외면 일대에서는 2640과 청룡고추, 몽탁고추가 널리 재배되고 있었다. 2640은 보은군 산외면 일대에서 가장 널리 재배됐다. 청룡고추는 일명 소태초라고 불리는 것으로 문암리에서 재배되고 있는데 2640과 뚜렷하게 구분된다. 청룡고추는 자가소비용으로 문암리에서 재배된 것으로 맵지 않고 팽팽하며 수확 시 잘 따지는 편이다. 반면 2640은 청룡고추보다 맵고 쪼글거리며 수확 시 잘 따지지 않는 편이라고 한다.

다만 문암리 사람들이 재배하는 청룡고추가 소태초로 알려진 청룡고추인지 2640인지는 명확하지 않다. 2640과 청룡고추는 자연교잡을 통해 도입 때보다 많이 변한 상태인데 농가마다 선발기준에 따라 달랐기 때문

이다. 2640은 농촌진흥청 원예시험장에서 보급됐는데 1954년 서동은 부
산시 동래구 온천동의 옛 지명으로, 서동재래로 수집해서 계통 분리한 것
이라고 한다. 이는 1968년 '새고추'로 명명되어 보급했던 2640은 보급될
때와 자연교잡과 농가에 선호도에 의해 많이 달라졌다고 볼 수 있다.

왼쪽부터 곡성초, 수비초, 칠성초.
아랫줄 왼쪽부터 청룡초, 금패황양각초, 빵빵이초

왼쪽부터, 대화초, 음성재래, 임실재래

왼쪽위부터 칠성, 임실, 사근, 음성, 화천, 금패

세상의 많고 많은 고추들

2640

재래종은 초장으로 개장형, 중립형, 직립형으로 나뉘고 열매에 따라 장각형, 세장각형, 각형으로 나뉘며 매운 정도에 따라서는 아주 매운 맛에서 덜 매운 맛까지, 숙기에 따라서는 조, 중, 만생종으로, 착과수에 따라서는 다수량에서 소수량으로 나뉜다. 재래종 분리계 중 342고성재래, 2520울산재래, 2352밀양재래 등은 대체로 중생, 중립형, 장각형, 아주 매운 맛, 다수량의 특징을 가진다.

그 후 도입품종과 수집 재래종으로 계통이 분리되어 1962년 다수성인 풋고추를 육종하려고 풋고추계통을 수집 선발하기 시작했다. 곧 숙기가 제일 빠르고 하우스 재배에서 다수확성인 2640서동재래를 선발했다. 이것은 동래 근교 서동에서 수집 분리한 계통으로 매운 맛은 약하나 숙기가 아주 빨라 하우스 재배에서 조기 수량이 많았다. 2640은 잎이 오글오글하고 나무가 작아 고추는 빨리 달리나 붉어지는 데 오래 걸리고 고춧가루는 양이 많고 씨가 적어 가루가 많다.

1966년 2640계통인 621 1956년 고성에서 수집, Hot potugal 1960년 도입의 우량계통을 지역적응시험에서 공시해서 1968년 풋고추, 새고추2640, 김장고추621로 각각 명명 보급했다.

수집할 때 고추가 변하는 이유는 교배종과 같이 심는 경우가 많기 때문이다. 자연교잡 되기 때문에 착과성이 좋고 고추가 잘 달린다. 황토땅은 고추형이 좋지만 사질토에서는 쭈글쭈글해진다. 2640은 실고추로 사용한 것은 과육이 넓어 썰기가 편해 인기가 많았으며 2009년 괴산에서 2640이 수집됐는데 대과종이며 매운 맛이 강했지만 교배종과 같이 재배하고 있어 역시 자연교잡이 많이 일어난 상태에서 수집됐다.

몽탁고추

몽탁고추는 산외면 산대2리 유지정 씨가 1990년대 중반에 재배되던 재래종으로 몽탁고추는 청룡고추와 이육사공 두 가지를 심었는데 거기서 몽탁고추가 나왔다고 한다. 몽탁고추는 상인들이 붙인 이름이라고 한다. 산외면 청룡고추는 여러 종이 있었는데 큰 청룡고추와 키 작은 청룡고추가 있었고, 유지정 씨가 몽탁고추를 고정시키는 데 이용된 것은 키 작은 청룡고추형이다. 몽탁고추도 한 가지를 심어도 두 가지가 나오는데 팽팽하며 몽탁하면서 삼각이 진 것은 마디가 짧고 키가 작고 좀 더 키가 큰 고추도 있다. 과피가 아주 두껍고 팽팽하다. 고춧가루가 좋지 않아 더 이상 재배하지 않았다고 한다. 몽탁고추는 아삭아삭하고 약간 매우면서 연하고 풋고추로 썰었을 때 맛이 좋았다. 현재 보은군 산외면에서 재배되는 2640과 몽탁고추는 자급용으로 재배되고 있다.

풍각재래

경북 청도군에서 재배되던 재래종 중에서 가장 역병에 강한 고추는 풍각재래로 청도군 풍각면 안산2리에서 허준량 씨가 유일하게 보전하고 있었다. 풍각재래는 개량종인 금탑고추나 거성고추 보다는 역병에 강하고 한반도고추농우바이오와 비슷하다. 풍각재래는 뿌리가 강하고 접목 재배가 가능하다. 풍각초는 울퉁불퉁한 과실에 과면이 약간 거칠어 보인다. 단맛도 있지만 약간 텁텁하다. 초세가 강하고 착과성이 좋고 수량이 많아 교배종인 적토마와 비슷하다. 제분율도 높다. 하지만 숙기가 늦고 개화 후 착색도 더디고 여름 장마와 함께 꼭지 무름병으로 낙과가 많다. 풍각초는 탄저병에 약하다. 풍각재래의 특징은 과꼭지에 털이 난다. 작황이 좋으면 털이 더 많다. 별로 맵지 않고 완전 대과는 아니다. 풋고추처럼 아삭한 맛은 덜하나 두터우니까 씹을 게 있고 구수하며 달짝지근하다.

칠성초

경북 영양에서 재배되고 있는 재래종으로 수비초와 칠성초가 있다. 칠성초는 영양군 일월면 칠성리에서 재배되는 고추 재래종으로 일명 붕어초, 배불뚝이, 킹초 등으로 불린다. 붕어초는 고추 생김새가 붕어를 닮아 붙여진 이름으로 배불뚝이와 같다. 붕어초는 1970년대 충북 음성에서 재배되던 재래종으로 당시 붕어초가 기존 재래종보다 수량성과 상품성이 우수하다고 판단해 여러사람들에게 나눈 종자가 인근지역으로 정착한 것이라고 보여진다. 붕어초는 중국 산동성에서 수입한 최고의 품질 익도재래가 우리나라에 전해진 것으로 보고 있기도 하다. 익도재래는 붉은색이 좋다. 칠성초. 수비초. 대화초 중에서 칠성초가 아스타값 붉은색이 가장 좋다. 산동성에서 수입된 고추는 크기는 작았지만 끝이 뾰족하고 배가 부른 붕어초가 비슷하다고 한다. 붕어초가 긴 여정 끝에 영양군 칠성리에 도착하여 칠성초라고 명명되어 퍼졌는데 칠성초는 말려도 쪼글거리지 않고 팽팽하며 광택이 있고 제분율도 높다. 제분된 칠성초는 봄이 되어도 색깔이 변하지 않는다. 붕어초는 1970년대부터 1980년대까지 충북지방에서 주목받던 고추며, 1990년대 경북 영양군 일월면 칠성리에서 칠성초로 재탄생됐다. 토종씨드림에서는 수년 동안 칠성초를 보급한다. 그만큼 전국적으로 각광받는 재래종 고추이다.

수비초와 울릉초

수비초는 과끝이 뾰족하고 배가 부르며 꼭지가 좋다. 숙기는 교배종 금당고추보다 한물 늦다. 건고추를 쪼개서 맛을 보면 달콤하며 매운 맛이 있다. 수량은 교배종의 2/3 수준이다.

수비초는 민간 종묘회사 교배종에 맞서서 가장 늦게까지 경쟁한 재래종이다. 영양군에서만 잘 되고 다른 지역에 가면 적응성이 떨어지기 때문이다. 경신종묘 대표이사로 직접 육종하는 황해진 박사는 "수비초는 경북 의성에서 재배하면 몇 년 뒤 특성이 사라진다."라고 했다.

칼초와 오기초도 수비초를 말한다. 수비초는 수비면 오기리 황병출 씨가 재배하던 재래종이고 초창기에는 오기초라고 불렸으며 인근 지역으로 퍼지며 수비초라고 불렸고 과가 칼처럼 생겼다고 해서 칼초라고도 인근에서 불렸다. 수비초는 맛이 좋아 김장 김치나 고추장으로 좋고 국을 끓이면 한 바퀴 돌고 가라앉는다고 한다. 수비초는 과끝이 뾰족하고 과가 구부렁해진다. 과 어깨는 작고 과꼭지가 고추를 덮는데 근래 덜해졌다. 교배종에 비해 70% 수확량을 갖는다. 지금은 다른 재래종과는 영양군에서 꾸준히 명맥을 유지하고 있다.

수비초(영양)와 울릉초(곡성 은은가)

울릉초는 매운 강도가 매우 약한 것으로 모양과 수량은 수비초와 비슷한데 울릉도가 경북과 가까운 것을 고려한다면 수비초가 울릉도에 건너간 것으로 추정하며 울릉도에서 수집되어 울릉초라고 이름을 지었다.

앉은뱅이 고추

고추나무는 나무 모양과 땅 표면부터 줄기의 끝부분까지를 합쳐 개장형, 중간형, 입성으로 나뉘는데 화천재래처럼 초기 재래종은 개장형으로 나뭇가지가 하늘로 뻗지 못하고 땅으로 쳐진다. 지금 종묘회사에서 육종한 교배종은 입성으로 나뭇가지가 하늘로 뻗도록 한다. 입성으로 육종해야 줄 매기도 쉽고 병해충 방제도 도움이 되며 농사짓기도 쉽기 때문이다. 특히 탄저병에는 고추가 입성이 되어야 덜 발생된다.

앉은뱅이 고추는 충북 음성지역과 인근에서 재배된 재래종이다. 개장형으로 초장은 짧으며 고추 크기는 대과종이다. 음성읍의 장재훈 씨가 찾아낸 것인데 고모네 고추를 심어줄 때 몇 개 얻어 와서 심었는데 첫해에 키가 50~60cm로 작았고 고추가 땅에 닿게 많이 달렸다고 한다. 키가 작은 대신 대궁이 굵었는데 한마디로 작은 나무에 큰 고추가 엄청 달렸다는 말이다. 이듬해 앉은뱅이고추가 퍼져나갔다.

이후 교배종으로 홍농종묘에서 새마을금장고추로 나왔다고 한다. 고추 전문가는 경쟁력 있는 재래종 고추로 앉은뱅이 고추와 수비초를 꼽았다. 장해성 씨는 앉은뱅이고추가 하우스 재배에 적당해서 하우스 재배를 했다고 한다. 지금 앉은뱅이고추는 음성읍 삼생리 장 씨 집성촌에서 고정된 것으로 1970년대 후반부터 1980년대 초반까지 재배됐다. 재래종 중 키 작고 숙기가 빠르고 과가 크고 광택이 있고 색이 좋고 매운맛이 적고 과피가 두껍다.

토종씨드림에서는 칠성초 보급 이전에 앉은뱅이 고추를 보급했으며 재래종으로 선호하는 농가가 많아 전국적으로 재배되고 있고 칠성초 다음으로 많이 재배되는 재래종 품종이다. 현재 충청도에서 고추 재래종이 많이 보존된 이유는 대과종이기 때문이다. 한편 경상도에서 재배되던 재래종 고추는 대부분 중·소과종으로 많이 보존되고 있지 않다. 이는 제분율도 떨어지고 수량성이 떨어지기 때문이다.

Part 4

우리 씨앗 현명하게
사용하기

우리 땅의 기운 읽기
낟알 천대를 하면 볼기를 맞는다
버릴 것이 없게 먹는다

우리 땅의
기운 읽기

강원도 찰옥수수와 봉평 메밀밭

지역적 특색에 따라 재배하는 작물이 다르다. 예를 들어 강원도에서는 감자, 옥수수를 주로 재배하지만 전통적으로 남도에서는 옥수수를 많이 재배하지 않았다. 산간 지역에서는 옥수수를 곡물로 사용했지만, 비옥한 토지와 넓은 평야가 있는 남도에서는 쌀을 재배해서 곡물이 넘쳤기 때문이다. 산간 지역에서나 재배하는 옥수수를 재배할 리 만무하다. 그래서 지금도 전라도 지역을 수집하면 재래종 옥수수를 찾아보기 어렵다. 단지 현대에 들어와서 간식으로 옥수수를 먹으니 찰옥수수 정도는 재배하는 농가가 생겨났다.

메밀은 강원도 봉평이 유명하다. 봉평은 척박하기 그지없는 곳으로 정말 떼거리도 먹기 어려운 지역에서 곡물로 메밀을 재배했다. 하지만 남도 지역에서의 메밀은 의미가 다르다. 가난한 소작농들이 쌀을 지어도 세금으로, 소작비로 그리고 약간의 돈을 만드는 데 써버리고 나면 주곡이 부족하여 메밀을 재배했다.

감자도 마찬가지다. 기원이 안데스 산맥인 만큼 산간 지역에서 곡물로 사용했던 터라 비옥한 평야에 돈과 곡물로서 가치가 충분한 것이 되지 않으면 많이 재배하지 않았다. 남도에서는 해방 이후에 주로 간식용으로 재배됐을 뿐이다. 옥수수와 감자의 주산지가 강원도 지역인 데는 다 이유가 있다.

강원도에서는 메주콩도 한아가리콩과 같은 대립종을 선호한다. 한아가리콩은 다른 남도의 콩보다 찰기가 부족하지만 크기가 커 곡물의 양이 확보된다. 비옥한 평지가 있다면 키 작은 강낭콩보다 경작지를 거의 차지하지 않은 넝쿨 강낭콩을 재배해 토지의 활용을 높였다. 홍천 지역에서는 넝쿨강낭콩, 이른바 줄콩을 많이 재배한다. 많은 종류도 아니고 몇 가지 콩을 옥수수밭이나 담벼락에 재배한다. 이 역시도 밭의 면적을 차지하지 않으려는 의도다.

보리도 살펴보자. 날씨가 추운 충청 이북부터는 겉보리를 재배했고, 날씨가 따뜻한 지역에서는 쌀보리를 재배했다. 요즘은 기후온난화로 인해 경기중부까지 쌀보리 재배가 가능하다. 그래서 수집을 해보면 강원도나 경기도에서는 겉보리가 나오고 쌀보리는 나오지 않는다. 물론 남부지방에서는 겉보리, 쌀보리 두 가지 모두 재배한다. 그만큼 날씨가 따뜻한 남도에서는 작물이 더 다양하게 재배될 수 있다.

(좌) 겉보리와 (우) 쌀보리

(위) 겉보리와 (아래) 화성55 안질뱅이보리(쌀보리)

　강원도 횡성에 녹두가 없는 이유도 이를 통해 어림짐작할 수 있다. 기후가 따뜻하면 벼 심기 등 중요한 일이 끝나고도 녹두나 팥을 파종할 수 있다. 그러나 강원도에서는 추위도 일찍 오고, 농사짓기에 적합한 땅도 부족하여 작물이나 작물 품종의 다양성이 떨어질 수밖에 없다.

전라도에서 물고구마가 많이 나오는 이유

지금도 전라남도에서는 물고구마를 적지 않게 수집할 수 있다. 이유가 무엇일까? 2014년에는 강원도 횡성에서 대물림해온 물고구마를 수집했는데 먹고 살기 힘들었던 시기에 쌀과 보리밥에 섞어서 밥을 지어 먹었던 시절의 물고구마였다. 가난한 사람들은 물고구마나 감자를 간식이 아닌 주식으로 사용했다. 다른 밤고구마와 달리 물고구마를 할머니가 보존해온 이유가 바로 여기에 있었다.

전라도 지역에서 수집한 물고구마(남해, 순창, 순천, 화순 순서)

이유가 하나 더 있다. 전라도 지역에서는 물고구마의 쓰임새가 다양하다. 순천이나 화순 할머니들은 "물고구마 순은 다른 고구마 순보다 연하고 맛있어. 나중에 물고구마를 먹을 수도 있지만 순이 최고지."라고 말한다. 지금도 전라도 지역에 오면 물고구마 순으로 만든 김치나 반찬을 식당에서도 볼 수 있다. 살짝 데쳐서 고구마순 김치를 담가 제피가루를 살짝 뿌려 먹는 김치맛은 전라도 지역에서 볼 수 있는 음식문화이다. 나도 서울경기에서 살 때는 호박고구마든 밤고구마든 고구마 줄기를 뜯어다가 껍질을 살짝 벗긴 뒤 삶아서 볶은 나물로만 먹었을 뿐이다. 이뿐만 아니다. 고구마줄기를 살짝 데쳐서 들깨가루로 볶은 고구마순 반찬은 더없이 맛있다. 들깨가루를 가장 많이 이용하는 곳이 전라도 지역이 아닌가 싶다. 그만큼 작물들과 음식이 풍요롭기 때문이다. 한국의 남부 음식은 농촌지역의 풍요로움을 그대로 밥상에 올려놓은 것으로 유명하다.

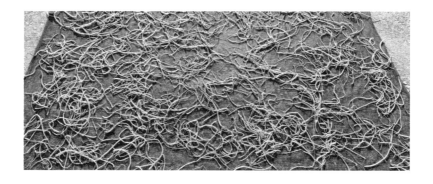

줄기를 말리고 들깨가루로 볶아 먹는다

　고구마는 대마도에서 건너온 것으로 남도에서는 '감저'라고 한다. '단덩이식물'이라는 뜻이다. 처음에 순천 수집을 하는데 할머니가 "물감저 있어."라고 해서 물감자인 줄 알았다. 남부지방에서 할머니들은 고구마를 '감저甘藷'라고 부른다. 충청도에서나 경상도에서는 일본에서 이르는 것과 유사하게 '고구마'라고 불러서 일본에서 건너온 작물이라는 영향이 살아있다. 그러니 전라도나 경상도 산골에서는, 특히 종자를 부르는 이름에는 아직도 옛말이 살아있다.

✳✳✳✳✳✳✳✳✳✳✳✳✳✳✳✳✳✳✳✳✳✳✳✳✳✳✳✳✳✳

감자가 고구마가 되기까지

조선시대 '감저'甘藷란 말은 중국·일본과 마찬가지로 본래 고구마를 가리키던 말이었다. 고구마가 들어오고 60년 뒤에 한반도에 들어온 감자는 처음에는 '북방에서 온 감저'라는 뜻으로 북감저北甘藷라고 불렸다. 감자와 고구마의 이름의 혼용은 20세기에도 계속됐는데, 예를 들어 김동인의 소설 《감자》1925에서 말하는 '감자'는 고구마를 부르는 말이다. 현재도 제주도에서는 고구마를 '감저', 감자를 지슬地實, 지실이라고 부르며, 전라도·충청도에서는 고구마를 '무수감자'무감자나 '진감자', 감자를 하지감자라고 부른다. 이후 본래의 감저가 고구마란 이름으로 굳어지면서 감자는 '감자'로 불리게 됐다.

✳✳✳✳✳✳✳✳✳✳✳✳✳✳✳✳✳✳✳✳✳✳✳✳✳✳✳✳✳✳

남도의 씨앗들

　팥은 전국적으로 많이 심는다. 특히 빨간팥은 전통적으로 제례나 행사에 사용하는 터라 전국적으로 재배한다. 다만 이팥은 남도지방에서 주로 재배한다. 이팥은 약팥이라고 해서 약으로 먹는 콩인데 충청 이남 지역에서 재배한다. 산달팥, 재팥 등은 전국적으로 재배하지만 역시 남도지방에서 더 많이 재배한다. 그 밖에 비단팥, 청팥 등도 땅이 넓은 지역에서 주로 재배하며 벼가 자라는 언덕의 자투리 땅을 이용한다.

비단팥(거창)

경기도나 남도에 가면 키 작은 강낭콩을 밭에 재배하는 모습도 볼 수 있다. 남도에서는 두벌콩이라고 해서 봄철과 가을철 8월에 두 번 심어 밥에 놓아서 먹을 수 있는 콩이기 때문이다.

토란도 빼놓을 수 없다. 경기도만 해도 씨앗 수집을 하면 토란 씨앗이 나오지 않는다. 일찍 심어 거의 10월에 수확하니 땅을 오랫동안 차지하고 있기 때문이다. 게다가 토란은 대중적으로 먹는 음식이 아니다. 알고 보면 토란은 중국 남부에서 들어온 작물로 따뜻하고 물이 많이 나는 곳에서 심는 작물이다. 그런 관계로 토란은 한반도 전역으로 퍼진 작물이 아니다. 최근 들어 벼의 수매가격이 하락하고, 논의 품앗이가 사라지고, 고령화 농가가 늘어나면서 논에 대체작물을 재배하기 시작하면서 토란 재배지역이 급상승했다. 특히 내가 사는 곡성은 토란을 지역특산물로 지정에 논 곳곳에 토란을 심었다. 화순에서는 집집이 토란을 심는데 토란 줄기에 대한 애용과 토란음식 등에 각별한 애정을 가지고 있다.

토란은 남부의 음식이다. 남부지방에서 수집할 때 식당에 들어가면 토란 볶음이나 토란탕을 자주 볼 수 있다. 추석 명절에 토란탕을 먹는 문화도 있다. 남부지방은 특히 전라도는 한반도의 곡창지대에다가 여전히 농촌의 정서와 문화가 남은 곳이다. 집마다 다양한 토종 작물이 쏟아져 나오는 이유가 되겠다.

산 깊고 사연 얽힌 곳에 잡곡이 있었다

우리나라에 대표적인 산간 지대는 강원도와 무주 그리고 태백산맥 줄기를 타고 있는 경상북도이다. 산간 지역에서는 평야 지대와는 달리 산간 지역에서 잘 자라는 잡곡들이 재배된다. 무주에서는 벼룩기장, 황기장, 빨간기장 재래종이 남아 있었다. 지금도 잡곡상이 수매해가기 때문에 가능한 일이다. 경상북도 봉화는 아예 잡곡 주산지로 유명하다. 봉화 수집에서는 수수, 조, 겉보리, 기장 등이 가장 많이 수집된다. 특히 전라도 지역과는 달리 강원도에서는 메수수, 메기장, 메조, 옥수수 등 찰지지 않은 '메' 작물이 수집된다. 비옥한 토양에서 찰진 것이 잘 되고 척박한 곳에서는 메진 것들이 많이 재배되기 때문이다. 찰진 것도 척박한 곳에서 재배하면 메진 맛이 더 나오기 때문에 작물이 메질 수밖에 없다. 콩도 전라도 지역이나 비옥한 토양에서와 달리 찰진 맛이 덜하다. 강원

도나 경북 봉화에서 재배되는 한아가리콩이 단적인 예이다. 한아가리콩
은 산간 지대의 주요 메주콩으로 찰기가 전라도 지역보다 떨어진다.

산간 지대에서는 메진 잡곡들을 주식으로 삼았다. 사실 전 한반도 역
사를 통틀어 주식으로 쌀을 먹었던 경우는 양반들 외에는 손이 닿기 어
려웠다. 밀양의 산간 지역에서 95세 할머니의 인터뷰를 통해서 생생히
드러나지만 쌀은 산간 지역에서도 수확량이 적었으며 쌀을 수확하더라
도 명절이나 제사 아주 특별한 날을 제외하고는 쌀을 구경하기조차 어
려워 쌀 한 줌과 다양한 잡곡들이 항상 들어간 밥을 먹었다고 한다. 특
히 한국 전역에서는 보리를 주로 재배하여 오히려 보리가 주식 역할을
했다. 그래서 보리를 보리쌀이라고 하지 않던가? 나의 아버지는 아직도
보리 먹기를 거부하는데 어린 시절부터 보리쌀만 먹었던 터라 지금도
보리밥에는 머리를 설레설레 흔드신다.

요즘은 토종 쌀을 재배하는 귀농인들이 전통주라고 해서 쌀로 막걸리
를 담가 먹지만 그것은 소수 양반들의 풍요에서 나온 문화였다. 예전에
서민들은 보리나 수수 조, 피, 고구마로 막걸리를 담가 먹었다. 밀양의
할머니는 1966~1970년대에 혼자 자식을 키우는 바람에 논일은 '놉'을
사서 했는데 보리밥을 해서 광주리에 담아 새참을 논으로 가져갈 때, 반
드시 보리로 막걸리를 담아서 가야했다고 한다. 그만큼 보리는 서민들
의 밥이자 고된 몸을 위안하는 술의 원료였다. 오죽하면 간장을 담글 때
콩이 부족해서 콩꼬투리로 물을 내어 소금을 넣어 간장을 만들어 먹었

다는 이야기도 있다.

오늘날 귀농인은 정서적으로 산간 지역을 선호하지만 예전에는 너무나 없는 사람들이 산간 지역에서 살았다. 교통이 발달되지 않았던 시절, 산간 지역에서 이웃 마을로 시집을 온 할머니의 삶은 태어나서부터 늙도록 굶주리고 고된 노동으로 살아왔고, 살만해졌을 때는 이미 허리가 굽고 병이 든 후였다. 죽는 날만 보고 있다는 90대 할머니들의 이야기는 듣는 사람도 말하는 사람도 눈시울을 적셔야 했다.

귀농귀촌 하는 젊은 세대에게 하는 할머니들의 잔소리는 끝이 없다. "비료를 많이 넣어야 잘 돼.", "농사를 짓는데 풀이 왜 이렇게 많아?", "무슨 돌맹이들로 밭을 저렇게 만들었어?", "풀도 뽑지 않고 들깨도 쬐 심고…. 쯧쯧, 뭐 하러 농사지으러 왔노." 마을 할머니들이 핀잔하면 귀를 닫는다. 젊은 세대들은 할머니들의 자신들의 부모 세대가 어떻게 자라왔는지 특히 농촌이나 산간 지역에서의 삶을 알 수 없기 때문이다. 그러나 젊은이들은 팔순, 구순 할머니들의 삶을 알 필요가 있다. 그들이 왜 퇴비와 비료에 목숨을 거는지, 그들이 왜 한 뼘의 땅이라도 소홀히 하지 않고 농사를 짓는지 말이다. 그들의 삶이 있었기에 지금의 젊은이들이 있을 수 있었다는 현실을 직시해야 한다. 앞으로 또 그런 시대가 오지 않으리라는 법이 없다. 급격한 기후 변화 앞에서 "옛날엔 벌레가 없었어. 지금은 왜 이렇게 벌레가 많은지…. 다 오염 되서 그렇지."라고 스스로 답을 내리는 할머니들. 고된 삶, 굶주린 삶을 살았던 할머니들에게는 지금 농사를 짓는 젊은 세대를 보며 한숨을 쉴 수밖에 없다.

밀양의 산간 지대의 젊은 귀농인 친구의 밭을 둘러보며 나는 말한다. "머릿속의 자연농을 하지 마라. 지금은 풀을 뽑아야 한다. 그래도 풀은 자라. 풀을 낫으로 베어주는 것은 논둑이나 그렇지 작물이 자라는 밭 한 가운데에 낫질을 한다는 것은 그만큼 시간과 노동력이 더 든다는 것이고, 풀은 한없이 자라고, 풀이 자라는 틈에 작물을 넣어 밭 활용도를 높여야 적은 땅에서 소출이 많이 나오는 거야. 농사를 왜 짓니? 결국 소출이 아니겠니? 마을 할머니들한테 배우거라."

귀를 막고 농사짓는 젊은 세대들은 결국 돈을 따로 벌어서 할머니들이 지은 농사수확물을 사 먹는다. 결국 할머니들에게 생애의 빚만이 아니라 그들이 농사지은 곡물을 얻어먹고 있는 셈이다. 이처럼 산간 지대에서 산다는 것은 이렇듯 고달픈 생애들이 산처럼 켜켜이 있다. 나무뿌리를 먹고 살았던 그들의 삶은 건강을 찾으며 나무뿌리를 캐서 먹는 건강식품과는 완전히 다른 결임을 알게 되는 것이다.

한반도에 정착한 감자 이야기

감자는 벼, 밀, 옥수수와 함께 세계 4대 작물로 하나이다. 감자의 고향인 안데스 산맥 중심 페루에서는 야생종 261종과 재배종 98종이 작물화 되어 남아 있다. 페루를 비롯해 남아메리카 토착민들의 언어인 케추아어를 사용하는 남미에서는 감자를 파파papa라고 부른다. '감자여신 papamama'에서 유래된 말이다. 안데스 산맥 중심으로 여전히 남미 원주민들이 주식으로 감자를 먹는 곳은 감자 원종들이 여전히 남아 있어 길쭉한 근연종 감자들이 발견되기도 한다.

　감자는 불리한 토양 조건에서도 재배가 가능한 구황작물이다. '썩어도 버릴 것이 없는 것은 감자와 명태뿐'이라는 강원도 속담처럼 유용한 작물이다. 남미의 감자는 세계로 퍼져나가 인도에서는 1615년 일본에서는 1603년에 전파됐다. 독일 영국 등 유럽에서도 주식으로 이용한다.

　감자는 강원도를 떠올릴 정도로 친숙한 작물이고 강원도 사람들은 '감자바우'라는 말로 불린다. 그러나 한국에서 감자가 재배된 지는 그리 오래되지 않았다. 실학자 이규경의 '오주연문장전산고'에 나온 1824년 북방유입설이 최초의 기록이다. 『조선농회보朝鮮農會報』1912년 7월호에 의하면, 서울에는 1879년 선교사가 들여왔고 이후 1883년에 감자가 재배됐다고 한다. 1920년경에는 강원도 회양군 난곡면 난곡농장蘭谷農場에서 독일인 매그린이 독일산 신품종 감자를 도입하여 난곡1~5호라는 신품종을 개발했다. 이것을 당시 약 35만 명에 달하는 강원도 화전민들이 재배했다. 1930년 초엽에는 일본 북해도에서 남작男爵이라는 새 품종이 도입됐다. 남작이 들어오기 전에 국내에서 계속 자라던 재래종 감자는 속이 연노란색인 강원도 자주감자춘천재래였다.

(위) 자주감자와 (아래) 자주감자꽃

한국에서 감자는 1955년 47만t이 생산됐고, 1984년에는 44만t이 생산됐다. 현재 남작, 대지감자, 수미감자, 도원감자, 러셋트버뱅크 등 33품종이 재배되고 있다. 한때 우리나라에서 가장 많이 재배됐던 남작은 수미와 대서로 많이 대체됐다. 현재 우리가 가장 많이 먹는 품종은 과자 이름에도 들어가 있는 '수미秀美' 감자로 감자 재배 면적의 70~80%를 차지하고 있다. 수미는 1962년 미국 위스콘신대학교에서 개발한 superior 품종인데 우리나라에는 1975년에 들어왔다. 1978년 우리 정부에 의해 장려품종으로 선발되면서 널리 퍼졌고 도입 농작물 명을 우리식으로 바꿔서 부르면서 '수미'가 됐다. 두 번째로 많이 재배되는 '대서'도 미국에서 국내에 들어온 감자다.

오늘날 감자는 과자로도 흔히 만날 수 있다. 과자를 만드는 데 가장 많이 사용되는 3대 원료는 옥수수, 밀, 감자다. 옥수수와 밀은 100% 수입산을 사용한다. 국내에서 생산되는 밀이나 옥수수는 워낙 소량인 데 반해 국내 밀 소비량은 연간 210만t으로 쌀 다음으로 많다. 그래서 대부분 외국에서 대량생산되는 밀과 옥수수를 과자나 식품 원재료로 사용한다. 반면 감자는 수요가 많지 않아 국내 재배 감자만으로 수요를 맞출 수 있다.

감자하면, '청지감자' 이야기도 빼놓을 수 없다. 거창과 가까운 산간 지역인 무주 무풍면에서 찾은 씨앗이다. 지금은 사과를 많이 하는 부유한 산 동네가 됐지만 텃밭을 하는 할머니로부터 청지감자를 찾아낼 수 있었다.

청지감자는 겉모양에 그물이 있다. "감자를 찌면 쩍쩍 갈라져서 분이 그렇게 많을 수 없어. 정말 맛있지." 할머니가 감자를 이어온 이유이다.

감자 이름의 유래를 물으니 모르겠다고 한다. 이름에서 유래를 찾을 수 있을 것 같아 상상력을 발휘해보니 청지감자는 청나라에서 들어온 감자라는 뜻일 것이라 확신한다. 왜냐하면 진안에서는 지게 감자를 진안에서는 미국지 감자라고 부르기 때문이다. 해방 이후 미국에서 감자를 많이 들여왔기 때문이다. 그러므로 여기서 말하는 지地란 원산지를 표시한다. 실제로 미국지 감자인 순천 지게 감자의 연원을 마을에 탐문을 해보니 미국에서 건너온 감자라는 사실을 알게 됐고, 미국에서 건너온 러셀버뱅크 감자와는 꽃이 피고 안 피는 것의 차이만 제외하고는 거의 유사했기 때문이다.

미국지 감자인 지게 감자와는 달리 청지감자는 모양이 완전히 다르다. 미국지 감자인 지게감자는 눈이 튀어나오고 타원형의 길고 큰 감자인 반면 청지감자는 둥글고 납작하며 눈이 반질반질한 감자로 '구남작'과 비슷하게 생겼다. 청지감자는 분이 많은 반면 지게 감자는 분은 적지만 찰지고 포근 거리는 맛이 잘 어우러져 있다. 청지감자는 쩜용이라서 볶음이나 국거리 반찬으로는 쉽지 않지만, 지게 감자는 반찬용으로 요즘 사람들의 입맛에 알맞다. 두 감자의 특성은 확연히 다르다.

둥글고 납작한 청지감자.

수집을 하면 아직도 재래종 감자가 간혹 나온다. 홍천에서는 흰감자, 분홍감자, 눈벌개 감자 등이 대물림된 종자가 나오고, 가평에서도 길쭉이 감자가 나왔다. 화순지역에서 흰감자가 나오고 순천에서도 지게감자, 마령선 등 몇 가지가 나왔다. 거창에서도 하지감자 등이 나온다. 무주 수집에서도 청지감자 외에 하지감자 몇 종류가 더 나왔다. 순창에서도 몇 개의 토종 하지감자가 나왔으며 임실에서 가져온 감자는 조금은 특이하다. 울퉁불퉁 못생겼지만 마치 치즈처럼 감칠맛이 있다. 공통적인 특징은 모두 평야 지대보다 산간 지대에서 키웠다는 것이다. 역시 감자는 산간지의 주곡으로 역할을 했던 것이 틀림없었다.

수집 후 은은가에서 증식한 다양한 감자들

육종감자(고창, 김완술)

농촌진흥청에서 육성한 육종 감자 품종표*

품종	년도	숙기	내병성		용도	적응지역
			역병	바이러스		
남작	1960	조생	약	약	식용	전국
수미	1978	조생	약	약	식용, 칩가공용	전국
대지	1978	중만생	약	강	식용 (2기작)	중남부 평야지
세풍	1988	중생	약	약	프렌치 프라이 가공용	전국
조풍	1988	조생	강	강	식용	전국
남서	1995	조생	강	중	식용	전국
대서	1995	중생	중	중	칩가공용	전국
가원	1999	조생	강	강	칩가공용	전국
자심	1999	만생	중	중강	식용 (유색감자)	전국
추백	1999	조생	중	중강	식용 (2기작)	전국
조원	2000	조생	강	강	식용	전국

품종	년도	숙기	내병성		용도	적응지역
			역병	바이러스		
자서	2000	조생	중	강	식용 (자주감자)	전국
추동	2001	중생	중	중	식용 (2기작)	제주, 남부
신남작	2001	조생	중	중	식용	중북부 준고랭지
가황	2002	조생	강	강	칩가공용	전국(제주 제외)
추강	2002	중생	강	중	식용 (2기작)	제주, 남부, 동해안
추영	2004	중생	약	중	식용 (2기작)	전남북, 경남, 제주,
하령	2005	조중생	강	강	식용	동해안
서홍	2006	중생	약	중	식용	전국
고운	2006	조중생	중	중	칩가공용 (2기작)	전국(제주 제외)
자영	2007	만생	약	중강	식용, 가공용	전남북, 경남, 충남 서해안
홍영	2007	중생	약	중	식용, 가공용	고랭지
제서	2007	중생	약	중	식용 (2기작)	고랭지
새봉	2010	조생	중	강	칩가공용 (2기작)	제주
방울	2010	조생	중	중	식용 (2기작)	제주, 남부 지방
홍선	2012	조중생	약	중	식용 (2기작)	제주, 남부 지방
진선	2012	조생	약	약	칩가공용 (2기작)	남부해안

품종	년도	숙기	내병성		용도	적응지역
			역병	바이러스		
다미	2014	중만생	중	중	식용 (1기작)	남부해안 전국(제주 제외)
금선	2014	중생	중	약	식용 (2기작)	전남북, 경남, 제주
남선	2014	조중생	중	중	칩가공용 (2기작)	제주, 남부 지방
중모9001	2014	중생	중	중	식용 (2기작)	제주, 남부 지방
대광	2015	중생	강	약	식용 (1기작)	전국(제주 제외)
강선	2016	중생	강	중	식용 (2기작)	제주, 남부 지방
은선	2016	조중생	중	중	식가공용 (2기작)	제주, 남부 지방
수선	2017	중생	약	중	식용 (2기작)	제주, 남부 지방
만강	2017	만생	강	약	칩가공용	전국(제주 제외)
아리랑1	2018	중생	약	약	식용	몽골, 중국 북부, 강원
아리랑2	2018	중생	중	중	식용	중앙아시아, 강원

* 농촌진흥청(https://www.rda.go.kr) 자료.

감자 품종별 고유 특성*

품종	꽃색	감자 모양	표피색	육색	눈깊이	휴면기간 (일)
남작	담적자	편원	담황	흰색	깊음	
수미	담적	편원	담황	흰색	얕음	
대지	흰색	편원	담황	담황	중간	90
세풍	담홍	장타원	흰색	흰색	얕음	
조풍	담홍	편원	담황	담황	중간	
남서	흰색	편원	담황	흰색	얕음	
대서	담자홍	원형	담황	흰색	얕음	
가원	흰색	편원	담황	흰색	얕음	60
자심	담보라	타원	담자	자주	중간	
추백	담홍	원형	담황	흰색	중간	
조원	담홍	편원	담황	담황	얕음	
자서	자주	원형	자주	흰색	얕음	
추동	담홍	원형	흰색	흰색	중간	70
신남작	흰색	편원	흰색	흰색	깊음	
가황	담홍	편원	황색	담황	얕음	
추강	흰색	편타원	담황	흰색	중간	60
추영	흰색	편원	담황	담황	중간	60
하령	흰색	원형	황색	황색	얕음	
서홍	담홍	원-단타원	홍색	흰색	얕음	
고운	흰색	편원	담황	흰색	얕음	60~70

품종	꽃색	감자 모양	표피색	육색	눈깊이	휴면기간 (일)
자영	농자	타원	농자	농자	얕음	
홍영	자주	원~단타원	홍색	홍색	얕음	
제서	흰색	원형	담황	담황	얕음	50~60
새봉	흰색	원형	담황	흰색	얕음	50~60
방울	흰색	원형	황색	담황	얕음	50~60
홍선	담홍	원형	홍색	흰색	얕음	50~60
진선	담홍	원형	담황	흰색	중간	50~60
다미	흰색	원형	담황	흰색	얕음	
금선	흰색	원형	담황	담황	얕음	60~70
남선	흰색	원형	황색	흰색	중간	60~70
중모9001	흰색	원형	담갈색	황색	얕음	60~70
대광	흰색	원형	황색	흰색	얕음	
강선	담홍색	원형	담갈색	황색	중간	60~70
은선	흰색	원형	담황색	흰색	얕음	60~70
수선	흰색	원형	황색	흰색		50~60
만강	담홍	타원	황색	흰색	깊음	
아리랑1	흰색	단타원	황색	담황색	얕음	
아리랑2	담홍색	타원	홍색	황색	중간	

* 농촌진흥청(https://www.rda.go.kr) 자료.

품종으로 보는 감자칩

과자 회사별로 감자칩에 사용하는 감자가 있는데 포카칩을 만드는 오리온은 수미감자가 적합하지 않아 감자칩 전용 품종을 만들기 위해 1988년 국내 최초로 강원도 평창에 감자연구소를 설립했다. 이곳에서는 감자칩 전용 품종을 개발하는데 이것이 '두백'이다. 해태제과는 두 번째로 많이 재배되는 분질 감자인 대서 품종을 이용해서 허니버터칩을 만든다. 반면 농심은 '포테토칩'은 기존 대서 감자를 사용했지만 수미 감자를 그대로 이용한 감자칩도 만들고 있다. 이것이 바로 앞서 언급했던 수미칩이다.

낟알 천대를 하면
볼기를 맞는다

벼와 지푸라기

벼의 알갱이가 쌀인데 아직도 팔순 할머니들은 잡곡에도 쌀을 붙여 보리쌀, 좁쌀, 밀쌀이라고 말한다. 그렇다면 여기서 쌀이란 곡식의 알갱이를 의미하는 것이 아닐까? 옛말에 밥 짓는 곡식을 모두 '뿔'이라고 했고, 이것이 오늘날 '쌀'이 됐다. 이 '뿔'은 '불', '시', '알'이 합쳐서 생겨난 이다. '불'과 '시'가 '브시'로 되고 '브시'가 '뿌〔稻〕'로 된 후 여기에 '알'이 합쳐서 '뿔'이 됐다. 즉 '뿔'은 '뿌알'로서 벼, 보리, 조, 수수 등의 낟알을 모아 껍질을 벗긴 알맹이를 말하고, 현대에 와서는 밥 짓는 재료로 그 뜻이 변천하여 불리게 된 것이다.

고고학적으로 한반도에서 재배형 벼의 탄생은 탄화미가 발굴된 15,000년 전으로 추정한다. 이때 발견된 벼는 현재 자포이카 계열의 재배형과 유사하다. 야생벼는 다년생으로 추측되는데 까락이 길고, 탈곡이 잘됐다. 종자휴면성도 길어 잡초 같은 형질이 있었다. 야생종끼리 교배가 잘 되면서 진화를 통해 가지치기, 알곡 크기, 종자 생산 속도가 증가하면서 일년생 초본으로 개량된 것으로 추정된다.

우리는 쌀이 오랫동안 한반도의 주곡이었다고 알고 있지만 실상은 그렇지 않다. 오히려 주곡으로서 쌀을 먹은 지는 100~200년밖에 되지 않았다. 이전에는 보리, 조, 수수 등의 잡곡이 주곡이었다. 조선시대 후기에 들어서도 쌀 증산을 위한 다양한 시도가 있었지만 서민들은 쌀을 먹을 기회를 갖지 못했다. 쌀은 환금성 작물이었기 때문에 지주들이나 양반계층이나 먹을 수 있었다.

재래종 밭벼는 대부분 메벼 유망종으로 간혹 상대적으로 적은 무망종 찰벼가 있다. 아마도 종자도 보존할 겸, 찰진 것을 섞어 먹을 겸 가지고 있던 것으로 추측되는 밭찰벼는 2010년경 토종 씨앗 수집할 때 괴산과 곡성 두 군데서 수집됐다. 이때까지만 해도 재래종 벼는 가뭄에 콩나듯이 찾을 수 있었지만, 시간이 흐르면서 대물림할 자식이 없기에 노인들이 농사를 그만두면서 자연스럽게 씨앗도 함께 소멸했다. 지금은 한 지역을 샅샅이 뒤져도 밭벼를 하는 농가를 거의 찾을 수 없게 됐다. 벼는 국가에서 식량의 가장 주요한 품목으로 끊임없이 개량을 해오면서 민간에 보급해왔기 때문이다. 특히 해방 이후에는 증산을 위한 경지 정리까지 있었고, 1970년대 이후에는 파종부터 수확에 이르기까지 기계를 도입하여 거기에 맞는 균일적인 품종만을 개량해왔다.

"옛날에는, 마을에서는 모내기를 돌아가면서 동네 사람들이 모여서 해왔어. 경운기가 나오고 기계가 모내기와 벼 베기 같은 것을 하면서 품앗이가 사라지고 동네 사람들이 모여 같이 하는 일이 없어졌지. 그때는 인심이 많았어. 기계가 대신 일을 해주고 그러니까 동네품앗이가 없어지고 일하는 사람을 사와야 했지." 지금은 일반 농민들의 품앗이를 찾아볼 수 없다. 내가 사는 마을만 하더라도 기계를 가지고 있는 젊은 사람이 고령농가들의 논을 빌려 수만 평, 수십만 평을 경작한다. 고령농가에서는 땅을 빌려주는 대가로 쌀을 받는다. 전통적으로 벼농사는 마을 공동체가 살아있다는 대표적인 행사였는데 인력이 기계로 대체되면서 마을 품앗이가 자연스럽게 사라지게 된 것이다.

재래종 벼 품종은 1911년에 1451품종으로 전체 재배면적의 97% 정도를 차지했었다. 그러나 해가 갈수록 급격하게 줄어 1923년에는 33%, 1928년에는 22%에 그친다. 일본이 한반도를 식량증산 기지화 하여 일본 품종이 대거 들어온 탓에 기존에 재배되던 재래종이 급격하게 소멸하기 시작한 것으로 보인다. 일본 재래종으로는 우리가 잘 알고 있는 다마금, 관산을 비롯한 곡량도, 빗구리나, 조신력이 있으며 개량품종으로는 팔달, 풍광, 진흥, 농백, 관악벼, 진주벼, 설악 등이 있었고, 도입종에는 아키바레추청, 사도미노리, 농림6호, 농림25호, 농림29호 등이 있었다.

각종 재래종 밀 종자

우리 씨앗 현명하게 사용하기

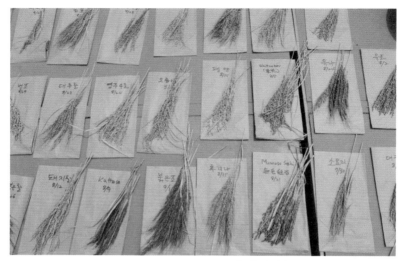

우보농장에서 증식하고 있는 토종 볍씨들

　1970년 이후 유신정권 시기에는 통일형 신품종이 많아졌다. 통일벼, 조생통일, 노풍, 내경, 밀양을 등이었다. 식민지 시대 때 일본재래종으로 도입된 다마금이나 육성종인 아키바레, 개량종인 수원벼 등은 최소 한세대에 걸쳐 이 땅에 정착해, 조선시대부터 이어온 재래종은 아니지만 토종으로 분류하게 됐다. 태백수원287호, 한강찰벼, 서광벼, 백운찰벼, 청청벼 등도 있으며 지금 일반농가에서는 163종의 개량종을 재배하고 있다. 추청벼, 일품벼, 동진, 신동진, 주남벼, 일미 등이다. 이처럼 벼 품종의 역사를 보면 대부분 일본 도입품종을 개량하여 재래종 벼의 명맥을 찾아보기 어렵다.

전통적으로 짚은 매우 유용한 재료였다. 소의 먹이로 짚을 이용했으며, 가마니나 새끼줄, 초가집 이엉을 엮는 데 짚을 사용했다. 심지어 청국장을 띄우는 데 짚을 사용한다. 쌀이 없을 때는 허기를 채우기 위해서 짚을 삶아 그 물을 마시는 구황작물이기도 하다. 알갱이 있는 겨도 마찬가지다. 겨는 완충재로도 사용했다. 1970년대에는 사과나 배를 담는 박스는 나무 궤짝이었다. 사과와 배 사이에 넣어 완충재 역할을 하는 것이 왕겨였다. 왕겨는 닭장이나 가축의 바닥으로도 이용하는 등 벼의 부산물은 모두 알뜰히 사용했다.

볏짚을 사용해 만든 울릉도 투막집

벗짚을 이용한 다양한 생활용품

주곡으로서 벼농사는 매년 지었고 그 부산물은 매년 새로운 것으로 갈아 사용했다. 특히 초가지붕의 이엉을 잇는 데는 긴 지푸라기가 유용하니 전통적인 재래 벼는 키 큰 것을 선호할 수밖에 없었다. 대신 태풍에 쉬이 쓰러지는 것을 방지하기 위해 논에 별도의 유기물을 넣지 않았다. 낟알이 풍성하고 키 크면 태풍이 왔을 때 살아남을 수 없기 때문이다. 2020년에는 몇 차례 온 태풍에 키 작은 개량 벼도 대부분 쓰러졌다.

그러니 실상은 키보다 뿌리가 튼튼히 내리느냐 아니냐의 여부를 따지는 것이 옳다. 뿌리를 튼튼하게 내리기 위해 예전에는 정기적으로 물떼기를 했다. 요즘 논경지가 잘된 곳에는 물떼기●가 따로 없다. 물떼기에

● 벼가 자라는 도중에 논물을 떼는 것을 말한다.

따라 뿌리가 깊게 내리는데 2020년처럼 비가 50일 이상 오고 평상시에 물떼기를 전혀 하지 않는 논에다 더구나 화학비료나 유기물을 다량 투여한다면 작은 태풍에도 잘 쓰러지는 것이 당연하다. 태풍에 견디는 힘은 재래종이냐 개량종이냐의 차이에서 오는 것이 아니다.

지금은 벼의 부산물을 이용하지 않는다. 지붕이나 가마니 등 긴 볏짚이 필요했던 생활이 모두 화학 재료로 바뀌었기에 긴 볏짚이 불필요해진 것이다. 짚으로 겨우 사용하는 것이 소 사료이다. 그래서 볏짚의 키가 클 이유가 없으며, 알곡을 더욱 크고 많이 달리기 위해 논에 유기물을 다량 투입하고, 기계 농사에 맞게 벼를 육종해왔다. 재래종 벼처럼 다양한 벼를 재배한다면 기계를 이용하기가 어렵다. 지금은 한 지역에서는 대부분 한 품종이 재배된다. 해방 전에는 들녘에 오색의 아름다움이 있었다. 다양한 색깔과 모양이 있어 지역마다 다른 품종을 볼 수 있었던 까닭이다. 그러나 해방 이후에는 황금 들녘으로 펼쳐질 뿐이다.

순창수집에서 재래종 벼를 수집할 수 없었지만 90세의 할머니는 식민지 시기에 재배된 일본재래종 은방조를 기억하면서 은방조를 기억하면서 "그때는 쌀을 먹을 기회가 별로 없어서 무조건 맛이 있는 거야. 재래종이니까 특별히 맛있다고 할 수는 없는 거지."라고 말했다. 결국 재래종 쌀에 대한 맛의 품평은 시대상을 반영한다는 것을 알 수 있다. 토종 벼가 다양한 색깔, 모양과 맛이 있겠지만 당시에 먹을 것이 풍족하지 않았던 만큼 맛에 대한 평가가 다를 수밖에 없다. 미질에 대한 개량도 감칠맛 나는 현대인의 입맛에 맞춘 것이기에 맛의 절대성은 보장하지 못한다.

2019년 용인 수집에서는 한 할아버지가 1970년대 먹었던 '풍옥'이 생각난다며 씨앗을 구해달라고 했다. "풍옥은 찰지고 맛있어. 죽기 전에 그것을 먹고 싶다."라는 말을 들으며 젊은 시절에 먹었던 향수로서 그 맛을 기억하는 것이다. 향수에 젖은 맛이기 때문에 현재 젊은 세대들에게도 맛이 있으리란 보장은 없다. 이제는 1970년대 정부에서 보급했던 다양한 품종에 대한 향수가 노인들에게는 맛의 그리움으로만 자리잡고 있을 뿐이다.

역사적, 경제적, 개인적 등 다양한 이유로 해방 이후 재래종 벼는 거의 소멸됐다. 지금은 농진청 유전자원센터 냉동고에 있던 450여 품종을 토종 씨앗 보전활동가들이 끄집어 재배하고 보급하면서 현지 보전을 꾀하고 있다.

✳✳✳✳✳✳✳✳✳✳✳✳✳✳✳✳✳✳✳✳✳✳✳✳✳✳✳✳✳✳✳✳✳✳

조선시대 재래종 벼의 구별법

전통농서 농사직설1429년의 기록에 의하면 재래종 벼를 올벼, 늦벼밭벼로 나눈다. 금양잡록1474년에는 경기도 중심으로 벼를 조사한 기록이 있다. 숙기별로 분류하면 조, 중, 만생종 중에서 만생종이 압도적으로 많았다. 점질성으로 분류하면 메벼:찰벼가 23:4로 메벼가 압도적으로 많으며, 까락이 있느냐 없느냐에 따라 유망종, 무망종으로 분류한다. 밥맛은 '아주 부드럽다', '적당하다', '거세다', '아주 거세다' 등 7등급으로 분류하고,

쌀의 빛깔을 붉고 희고 등으로 분류했으며, 벼의 껍질로도 백, 미백, 심황 등으로 나누었다. 탈립성의 강도에 따라 '귀가 엷으냐', '두터우냐'로 분류하고 있다.

'볍씨를 고를 때 맏며느리 고르는 것과 같다'라는 말처럼 쌀은 가장 사랑받는 주곡이었으며, 가장 선호하는 환금성 작물이었기에 농부가 스스로 육종을 해왔던 것만큼 지역별 재래종이 엄청나게 발달했다. 이 외에도 색깔로 이름을 붙여 구별하는데 자색 줄기면 '비'라고 하고, 백색 줄기는 '찬', 적색은 '만', 홍색을 '사', 까마귀 색을 '릉', 청색을 '혐', 백색을 '예', 흑색을 '부'라고 했다.

✻✻✻✻✻✻✻✻✻✻✻✻✻✻✻✻✻✻✻✻✻✻✻✻✻✻✻✻✻✻✻✻✻✻✻

수수 빗자루

나는 수수하면 수수 빗자루가 제일 먼저 떠오른다. 수수 빗자루를 여전히 사용하고 있기 때문이다. 도시에서는 빗자루가 전기청소기로 대체됐지만 농촌에서 마당이 있는 집이나 전통적으로 사는 나 같은 사람들은 방을 쓰는 용도로는 수수나 갈대로 만든 빗자루 등을 사용하고 마당은 대나무나 댑싸리 또는 싸리나무로 만든 빗자루를 사용한다.

수수하면 1980년대 중국영화 '붉은 수수밭홍고량'이라는 영화가 생각나고, 동화 '해님달님'에서 썩은 동아줄을 타고 오르다 수수밭에 떨어진 호랑이도 떠오른다. 이 때문인지 붉은 수수가 조금은 기괴하고 공포스럽게 다가왔었다. 그러나 수수는 친숙한 작물이다. 중국은 수수를 가장 많이 재배하는 국가로 주정 고량을 만든다. 우리가 아는 그 고량주이다. 초등학교 시절에는 미술 시간 준비물로 수수깡을 사가서 만들기 연습을 했었다. 수수가 익을 무렵에 수숫대를 꺾어 잘게 씹어 빨아먹으면 단물이 나와 종종 간식으로 먹기도 했었다.

이처럼 수수는 벼만큼이나 다양하게 사용했기에 수수도 재래종 종류가 많다. 구별법에 따라 메수수 찰수수가 있는데 찰기를 좋아하는 현대인 입맛에 맞춰 요즘은 주로 찰수수를 재배한다. 재래종 수수는 키가 2m 이상이다. 생각하면 토종은 작을 것 같은데 벼도 그렇고 수수도 키가 크다. 그래서 사람들은 수숫대로 사립문을 만들고, 흙집을 지을 때면 흙을 잘 붙이기 위한 대살로도 이용했다. 지금도 농촌 빈집에 가면 무너진 흙 사이로 수숫대 살을 볼 수 있다. 열대지방에는 아직도 수숫대로 집을 짓고 산다. 그정도로 튼튼해서 건축 재료로 유용하다.

재래종 수수

수숫대를 이용한 흙천장과 흙담

　앞서 수수 빗자루를 이야기했는데, 빗자루를 만들 때는 대체로 빗자루 수수라고 해서 장목 수수라고 부르는 수수를 주로 사용한다. 목이 길어 늘어지는 수수를 말하는데 빗자루 수수로 쓰임새가 더 좋다는 뜻을 뿐 사실상 모든 재래종 수수는 낟알을 털어내고 빗자루로 엮어 사용한다. 수숫대가 나오는 계절에는 빗자루를 여러 개를 메어 일 년 내내 사용한다. 때로는 아이들의 훈육에도 사용했다. 수집하다가 빗자루를 만나면 얻어오곤 하는데 인터뷰 대상은 대부분 할아버지들이다. 주로 할아버지들이 생활에 필요한 도구를 만들기 때문이다. 할아버지는 빗자루 만드는 것을 자랑한다. 대부분 빗자루를 만드는 사람들이 남자인 경우는 수수밭을 할아버지 즉 남자가 관리한다는 뜻이기도 하다.

　무주 수집에서 만난 빗자루 수수는 한삼수수다. 원줄기 위로 듬성듬성 줄기가 나는 다른 수수와는 달리 원줄기 꼭짓점에서 많은 줄기가 뻗기 때문에 풍성한 빗자루를 만들기 좋다고 한다. 대궁이 굵기 때문에 대를 두들긴 후에 속을 빼내고 중간중간 매듭지어 빗자루를 맨다. 한삼수수로 만든 빗자루는 손도 많이 간다. 대신 어느 빗자루보다 잘 쓸리고 오래가서 고급품이라고 한다.

한삼수수. 알갱이는 먹고 수숫대로는 빗자루를 만든다

무주에서 만난 수수는 키 크고 알맹이는 주황빛을 띠는 차수수다. 수수 알곡은 밥에 넣어 먹거나 수수가루를 이용해 수수팥떡이나 고추장을 만드는데 이용한다. 5월 중하순 경에 심어 추석 전후로 수확하는데 수수로 빗자루를 잘 만들려면 시기를 잘 잡아야 한다. 수수가 다 여물어 마를 때까지 밭에 두면 빗자루가 힘이 없어서, 마르기 전에 대를 잘라서 빗자루를 만들어야 튼튼하고 좋다고 한다. 무주에서 만난 한삼수수는 주로 부남면, 설천면에서 수집됐는데 할머니, 할아버지가 직접 만드신 빗자루를 볼 수 있다.

수수는 간식으로 별미인 수수부꾸미 주 재료이기도 하다

보리가 먹여 살린 민족

동양인을 살린 작물이 있다면 벼와 보리다. 한반도의 주곡으로서 벼는 사실 일반 서민들은 쌀을 거의 먹지 못했다. 쌀은 명절이나 제사 때 특별한 날의 음식이었고 대체로 쌀은 다른 물건을 사기 위한 돈으로 대용이었다. 서민들의 주곡은 사실 우리가 말하는 잡곡이었고 그중에서도 단연코 보리였다. 지금은 영양식으로 먹는 보리밥이지만 80대 후반인 나의 아버지는 보리밥을 먹자고 하면 질리도록 먹어서 보리쌀은 먹지 않겠다고 하신다. 일제 해방 전후 한국전쟁을 지나온 세대, 나의 부모세대들은 지독하게 가난해서 보리쌀로 연명하다시피 해왔다. 쌀과는 달리 보리쌀은 금방 배가 꺼져 항상 굶주렸고, 먹어도 입에서 거칠게 돌기 때문에 보리쌀은 그야말로 가난의 상징이었다. 보리죽도 못 먹던 시절 보리쌀을 한 댓 박 얻어와 보리쌀과 피를 섞어 죽같은 끓여낸 음식이 일상의 밥상이었다.

화순의 보리(잎)떡

우리 씨앗 현명하게 사용하기

보리는 15,000년 전 중동지역에서 겉보리인 이조맥과 나맥인 쌀보리를 재배한 것이 확인된다. 이후 동남아를 거쳐 중국과 한반도에 유래됐다. 보리는 벼와 더불어 야생종일 때는 초장이 길고 까락이 있고 탈곡성이 심했으나 점차 개량되면서 초장이 짧아지고 까락이 줄고 탈곡성이 약해지게끔 개량됐다. 보리는 온난하고 한랭한 지역에서도 재배되어 적응폭이 넓다. 특히 악조건에서도 수량이 많고 바닷가처럼 염도가 높은 곳에서도 강한 편이다. 더구나 한반도에서는 밀보다 수확 시기가 빨라 벼, 밀 이모작보다 벼, 보리 이모작이 성행했다. 벼가 한국인 전체의 주곡으로 자리 잡은 것은 불과 100~200년 사이에 불과한 반면, 보리와 수수, 조와 같은 잡곡은 한반도 재배 역사에서 사실상 주곡의 역할을 해온 것이다.

식량으로서 보리는 두줄보리인 이조맥과 여섯줄 보리인 육조맥이 있다. 이조맥은 수량이 적고 단백질 함량이 적은데 맥주를 만들 때 주로 쓰여 맥주보리라고 부른다. 반면 여섯줄 보리인 육조맥은 식량으로 사용했다. 한반도에서는 가을보리, 봄보리, 양정설 보리와 같이 여섯줄 보리를 주로 키운다. 그중에서도 겨울을 지낸 가을보리가 수량이 많아 대체로 가을에 파종한다. 또한 추운 곳에서는 겉보리를, 따뜻한 남부지역은 쌀보리를 해왔으며, 키가 큰 보리는 성숙기에 이삭이 무거워져 비가 오면 쓰러질 수 있어 키가 작은 보리를 재배했다.

지역별로 재래종을 살펴보자면 순창에서는 키가 작은 땅개보리땅보리가 있었다. 80~90대 노인들은 여전히 이 땅보리를 기억하고 있다. 남원에는 청보리, 성주에는 왜동보리와 늘보리, 제천과 함양에는 찰보리 등이 유명하다.

보리싹도 먹었다. 새로 바뀐 계절에 가장 먼저 먹을 수 있는 파릇한 식물로 우수나 경칩이 오면 보리순을 잘라서 음식으로 이용했다. 가장 이용률이 높은 것은 나주지역의 삭힌 홍어탕에 사용하는 보리싹이다. 된장국이나 각종 탕국에도 이용하고 떡을 하기도 했다.

보리를 털고 나면 보릿짚도 사용했다. 나는 매년 보리를 재배하여 콩밭에 멀칭● 재료로 이용한다. 보릿짚은 볏짚보다 잡초 성장을 억제하는 타감 작용이 밀짚과 쌀짚보다 탁월하다. 다만 볏짚보다는 이용도가 낮았다. 보릿짚은 볏짚보다 훨씬 잘 삭았으며 윤기로 인해 미생물이 번식도 덜했기 때문이다. 그래도 볏짚이 없으면 보릿짚을 사료로 주는 등 볏짚 대용으로 사용했다.

● 농작물이 자라고 있는 땅을 짚이나 비닐 따위로 덮는 일. 농작물의 뿌리를 보호하고 땅의 온도를 유지하며, 흙의 건조, 병충해, 잡초 따위를 막을 수 있다.

멀칭 재료로 보릿짚을 이용한 모습

　70대 이상의 노인들과 보리 이야기를 하다보면 '보릿고개'가 빠지지 않는다. 그만큼 보릿고개는 우리 윗세대가 겪었던 고난이자, 종자의 '수확량'을 최고 가치로 두게 된 연원이다. 지금도 어느 지역이든 토종 씨앗 수집 과정에서 만나는 90세 이상 농민의 이야기를 들어보면 한평생 '입에 풀칠하기도 힘들었던' 얘기를 생생하게 듣게 된다. 지금의 20~30대는 상상할 수 없는 이야기이다. 토종씨드림에 수집단에 참여하고 있는 젊은 세대들은 말한다. "우리는 감히 상상할 수 없는 이야기예요. 텔레비전이나 역사 교과서에서 읽었던 것이 이렇게 생생하게 듣다니…" 나는 젊은 수집 단원에게 말한다. "이제 너희들 밭에 풀만 키운다고 뭐라고 하는 이유를 알겠니? 그들이 풀 한 포기를 밭에 남겨두지 않는 이유며 퇴비를 왜 그토록 사랑하는지를…"

　"평생의 얘기는 눈물로도 쓰지 못한다."라는 그들의 말을 골백번 들은들 젊은 세대들이 실감할 수 있을까? 나는 어린 시절 굶주렸던 경험이 있지만 나의 부모와 조부모 세대에 비하겠는가? 그래서 나는 어린 시절부터 부모님보다 늘 행복한 세상에서 살고 있다고 생각해왔는지도 모른다.

보릿고개 이야기

보릿고개는 식량이 모두 고갈되고 보리가 여물지 않은 6월까지의 춘궁기를 가리키는 용어이다. 보릿고개를 연례적으로 겪게 된 것은 일제강점기다. 1910년대에 실시된 토지조사사업과 한반도를 일제의 식량기지로 만들기 위해 실시한 두 차례의 산미증식 계획은 지주와 소작농 사이의 양극화를 심화시키면서 농민을 더욱 몰락시켰다. 특히 수리조합구역에 내야 하는 조합비 부담 고통은 농민이 토지를 팔아버리는 결과를 가져와 소작화를 더욱 심화했다. 결국 우리나라 쌀은 일본으로 수출하고 만주의 좁쌀을 수입하여 먹는 현상이 일반화됐다.

한편 1930년대에는 농산물 가격이 폭락해 농가의 빚이 더욱 늘었다. 춘궁기에는 소나무껍질이나 칡뿌리, 솔잎 등 초근목피로 연명했다. 이들은 보릿고개에 대비하기 위하여 추수 뒤에도 쌀, 보리, 무를 혼식하거나 보리죽을 먹거나 질 나쁜 쌀을 조금씩 섞어 먹을 수밖에 없었다. 이조차도 제대로 구하지 못하면 싸라기를 산채나 나물의 묽은 죽에 띄워 먹곤 했다. 이들은 초근목피 중 먹을 수 있는 것은 무엇이든 먹었다. 당시 조선총독부의 잡지 <조선> 1921년 3월호에는 "먹을래야 먹을 것이 없고, 입을래야 입을 옷이 없는 방랑의 신세가 되어, 산야나 노변에 쓰러져 친척과 친구의 간호도 받지 못한 채 외로이 인생행로에 종언을 고하는 자가 연년이 거수巨數에 이르고 있다."고 했다. 특히 1931년 만주사변 이후 1937년 중일전쟁에 이르는 대륙전쟁과 태평양전쟁 과 더불어 10년 동안 흉년이 겹쳐 일찍이 없던 보릿고개의 참상을 겪었다.

그러다 8·15해방을 맞았고 경자유전耕者有田의 원칙에 따른 '농토를 농민에게' 구호아래 1949년 6월 '유상몰수 유상분배'의 원칙에 의한 토지개혁법이 제정되어 농민이 '제 땅'을 가질 수 있게 됐다. 이어서 1963년 박정희 정권에 이르러 미국에서 밀가루를 대량 수입하는 한편 통일벼 등 품종 개량과 비료, 농약의 공급으로 식량의 자급자족을 도모하는 등의 과정을 거치며 보릿고개도 서서히 사라져갔다.

밀, 수제비에서 빵으로

한반도에서 밀은 쌀과 보리와 달리 선호도가 약해 밀에 얽힌 다양한 문화가 비교적 적다. 밀은 주로 누룩으로 사용하여 발효제로 사용하거나 밀가루를 만들어 국수나 수제비 등으로 이용해왔다. 소맥 활용도는 그리 많지 않았지만 미군정 시대부터 밀이 대량 수입되어 밀가루 문화가 번성을 하게 됐다. 1960년대만 하더라도 보리로 막걸리나 소주를 만들었는데 미국에서 들어온 밀가루가 품값으로 지급되는 등 밀가루가 남아돌게 되자 밀가루로 막걸리를 빚기도 했다. 나의 아버지가 밀가루를 사용하는 최초의 막걸리 제조기술자이기에 그의 증언을 들을 수 있었다.

보리싹과 더불어 밀싹도 봄에 사용됐고, 수확 이후 밀짚은 밀짚모자로 사용한다. 부드럽고 윤이 나고 단단하여 물의 흡수가 적은 밀집은 모자로 적합했다. 밀짚모자를 만드는 사람은 윤여춘 씨가 유일했으나 지금은 멈춘 상태. 시중에 유통되는 밀짚모자는 밀짚을 일일이 손으로 꼬아 만든 원단도 사라졌고 이제는 왕골로 대체됐거나 베트남이나 중국에서 완제품을 수입하여 이용하고 있다. 우산의 역할을 해왔던 밀짚의 사용도 이미 **30**년 전에 멈추었다. 오늘날 우리나라의 밀짚은 인삼 등 밭에 멀칭재로 이용하고 있을 뿐이다.

내가 어린 시절만 해도 밀가루로 수제비를 만들어 먹었다. 밀반죽을 손으로 뚝뚝 떼어내 끓는 국물에 넣어 먹었던 수제비. 한국전쟁을 전후해 먹을 것이 없었을 때 끼니를 이어준 것이 수제비다. 하지만 수제비는 역사가 무척 오래된 전통 음식으로 양반들의 잔칫상에도 올랐던 고급 요리였다. 예전에는 밀가루가 그만큼 귀했던 작물이었고 음식으로 밀가루 대신 쌀가루로 수제비를 끓여 잔칫상에도 올렸다. 쌀 수제비는 추수가 끝났으니 쌀은 넉넉한데 밀가루는 없어 대신 쌀가루를 반죽해 수제비를 끓였다. 조선시대 문헌에 나오는 영롱발어玲瓏撥魚, 산약발어山藥撥魚는 숟가락으로 떼어 끓는 물 속에 넣은 수제비의 모습이 물고기가 뒤섞이는 모습을 표현한 단어다.

"국수 언제 먹여 줘?"라는 말을 들은 적이 있는가? 이는 결혼을 의미한다. 결혼식이 끝나면 국수를 먹는다. '오래 잘 살라'는 문화적 의미다. 또한 어르신 육순잔치와 같은 잔치에도 장수의 의미로 국수를 먹었다. '잔치국수'의 유래이다. 밀을 많이 재배하지 않았던 탓에 밀가루 면이 귀한 음식이었다. 국수에 대한 기록은 고려시대와 조선시대 기록에도 많이 남겨져 있다. "국수는 본디 밀가루로 만든 것이나 우리나라에서는 메밀가루로 국수를 만든다."라는 문구를 통해 밀의 재배가 극히 한정적이라 밀가루보다 메밀가루와 녹말을 혼합하여 만든 메밀국수나 밀가루에 녹두나 감자 녹말을 혼합하여 만든 녹말국수 등이 있었다는 것을 추측할 수 있다. 조선시대에는 국숫집에서 국수틀로 만든 국수를 사리로 싸리채반에 담아 판매했다.

1945년 이후부터는 수입 밀가루가 많아지면서 여러 밀국수요리가 일반화됐다. 국수장국온면, 칼국수, 건진국수, 냉면, 비빔국수 등 종류에 따라 재료 및 만드는 방법이 다르며 지역에 따라서도 달랐다. 2017년 화성에서 씨앗 수집을 할 때, 국수를 맑은장국에 말아 한여름 음식으로 먹었다는 걸로 미루어 온면은 한여름에, 추운 겨울에는 동치미로 국물을 낸 냉면을 주로 먹어 계절과 몸의 조화를 꾀한 것으로 보인다.

밀하면 빵 이야기도 빼놓을 수 없다. 요즘 젊은이들은 밥보다 빵을 주식으로 할 만큼 빵에 대한 의존도가 높기 때문이다. 이것은 1970년대 이후 밀가루 중심의 식품산업의 여파였다. 1990년대 전국의 빵 제과점이 늘고, 라면, 국수 등의 분식점 등 외식문화도 급속하게 퍼져나가 밀가루 소비가 쌀소비를 웃도는 현상을 만들었다. 특히 혼자 사는 젊은이들이 많아지면서 빵에 대한 욕구는 급속하게 늘어갔다.

이처럼 밀가루 사용으로 인해 밀재배 면적이 늘어가지만 외식과 식품산업에서는 여전히 수입 밀가루에 의존하고 있다. 한반도 재래종은 대체로 겨울밀로 봄밀에 비해 글루텐 성분이 적어서 빵을 만들려고 해도 반죽이 쉽지 않기 때문이다. 빵을 만들기 좋은 봄밀도 이스트도 사탕도 없는 조선시대에서 빵을 만들기란 쉽지 않았다. 1720년 이이명李頤命, 1658

~1722이 연행사로 베이징에 함께 갔던 그의 아들 일암一菴 이기지李器之, 1690~1722는 베이징의 천주당天主堂, 가톨릭성당에서 '서양떡西洋餅'을 먹어본 경험을 자신의 연행록인 《일암연기一庵燕記》에 기록한 것이 최초이다.

19세기 말부터 시작된 한반도 빵의 역사는 일제 강점기에 나타난다. 메이지 유신 이후 일본 정부는 군대 쌀밥 급식으로 군인들에게 빵을 공급했다. 밀가루와 쌀가루에 계란 등을 배합해 맥주 이스트로 발효시킨 '갑면포甲麵'라는 빵, 이른바 '간팡カンパン, 乾パン'이라고 불린 휴대가 편리하도록 비스킷 모양으로 만든 빵이다. 한반도에 큰 영향을 끼친 빵인 '안팡あんパン, 餡パン'은 지금의 단팥빵으로 인기가 높았다. 이때 사용한 것이 붉은팥이었다.

해방과 함께 미군의 남한 주둔은 빵을 다시 부각시킨 계기가 됐다. 상류층에는 빵에 익숙한 사이 제법 많아 미군이 제공해주는 밀가루와 설탕으로 만든 빵을 반겼다. 제분과 제과업으로 '삼립산업제과주식회사'는 삼립식품과 샤니의 변화를 거쳤으며 샤니는 1980년대 이후 파리바게뜨 프랜차이즈 빵집이 번창시키면서 한국의 빵문화를 이끌어나갔다. 이는 1960년대 이후 한국의 빵은 이른바 '양산업체'라고 부르는 공장에서 대량생산된 배경에는 군대라는 대량 소비처와 미국의 원조식량으로 들여온 밀가루로 초등학교 급식빵 제도와 혼분식 장려정책은 양산업체를 본격적으로 키운 토양이 됐다. 1960년대 정부가 나서서 혼식을 장려하면서 개인이 운영하는 빵집이 늘어나 '○○당'이나 '○○사' 같은 일본식 빵집과 독일빵집, 뉴욕빵집과 같은 서양식 이름을 붙였으며 뉴욕제과 · 고려당 · 태극당 등에서 빵을 사왔다고 하면 앞다투어 선호했다.

1990년대 해외여행 자유화가 이루어지면서 일본식과 미국식 빵맛에 길들여져 있던 한국인이 유럽의 오래된 빵을 맛볼 수 있게 되면서 제빵을 배우는 사람들이 많아졌다. 중동에서 건너간 유럽인들은 빵을 신이 인류에게 내린 선물이라고 생각하여 자연에서 저절로 생겨나 자라는 발효의 매개물인 이스트를 동네 빵집의 제빵사가 직접 채집해 자신의 부엌에서 만들어낸 빵이야말로 생태적이면서 인간적인 음식으로 여겨 2000년대 이후 수제 빵집이 등장해 공장제 빵맛에 길들여진 한국인에게 새로운 빵의 세상을 열었으며 젊은이들은 아예 집에서 빵을 만들어 먹는 것이 일상이 됐다.

이렇듯 한국에서 쌀의 문화는 일제강점기부터 시작한 밀빵의 역사처럼 삶의 문화로 대체되어 가고 있다. 더구나 쌀은 논습지 중심의 작물로 저수지 등 물관리 시스템이 되어 있다 하더라도 가뭄의 변수를 알 수 없는 데다가 노동력과 비용이 높은 반면에 밀은 건조 지역에서 또한 겨울을 이용해서 재배 가능하여 토양의 활용도가 높으며, 무엇보다도 소농이나 자급용에게는 도정을 가정에서 쉽게 할 수 있어 밀 문화가 영역을 높여 나갈 것이라고 본다. 중국처럼 전통적 쌀 문명과 도입된 빵 문명이 젊은층에게로 넘어가게 되는 것을 부인할 수 없다. 그렇다면 현재 밀의 다양성을 확보하고, 기술적으로 쌀빵과 더불어 다양한 음식문화가 정착하게 되리라 생각한다. 결국 문명과 문화는 기후 변화와 사람의 변화가 만들어내는 것이다.

남도 참밀

경기 참밀

✳✳✳✳✳✳✳✳✳✳✳✳✳✳✳✳✳✳✳✳✳✳✳✳✳✳✳✳✳✳✳✳

밀의 기원과 한반도의 밀

오늘날 밀은 전세계 35%인 10억 인구의 주식으로 이용되고 있다. 밀은 척박한 모래땅에서도 재배되고 건조한 지역에서 주로 재배되며, 비옥한 땅으로 왔을 때는 수확량이 많아지는 작물이다. 이런 밀은 보리와 더불어 중동지역에 기원을 두고 있다. 야생밀은 알이 작고 까락이 길고 탈곡성이 컸다. 키가 크고 가지를 치지 않고 이삭 당 알갱이 수가 적었지만 인류의 역사를 따라 이동하면서 밀도 변화를 겪었다. 밀은 중동지역에서 인도로 동남아를 거쳐 중국과 한국에까지 이른 식물이다.

원산지인 중동지역은 건조 고온 지역으로 기원전 8천 년경부터 보리, 밀, 호밀, 귀리, 참깨, 양파, 마늘 등의 야생식물이 작물화되는 과정을 거쳤다. 논을 중심으로 벼와 보리가 발달한 동양과는 다르다. 중동 지역은 밀 종자의 다양성도 높다. 650품종 중 200종을 보유할 정도여서 빵 문화의 기원이 됐다. 성경에서도 최후의 만찬에 '밀빵'이 등장한다. 종교문화도 농사와 음식문화와 무관할 수 없음을 알려준다.

우리나라에는 기원전 1~2세기 경에 평남 대동군 미림리 유적지에서 밀알이 발견됐다. 이에 따라 밀은 삼국시대 이전부터 들어온 것으로 추정된다. 다만 밀은 보리보다 선호도가 낮았다. 작물은 기후에 따라 선택하는데 겨울밀은 봄밀보다 따뜻한 지역에서 재배되며 일반적으로 수확량이 봄밀보다 많아 겨울밀을 많이 심게 된다. 겨울밀은 중남부지방의 기후에 적합한 작물이지만 보리에 비해 수확기가 늦어 벼를 심는데 지장을 초래해 상대적으로 밀 활성화가 덜 될 수밖에 없었다. 또한 밀은 보리보다 단위당 수확량이 적어 쌀-보리 이모작이 더 권유됐다. 특히 한국전쟁 후 부족한 식량확보가 최우선 과제였던 한국에서는 밀은 쌀재배에 지장을 주는 작물로 인식됐다.

밀의 재래종 기록을 보면 1492년 〈금양잡록〉에 참밀과 막지밀이 언급됐고, 1825년 〈행포지〉에 참밀, 막지밀, 중밀, 당밀, 흑룡강밀 등 8품종이 기록돼 있다. 1905년에는 키다리밀, 앉은뱅이밀, 초밀 등이 재배됐으며 1910~1945년 사이에는 재래종 참밀과 앉은뱅이밀, 강연지나 봉산조, 나도, 서해의 재령맥, 충북 진천재래, 늘밀, 임실재래 등이 재배됐다. 이 기간에 미국과 일본 품종이 도입돼 1915년 이후 육종이 시작됐다.

앉은뱅이밀은 키가 70~80cm로 쓰러지지 않고 이삭은 가늘고 까락은 중간정도로 긴 편이다. 반면에 참밀은 추위에 강하고 숙기가 늦으며 키가 크고 이삭이 가늘고 길면서 까락은 길고 낟알은 적색이 많다. 참밀은 지역 재래로 남아 있으며 주로 누룩으로 이용해왔다. 1919년 황해도 사리원 서선 지방에서 발견한 '서선 42호', 1900년 이전부터 내려온 통밀로 키가 110cm로 크고 숙기가 늦고 까락이 길며 이삭이 황색인 재래소맥이 있으며 재래소맥보다 더 키가 크고 이삭이 황색을 띠는 충남지방에서 재배되는 충남 재래가 있다.

✽✽✽✽✽✽✽✽✽✽✽✽✽✽✽✽✽✽✽✽✽✽✽✽✽✽✽✽✽✽✽✽✽✽

버릴 것이
없게 먹는다

박, 쓸모가 주렁주렁 열리다

전통적인 한국 농촌 풍경에는 박을 빼놓을 수 없다. 초가집 지붕 위에 덩그렇게 올라앉은 박덩이는 고향의 향취와 그리움을 고스란히 전한다. 이런 정취는 다른 꽃과는 달리 밤에 피는 하얀 박꽃에 대한 마종기 시인의 시를 통해서도 느껴진다. 박꽃의 소박함과 단아함 그리고 꽃이 피기까지의 기다림을 노래한 이 시는 박꽃을 보지 못한 사람도 그 아름다움을 충분히 상상하게 만든다.

박꽃(곡성)

박은 한반도에서 수천 년 전부터 재배한 것으로 추정된다. 〈삼국사기〉 신라본기 제 1권을 살펴보자. "辰人謂瓠爲朴 以初大卵如瓠 故以朴 爲姓 진한 사람들〔辰人〕은 박〔瓠〕을 朴이라 부르는데, 처음에 큰 알이 마치 박과 같았던 까닭에 朴을 성으로 삼았다." 이 기록으로 미루어 볼 때 우리나라에서는 둥근 대박을 재배해왔다는 것을 추정할 수 있다. 가장 유명한 박에 관한 이야기는 흥부전에서 박을 타니 금은보화가 쏟아져 나오는 이야기로, 이 또한 대박을 의미한다.

품에 한아름 담기는 대박(괴산)

대박 씨앗(곡성)

　박씨 수집을 할 때 보면, 할머니들은 나물박과 대박을 구별한다. 나물박은 직경 15～30cm로 40～90cm인 대박보다 작다. 하지만 대박도 유기물이 적은 토양에서 재배하면 나물박처럼 작게 나오므로 때때로 둘을 구별하기가 어렵다. 어쨌든 우리나라에서는 나물박이나 대박 등 둥근 박을 식용으로 먹었을 뿐만 아니라 바가지 등 다양한 공예품으로도 사용했다. 토종 작물을 살피다보면 한 가지를 재배해서 여러 이득을 얻는 지혜를 엿볼 수 있다.

　예전에는 한반도 전역에 걸쳐 박을 재배했지만 지금은 박을 재배하는 농가가 매우 드물다. 특히 강원도와 경기도 지역에서 수집을 하다보면 박씨를 찾기 어렵다. 농촌의 정서와 풍경이 남아있는 전라도 지역에서 겨우 박을 찾아볼 수 있다. 전라남도에서는 박을 박나물로 이용한다. 8월이면 표피가 말랑말랑한 상태의 박이 재래시장에 나오는데 할머니들은 이를 '나물박'이라고 한다. 나물박은 박 속을 긁어내고 과육을 얇게 저며 햇볕에 건조시켜 저장한다. 이렇게 저장용으로 건조한 박나물을 '박고지'라고 부른다. 박고지를 실로 꿰어 바람이 통하는 깨끗한 곳에 매달아 두고 겨우내 이용하기도 한다. 박고지로는 반찬을 해 먹는다. 물에 불려 들깨 가루를 넣고 볶아 먹는데 내가 사는 곡성지역이나 화순의 여느 식당에서도 종종 볼 수 있다.

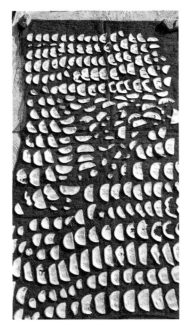

말리고 있는 박고지

박나물로 먹을 시기가 지난 9~10월에는 표피가 딱딱해진다. 이때는 톱으로 박을 타서 박속과 씨앗을 빼내어 바가지를 만든다. 플라스틱 바가지가 나오기 전까지는 이런 박 바가지를 사용했다. 나의 어린 시절에도 박 바가지를 사용했다. 특히 동네 걸인들이 밥을 얻어먹거나 중들이 돌아다니며 쌀을 얻을 때도 바가지를 가지고 다녔다. 바가지용 박을 말끔하게 만들려면 박속을 빼내고 박속 딱딱한 것을 잘 긁어내야 속이 매끄러워졌다. 한편으로는 잘 삶은 바가지 표피를 숟가락으로 잘 긁어내어 콩기름을 발라야 여름 한철에도 곰팡이 슬지 않고 잘 사용할 수 있었다.

이렇듯 전통적인 한국 사람은 박을 밥그릇, 물바가지로 다양하게 사용하고 박속은 국이나 찌개로, 완전히 여물기 전에는 박나물로 사용했다. 박 잎은 호박잎보다 부드럽고 연하여 전으로 먹을 수 있었다. 하얀 박꽃부터 바가지까지 박은 정서적으로나 물질적으로 하나도 버릴 것이 없었던 한국 전통의 지혜와 정서가 듬뿍 담긴 작물이다.

(좌) 뒤웅박(괴산), (우) 박(무주)

박(양평)

이파리 하나도 놓치지 않는다

재래종 작물은 하나도 버릴 것 없이 이용된다. 이는 전통적 생활지혜로부터 양산됐다. 재래종 배추와 무는 하나도 버릴 것이 없다. 재래종 배추는 뿌리가 커 뿌리를 반찬이나 간식으로 이용해왔다. 지금도 노인들은 당시의 '배추뿌랭이'에 대한 기억에 '뿌랭이배추' 씨앗을 달라고 한다. 요즘 노랑결구배추는 겉잎을 버리지만 재래종 배추는 배추겉

박은 크기와 모양이 다양해 무엇이든 담기 적당하다. 씨앗을 보관하기도 한다. 플라스틱 통에도 유용성이 밀리지 않으며, 수리도 가능하다

잎을 버리지 않고 배춧잎을 그대로 사용한다. 때론 얼었다 녹았다 하는 바람에 배추겉잎이 누렇게 너덜거리더라도 그런 배춧잎을 모아서 따로 말리거나 소금에 절여 놓았다가 시래기로 사용한다. 시래기는 된장을 풀어 시래기국으로 사용한다. 나는 엄마로부터 종종 "너를 임신했을 때 먹을 것이 없어서 배추 시래기를 한가득 끓여서 그걸로 배를 채웠다."라고 종종 듣곤 했다.

사실 시래기로 이용하는 것은 배추만이 아니라 무청이 원래 본류이다. 재래종 무는 오히려 무청을 이용하고 무는 부수적으로 이용해왔다. 겨울에 무를 동치미나 무김치를 만들거나 무속을 만드는 데 사용하고 무청을 시래기로 만들었다. 무청을 말려서 만든 시래기도 있지만 무청을 소금에 담가 이용하기도 했다. 시래기는 한국의 민가에서는 가장 중요한 겨울 음식이자 하나도 버릴 것이 없도록 만든 음식이다. 요즘 개량된 배추는 뿌리가 거의 없이 배추를 따서 이용하며, 무를 더욱 크게 개량해서 무만을 이용하고, 시래기용으로 씨앗을 개량해서 무잎만을 이용한다. 식품회사에서 나오는 시래기는 대부분 그런 씨앗으로 재배한 무청이다. 규모가 있는데 무는 방치되어 있고 무청만 잘라내진 밭이 그런 곳이다. 그런 곳에서는 시래기 만드는 건조가공공장까지 설비해서 시래기를 포장해서 나간다.

무잎만 모아 꼼꼼히 엮고
잘 마르길 기다린다

시래기는 겨울철 식탁을 책임진다

들깨와 자소도 마찬가지다. 재래종 들깨는 들깻잎을 이용하고 나중에는 종자를 털 때쯤 잎이 노랗게 되어도 노란 잎을 따서 실로 묶어 소금물에 담가놓는다. 소금물에 푹 절인 노랗게 변한 들깻잎은 양념이나 다양한 음식에 사용한다. 들깨 파종을 한 뒤에 들깨를 솎아서 줄기까지 들깻잎 나물로 해먹고 7~8월에는 들깻잎, 9월에는 노랗게 변한 들깻잎, 이후에는 씨앗으로 들깨 가루나 들기름을 낸다. 수확이 끝난 들깻대는 나무 아래 두엄이나 밭 퇴비로 사용하며 기름을 낸 찌꺼기는 깻묵 퇴비로 사용하거나 가축 사료로 이용한다. 버릴 것이 없다. 자소는 아예 가지까지 꺾어 말려서 약용으로 사용한다.

보라색 자소잎

씨가 맺힌 자소

반찬으로도 약으로도 차로도 먹고

전통적으로 텃밭에서 이용하는 채소는 매우 한정적이었으며 나물로 이용되는 것은 주로 산나물이었다. 파, 생강, 마늘 등을 비롯한 양념과 부추, 고추, 가지, 배추, 무, 상추 등 우리가 이용하는 텃밭 채소는 많지 않았다. 대부분 전통적인 작물은 모두 약식동원에 근거한 채소들이었으며 봄철에는 산나물을 이용했다. 취나 고사리 등의 산나물을 제외하고 산이 많은 한반도에서는 약초의 잎들이 음식으로 이용됐다.

전라도에서는 삽주나 잔대 등 봄철에 나는 잎들은 모두 봄철 음식으로 이용했다. 약용 나무들도 봄철 음식으로 이용됐는데 화살나무잎이나 땅두릅, 순전히 잎으로 사용되는 두릅, 오가피, 옻, 다래 등의 잎이 나물로 이용됐다. 또한 산에서 나오는 생강나무 잎은 잎차로 뽕잎은 뽕잎차로 모시잎은 떡의 재료로 사용한다. 다년생 나무의 순을 봄철 약이 되는 음식으로, 뿌리를 약으로 이용하는 것들은 봄철 잎을 나물로 이용했으며, 순전히 산나물로 되는 고사리, 고비, 취 등 산에서 나오는 나물과 들에서 나오는 냉이, 쑥, 달래 등은 음식재료나 김치, 국 등 초여름까지 나물로 먹고 건조하거나 장아찌로 만들어 사계절 이용했다. 인간과 가까운 곳에서 나오는 대부분의 식물은 한반도의 오랜 역사를 걸쳐 곡물이 부족할 때 사용되는 구황식물은 오랫동안 사람들에 의해 검증이 되어왔던 것이다.

호박과 고구마

호박잎이 무성해지면 쌈채소로 먹고, 호박이 달리면 각종 반찬을 만든다. 누렇게 익은 늙은 호박은 따서 약이나 죽 또는 반찬으로 한다. 늙은 호박 속에서 걷어낸 호박 씨앗은 말려서 볶아 간식으로 먹곤 했다. 호박씨는 특히 기생충을 제거하는 약으로도 쓰였다. '호박씨 깐다'는 말은 겉으로는 어리석은 체하면서도 남몰래 엉큼한 짓을 한다는 뜻으로 쓰인다. 호박씨는 먹을 게 변변치 않던 옛날 사람들이 즐기던 주전부리였는데, 제대로 까지 않고 통째로 섞어먹으면 껍질은 그대로 대변으로 나와 '뒷구멍으로 호박씨를 까다'라는 말이 생겼다. 남들 모르게 호박씨를 얼른 먹으면 뒷구멍으로 껍질이 나오니 뒤로 호박씨를 '깐' 셈이라는 뜻이다.

고구마는 영양체를 식용하지만 고구마 줄기도 식용으로 사용한다. 특히 전라도 지역에서는 고구마 줄기를 김치나 나물로 사용한다. 재래종 고구마는 고구마 줄기를 이용하기에 연한 물고구마를 주로 재배하지만 일본에서 유래된 고구마는 육종을 거쳐 호박고구마와 꿀고구마가 소비자의 입맛을 끌어오고 있다. 반면에 음식으로 이용됐던 고구마 줄기는 뻣뻣해져서 음식으로 거의 이용하지 않게 됐다. 하지만 고구마 줄기만을 생산하는 농가에서는 여전히 물고구마를 이용해서 고구마 줄기만을 생산하여 소비자의 음식으로 이용하고 있다. 이렇듯 한반도에서 이용되는 재래종은 고구마에서도 보이듯이 버릴 것 없이 이용됐다.

Part 5

삶으로서 토종 씨앗:
오래된 미래

전통의 태동

전통 지식은 보수인가, 진보인가?

전통지식은 "자연과 더불어 대대로 생활해 온 사람들에 의해 구축된 지식체계이며, 생태학적, 사회경제적, 문화적 환경과 관련된 실천적이고 표준적인 지식"세계지식재산권기구 WIPO을 일컫는다. 긴 시간 준비해온 인류의 공유 자산으로 그 자체가 명품이다. 축적된 농업, 기술과학, 생태학, 의약, 생물다양성과 관련된 지식을 비롯하여 춤과 노래 이야기 등 형태로서의 민간전승표현물은 물론 명칭, 지리적 표시, 심볼과 같은 언어 요소를 모두 포함한다. 또한 아무리 소비해도 고갈되지 않으며, 쓰레기도 남기지 않는다. 주로 명인, 명장으로 전승되어왔는데, 오늘날 이러한 지식의 소유자들은 농촌 마을의 노인들이다.

즉 전통적 지혜는 선조의 지혜이다. 단선적이고 직선적이며 이분법적인 현대 물질문명과는 차원이 다르다. 현대 물질문명이 야기하는 생명체의 폐해는 이미 언급해왔다. 인간중심적이며 배타적이며 독점적인 현대 물질문명은 배려와 공감이 없으며 사랑이 없다. 오감각에 의존한 현란함만이 있으며, 현생만이 있을 뿐이다. 씨앗의 지속성과 다양성이 무참히 짓밟히는 미래만이 있을 뿐이다. 유전자 가위만이 있다. 씨앗은 단지 인간의 입속으로 들어가는 양만큼만 있을 뿐이다.

안정적인 시대가 끝나 위기의 시대가 오면 인류는 항상 고대의 지혜를 들쳐본다. 문자가 발명된 이래로 수백, 수천, 수만 년의 지혜가 수많은 위기를 넘어서 전해지기 때문이다. 전통적인 지혜에는 "별이 역사한 것", "너 먹고 나머지는 내가 먹는다"와 같이 만물의 원리가 적용된다. 나는 오로지 만물의 혜택을 받는 자이며 신과 만물에게 감사하는 마음을 가지라는 지혜이다. 이 지혜는 물은 아래로 흐른다는 사실을 알고 있으며, 비워야 채워진다는 원리도 이해하고 있다. 인류가 생긴 이래 자연을 통해 배우고 삶을 영위한 자들이 남긴 기록이다. 곧 인류인 그들은 열은 위로 솟고 물은 아래로 흐른다는 단순한 진리에 순응해온 자들이다. 따라서 보수적이지도 진보적이지 않다.

토종에도 이념은 없다. 배타적이지 않은 토종은 언제나 순응하고 모든 것을 수용한다. 흑과 백을, 선과 악을 모두 받아들인다. 왜냐하면 모두 상대적인 기준이기 때문이다. 나무의 입장에서 씨앗의 입장에서 동물의 입장에서 타인의 입장에서 생각하면 모두 옳기 때문이다. 나의 틀을 강요하는 순간 열은 오르고 적대와 혐오, 갈등과 전쟁, 파괴만이 있을 뿐이라는 것을 잘 안다. 인간이 자연과 대립하는 순간, 균형과 평화로움이 깨진다는 오래된 지혜를, 자연과 식물은 지금도 행하며 인간에게 가르쳐준다.

전통지식에서 찾는 지혜

식물은 인간에게 유용한 양식이자 다양한 질병 치료제이기도 하다. 인간에게 먹혀 활동을 위한 에너지원이 되어 주었으며, 동물이 질병에 걸렸을 때 식물을 치료제로 활용하듯이 인간도 식물에게 치료받았다. 동물과 인간 모두가 식물에 의존해 생명을 유지했다. 자연의 모든 순환 구조는 눈에 보이지 않는 초자연적인 힘이었다.

예전에는 식물의 모든 경험을 현대처럼 작은 부문으로 분리하지 않았다. 식물의 힘은 자연적인 것이면서 초자연적이었으며, 눈에 보이는 것이자 보이지 않는 것이었다. 무수히 많은 관계에서 견고하고 분명하게 결합되어 있는 식물의 전통적 지식들은 입소문을 통해 부모에게서 자식에게로 몇 백 년 동안 전달되었다. 인간은 이에 경외심을 갖추었다. 하지만 전통적인 개념과 관찰 경험으로 쌓은 지식의 공존은 세기를 거듭하면서 분절하여 소멸되고 있다. 이와 함께 식물의 다양성도 파괴되어 인간과 동물의 생존을 위험에 빠뜨리는 주요 원인으로 작용하고 있다.

다양한 야생종과 토종 씨앗을 보전하고 번성케 하는 것은 전통적 지혜와 지식을 다시 보편적 삶으로 들이는 일과 같다. 국가와 민족의 종자 주권과 식량권을 확보하겠다는 좁은 범위의 행위에서 그치면 안 된다. 인간의 지속적 삶은 인간과 자연 생명이 어우러질 때 비로소 가능하기 때문이다. 다양한 씨앗의 보전을 생태계 보전과 직결한 문제로 인식하고 소멸의 위기로부터 서둘러 벗어나는 근간으로 삼아야 한다. 지구 생물종 보전과 생태의 올바른 순환을 위해서는 지금까지 인간이 영위한 삶의 총화인 옛것과 고전에서 해답을 찾고, 새로운 것과의 통합을 꾀해야 할 것이다.

치료사는 농부이자 식물학자였다

"신이야말로 전지전능한 창조주며, 정원사 중 으뜸이며, 농부 중의 농부임을 확실하고 앞으로도 변함이 없을 것이다." 고대 식물학자에게 자연이란 모든 것을 내포한 완전한 하나였다. 만물이 필요로 하는 모든 요구가 이미 자연에 내포되어 있다고 보았고, 만물을 둘러싸고 있는 외부 환경 역시 만물의 생리적 요구에 부응하도록 만들어졌다고 했다. 이것이 다름 아닌 생태학으로 발전했다.

옛 조상들은 어떤 첨단 장비도 없이도 식물의 함유 성분을 찾아냈다.

채식 위주로 살다 보니 아무래도 식물을 잘 관찰할 수밖에 없었을 테다. 더군다나 자연에서 날 것으로 채취하여 간단한 조리 방법으로 채식하는 몸은 만물의 에너지에 민감할 수밖에 없었지 않았을까? 자연과 밀접하게 살아갈수록 자연과의 공감과 교감력이 향상되어 식물과 인간의 생리적 요구에 맞는 에너지 정보를 읽는 능력을 갖추게 된다. 더구나 군집 생활을 통해 서로의 경험을 공유했을 것이다.

그중에서도 보이지 않는 세계, 우주와의 소통 능력이 뛰어난 이들은 치료사로 역할하며 '열려 있는' 자연을 읽을 줄 알았다. 즉, 사물이 서로 어울리고 끌어당기고 밀치는 성질과 상호 의존성 등 우주라는 거대한 구조 속에서 서로 대응하는 방식을 알았을 것이다.

고대 치료사들은 초인간이었다. 보편적 질서를 존중하며 자신이 우주의 질서 안에서 살아간다는 사실을 충분히 인식한 철학자이며 신과 인간 소통의 가교역할을 하는 무당이었다. 전통적으로 근래에 이르기까지 무당은 죽은 자들과 살아있는 인간 사이의 소통을 감당해오며 공동체를 위해 꼭 필요한 일을 행했다. 이들은 자연을 세심히 관찰하며 동물의 행위도 따라 했다. 예를 들어 광대버섯을 이용하여 굿을 하고 나중엔 오줌을 받아먹는 행위는 광대버섯을 좋아하는 순록을 따라 했을 가능성이 있다.

고대의 치료사는 밭을 만들어 잡초를 염색과 약용 등으로 사용하는 농부로, 환경과 생태에 대해서 누구보다 뛰어난 식물생태학자였다. 게다가 화학자이며 생화학자로서 전통의술로서 연금술사들은 비밀스럽게 동종요법의 명맥을 이어나갔다. 동종요법은 '비슷한 것으로 비슷한 것을 치료한다' 혹은 '자연이 창조한 모든 것은 자연이 그 존재를 통해 보여주고자 하는 힘의 형상을 하고 있다'라는 기치 아래 형태나 농도, 색상이나 냄새의 유사성으로 치료하는 것이다. 예를 들면 석류는 붉은 즙으로 순환기 장애 치료하며 석류 낟알은 치아를 연상케 하여 치통 완화의 역할을 한다. 호두는 뇌를 닮았기 때문에 그 껍데기를 두피에 난 상처를 치료하는 데 사용한다. 실제로 효과가 있기도 하고 심리적인 위안으로 치료를 돕는 플라시보 효과도 무시할 수 없다.

오늘날에도 인도의 아유르베다는 광대한 의술을 집대성한 전승의학이다. 아유르베다식 치료법은 약초를 합리적으로 사용하여 서양의술이 등한시하는 변수를 고려한다. 중국과 한국의 중의학, 한의학과 결을 같이 하며 티벳 등지에서 수많은 민간 의학을 발달시킨 전통 의학에서도 마찬가지이다. 과거로부터 이어진 지식에는 생명력이 있다. 식물학자이자 농부로서의 치유사가 세상을 바라보는 관점이 현대의학이나 현대문명과 거리가 멀 수는 있다. 그러나 그들이 오랜 시간 관찰하며 쌓은 지혜는 무시할 수 없다.

왜
토종 씨앗인가?

한국 토종 씨앗의 소멸

지금 한국의 농민은 전체 인구의 3%도 미치지 못하며 이 중에서 대다수가 고령 농가이다. 이로 인해 한국의 식량 자급률이 급속하게 저하하고 있다. 2000년대에 들어와 귀촌 현상이 불고 2015년 이후에는 국가 차원에서 도시 농업과 귀촌을 활성화시키고 있지만 매년 줄어드는 농업인구를 메우지 못한다. 대체로 대규모 기계 농업에 의존해 있는데, 결과적으로 이러한 식량 체계는 식량 자급에 가해지는 위기를 막기엔 역부족이다.

최근에는 기후도 눈에 띄게 변화해 수입에 의존하는 식량 체계도 위기를 맞고 있다. 2020년 베트남의 식량수출 금지 및 중국의 양쯔강 대홍수로 인한 경작지 손실을 기억하는가? 미국에서 재배한 밀과 옥수수 수입에도 빨간 등이 켜진 상태다. 결국 안전성을 뒤로 하더라도 수입에 의존한 식량 위기는 현실로 다가온 셈이다. 이 가운데 토종 씨앗의 중요성이 대두되는 이유는, 우리나라가 생물다양성 국제 협약에 의한 당사국 중 하나이기 때문이다. 수동적으로 토종 자원의 보전을 꾀하게 되었다. 전 세계 식량은 결국 종자전쟁이라는 것에서 출발했다.

지구상 생태계에는 1,000만 종의 생명체가 균형을 이루어 살아가고 있었다. 지금은 자본주의 산업문명으로 인해 급속하게 소멸되고 있다. 농업에서도 무분별한 외래종 유입과 새로운 품종의 보급으로 토종 씨앗이 소멸하고 전국적으로 획일적인 작물 몇 품종만이 보급 재배되고 있다. 자연히 생물다양성은 급속하게 감소하고 있으며 무분별한 농업생태계 파괴도 심화되고 있다. 더구나 경자유전耕者有田의 근본이 흔들리고 있다. 부동산 투기로 경작지를 매입하고 농사는 제대로 짓지 않아 실질적인 경작지가 소멸하고 있으며, 농촌과 산간의 경작지에는 태양광 설치가 점차 확대되고 있다. 이러한 생태계 파괴와 경작지의 소실은 인류의 생존을 위태롭게 할 것이다.

전통 육종 방식을 통해 전수된 토종 씨앗은 지역 및 기후 환경 특성에 따른 대응력뿐만 아니라 이를 다뤄온 농민들의 지식과 경험을 고스란히 간직한 식량권의 핵심 보고다. 이러한 토종 씨앗이 사라지기 시작한 것은 일제 강점기부터다. 일본은 한반도를 식량기지로 삼아 다수확을 목표로 종자 개량을 시작하는 한편, 자국민을 위해 일본종자를 한반도에 심었다. 대대손손 이어온 생명의 근본이자 민족의 '혼'인 '씨앗'의 명맥을 끊어내는 일. 민족말살정책을 추진하던 일본 제국주의 입장에서 어찌 보면 당연한 일이었으리라.

　1960년에는 유럽에서 '식물신품종보호를 위한 협약UPOV'이 시행됐다. 협약은 1991년 개정을 거쳐 식물신품종에 특허에 준하는 보호를 선언했다. 이후 1980년 미생물 특허를 시작으로 '하늘 아래 인간이 만든 모든 것'은 독점적 특허 대상이 됐다. 채종종자 대신 매년 종자를 사서 쓰는 방식이 광범위하게 퍼진 것도, 농진청에서 재래 종자 자원을 대대적으로 수집하기 시작한 것 또한 이 무렵이었다.

　토종의 소멸은 종자주권을 위협하고 나아가서 식량주권을 위협한다. 종자회사의 일회성 종자 판매와 농민들의 소득증대 의욕에 부응한 원예작물의 F1 품종 보급의 급격한 증가에 따라 종자의 주인이 농민으로부터 종자회사로 넘어갔다. 더욱이 IMF 이후 거대 종자회사의 인수 합병으로 몬산토를 흡수 합병한 바이엘과 같은 다국적 회사가 한국 종자시장의 70%를 점령하고 있다.

　2012년에 들어서자 식물품종보호제도가 전면 실시됨에 따라 농민들은 엄청난 종자비용을 지불하지 않으면 농사를 지을 수 없게 돼버렸으며, F1 종자로부터 종자를 받아도 싹이 트지 않는 터미네이터suicide seed종자 또는 자사의 특정 농약을 살포해야 발아되는 트레이터 종자를 생산하기까지 이르러, 종자주권이 농민의 손에서 종자회사로 넘어가 버렸다.

✳✳✳✳✳✳✳✳✳✳✳✳✳✳✳✳✳✳✳✳✳✳✳✳✳✳✳✳✳✳✳✳✳✳

일본과 미국으로 유출된 씨앗

일찍이 전 세계 식량을 지배하기 위해 미국, 일본을 비롯한 국제연구기관 학자들에 의하여 우리 씨앗들이 유출되었다. 식량작물의 경우, 일본은 1900년 초 한국 재래종 볍씨를 수집해 갔으며, 제2차 세계대전 시기에는 일본의 맥류연구가 다카하시 노보루高橋昇가 한반도 전역에서 쌀, 보리, 밀 등을 수집해갔다. 이때 수집한 씨앗은 일본에서 맥류의 전파에 관한 연구와 더불어 육종 재료로 이용했다. 이후 오카야마대학岡山大学의 유전자원 보존센터에 보존되었던 우리의 맥류는 1986년에 한국으로 역도입됐다.

미국은 1901~1976년 사이에 콩 5,496점을 수집해갔으며, 현재는 일리노이 대학에 2,294점이 보존되어 있다. 이 콩들은 미국에서 재배하는 콩의 근간을 이루었으며, 1987년 이후 농촌진흥청 종자은행에서 대부분 다시 도입해왔다

✳✳✳✳✳✳✳✳✳✳✳✳✳✳✳✳✳✳✳✳✳✳✳✳✳✳✳✳✳✳✳✳✳✳

씨앗을 지배하는 자가 식량을 지배한다

정부는 2006년 9월 '종자산업 발전 중장기 계획' 및 '세부 추진계획'을 통해 농민들의 씨앗 로열티 지출 부담을 줄이는 동시에 생명공학 육종을 집중 지원해 세계 5위권의 품종 개발 강국으로 도약하겠다는 방침을 발표했다. 이후 2009년에는 '신성장 동력산업으로서 2020 종자산업 육성대책'을 마련하고 연구개발을 위한 인력 양성과 유전자원 이용의 활성화

를 통해 2020년 종자 수출액 2억 달러를 달성하겠다는 계획도 세웠다.

정부의 정책 방향은 수출 위주의 종자정책보다 국내 농민에게 공급하는 종자의 자립과 더불어 종자와 연관된 전통지식의 발굴 및 활용을 더 적극적으로 추동해야 한다는 점을 짚고 있다. 그러나 지자체의 농업기술센터는 여전히 '다수확' 종자와 관행적 농업방식을 고집하고 있다. 매년 '반짝' 하고 사라져가는 특용이나, 과수 등 식량과는 거리가 먼 농가 지원, 경작지 축소를 유도하는 정책은 국민의 식량과 생명권에 위협이 될 수 있음을 숙고해야 할 것이다.

한국의 식량 자급률은 선진국의 최하위 수준인 21.7%로 쌀 82.5%, 서류감자. 고구마 등 95.4%, 콩 11.3%, 밀과 옥수수 0.7% 등에 그친다. 대부분을 수입에 의존하는 형편이다. 만약 우리 농업이 자립적 순환체계를 무시하고 종자와 식량 수출 산업 증대에만 목을 맨다면, '환금성 작물을 수출해 번 돈으로 식량을 사면 된다.'라고 생각했던 필리핀, 아이티, 브라질의 사례처럼 식량 폭동 및 기아 문제에 봉착하게 될지도 모른다.

토종 씨앗이 본격적으로 사라지기 시작한 시기는 한국의 농업환경이 바뀌고 도시 중심의 생활로 변하면서 상업농이 본격화된 1970~1980년대이다. 재래종의 소멸 속도는 대단히 빨라서 1985년~1993년 사이에 26% 정도의 재래종 작물만 남은 것으로 조사됐다. 1980년 이후 1990년까지 장려품종의 육성보급이 급속하게 증가함에 따라 1985년을 100%로 했을 때, 1993년에는 남아 있는 재래종들의 비율이 작물에 따라서

0~50% 정도로 급격히 감소했으며, 특히 원예작물은 더욱 심했다.

1992년 '리우 환경 협약'이 체결됐다. 토착민과 지역사회의 지식 및 전통적 관행의 역할과 이익을 인정하고 유전자원의 공정한 접근과 이익 공유를 골자로 한다. 1993년에는 생물다양성 협약이, 2014년에는 생명자원의 접근 및 이익 공유를 추구하는 '나고야 의정서'가 발효되었다. 이를 기점으로 비로소 관심을 가지기 시작했다.

토종씨드림은 2008년에 발족됐다. 정부가 사라져가는 토종 종자 보전에 손을 놓고 있던 시기에 국내 최초로 토종 종자 현지 보전과 활성화를 목표로 생긴 민간단체다. 토종씨드림은 전국을 돌며 소멸해가는 토종 씨앗을 조사·수집·보급했고, 각계각층의 관심과 지원을 촉구했다. 한편으로는 농진청 농업유전자원센터의 민간관리기관으로 수집한 종자의 기초 특성조사를 행하며 전국에 있는 회원들과 함께 자발적으로 증식·교육·보급·활성화 방안 등을 모색해왔다. 이러한 노력에 힘입어 현재 지자체에서는 토종 작물 육성사업의 일환으로 강원·충청·경남·제주 등지의 채종포 사업을 지원하고 있으며, 16가지 토종 작물 재배 농민을 대상으로 3,000평당 50만 원의 보조금을 지원하고 있다.

하지만 이외에 토종 종자를 보전하고 육성하기 위한 정책적 지원은 여전히 미미한 수준이다. 토종 종자 보전은 단편적이고 일시적인 정책으로는 결코 성사될 수 없다. 오직 자립적 농업체계가 '씨앗 → 재배 → 유통 → 건강한 음식 → 살림'의 건강한 순환을 이룰 때 가능한 일이다.

농민이 자유롭게 종자를 저장, 사용, 교환, 매매할 수 있는 환경이 갖춰지면 농민은 식량과 종자를 책임지고 자립을 도모할 것이며, 나아가 생물 다양성을 극대화하고 생태환경의 지속성을 강화해나갈 수 있게 될 것이다.

왜 생물다양성인가?

토지의 경작지 외의 사용이 늘고 휴경 없는 경작지의 집약적 사용은 생태계의 다양성을 감소시키는 원인으로 작용한다. 집약 농업은 수많은 작물을 감소시키고 이는 토양 생물 생태계의 다양성 감소로 이어진다. 결국 수많은 자연 천적의 소멸을 야기해 농업생물 다양성의 감소가 가속화되는 악순환에 이르게 된다. 토양과 식물의 영양 통로가 소실되는 것이다

생물학적 자원은 인간 경제활동에 직접적인 중요성을 갖는 생태적 요소이지만 생물학적 다양성은 인간 경제활동의 지속성을 가능하게 하는 원천이다. 따라서 종의 다양성을 보존하는 것은 인간사회의 안정성과 편익을 얻기 위한 사회적 가치로서 작용한다. 그러므로 생물학적 자원과 생물다양성 간의 균형을 갖추기란 상당히 어렵지만 반드시 이루어내야 할 일이다. 이는 농사체계에서 다년생 작물과 일년생 작물의 균형과 작물 간의 섞어짓기와 이어짓기 등을 전통적으로 해 온 이유이기도 하다.

그러나 현대농업은 에너지나 물질 흐름의 생태적 관점보다 경제적 관점을 우선적으로 평가한다. 따라서 단작을 선호하는데 다양성과 지속성이라는 생태적 가치를 완전히 무시하는 것이다. 단작 농업생태계는 기본적으로 가뭄, 홍수, 해충 증가, 침해 등에 취약해 지속적인 농업을 불가능하게 한다. 최근에는 식물의 다양성에 매개 역할을 하는 꿀벌도 사라지고 있다. 반대로 수정벌의 소멸을 가속화시키는 대추말벌 등이 대거 등장하고 있는데 이 또한 생태계의 다양성이 소멸되고 있다는 증거 중 하나이다.

생물 다양성을 유지하는 잡초, 곤충, 절지동물 조류는 생태 환경에 중요한 역할을 한다. 이는 경작지만의 문제로 머물지 않고 관목과 수목의 산림생태계와 필연적으로 연결된다. 그 결과 토양을 안정화하고 토양 침식을 조절하며 탄소를 격리하는 등 생태계 서비스를 향상시킬 수 있다. 뿐만 아니라 농업생물 다양성의 오락적, 문화적 역할을 인정함으로써 인간의 생명유지에 필요한 경제적 가치뿐만 아니라 미학적, 정서 치유적 가치도 포함한다. 농업 다양성은 물질적, 정신적 웰빙의 중요한 원천이라는 점을 명시해야 한다.

다양성과 지속성

재래종은 특정 지역에서 오랫동안 지속적해서 재배되거나 전통적 육종방식으로 개량된 것 또는 도입된 고정종을 모두 포함하며, 시대에 따라 흥망성쇠를 거듭된다. 지역 사람들의 삶과 문화에 얽혀 토착화된 종자이자 일반적으로는 토종이라고 불린다.

토종은 끊임없이 변화하고 환경에 적응한 결과이다. 오랜 세월 농경이 이루어지면서 대륙 간 이동과 사람들 사이에서의 이동 등 다양한 교류를 거쳤기 때문이다. 대륙적 관점에서 보면 화곡류인 밀, 보리, 벼, 수수 중에서 밀은 유럽의 주식으로, 벼는 아시아의 주식으로, 수수는 아프리카의 주식으로 정착했다. 엽채류는 주로 유럽이나 아프리카에서 발달해왔으며 아메리카는 서류나 과채류가 풍부하다. 국가별로 보자면 콩과 팥의 기원지인 중국과 한국에서는 여전히 콩팥이 주요 식량원으로 재배되고 있다. 밀은 중동지방에서 기원했지만 유럽을 넘어 전세계적으로 정착했다.

이처럼 각 국가와 민족단위, 지역단위, 농가단위로 자연생태계에서 대대로 살아온 사람들에 의해 또는 농민에 의해 재배와 이용을 거듭하여 선발되어 내려와 풍토에 잘 적응된 생명체를 가리키는 것이 '재래종'이다. 여기서의 '대대로'는 수천 수백 년, 가깝게는 수십 년을 의미한다.

콩과 팥은 한국이 원산지이며, 참깨, 들깨, 팥과 녹두, 콩, 보리를 품종 개량할 때는 한국 토종을 원종으로 한다. 재래종이 소멸해나가고 있는 가운데 그래도 전국적으로 토종 씨앗 조사수집에서 가장 많이 나온다.

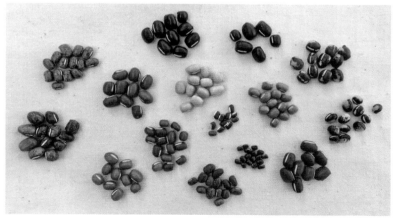

전국적으로 수집되는 다양한 콩(위)과 팥(아래)

감자는 해외에서 도입되었지만 한반도에서 재배된 지 100여 년이 지나 토착화된 재래종이 있으며 일부 강낭콩 품종도 해방 이후에 들어와 토착되었다. 최소 50년 이상 대물림된 종자를 근간으로 수집한다. 때로는 일제부터 재배해 3대를 대물림한 씨앗도 있는데 이에 얽힌 삶과 음식 문화가 함께 전해진다.

토종이냐 아니냐는 부모의 세대의 삶에 얽혀 있는 기억에 의존한다. 강낭콩과 동부는 최근 20년 사이에 해외에서 들어온 종자가 많다. 시장에서도 각종 다양한 동부와 강낭콩이 거래된다. 최소의 틈만 있으면 재배가 가능하며 손쉽게 먹을 수 있는 밥밑콩류나 울타리 강낭콩류는 전국적으로 급격하게 씨앗이 퍼졌다. 이런 경우는 재래종과 외래종을 가능하면 구별한다. 생김새만이 아니라 할머니들이 부르는 씨앗 이름으로도 구별이 가능하다.

울타리 강낭콩(광주)

그렇다면 농민에게 토종이 중요한 이유는 무엇일까? 바로 채종하지 않는 농사, 종자회사에서 품종 개발한 씨앗에 무조건적으로 의존하는 농사가 불합리하기 때문이다. 종묘 산업에선 일대잡종 품종들은 인공 교배로 생산된다. 때문에 종자 소요량에 비해 종자 생산량이 매우 많아 이익의 극대화를 꾀할 수 있는 토마토, 가지, 오이, 수박 등의 과채류에서 먼저 육종을 시작한다. 수없는 품종 개량을 거치며 경제성만을 극대화 한 종자를 만든 후에는 농가에 판매한다. 종자 산업이 급속하게 성장할수록 종자회사에 대한 씨앗 의존도는 높아지게 되며 결국은 토종 씨앗의 소멸과 함께 농부에게 관리되어 왔던 농부권이 소수 종자회사로 넘어가게 된다.

반면 농민에 의한, 농민을 위한, 농민의 씨앗은 지속해서 채종하여 고정하고 토종이 되어간다. 토종씨드림에서는 외래종 단호박이라도 15년 이상 재배하면서 형질의 변화를 일으키지 않고 맛도 좋으면 수집한다. 이는 단호박을 이용한 음식이 우리 삶 깊이 들어와 있으므로 지속가능한 씨앗을 확보하는 것이 중요하기 때문이다. 굳이 토종주의를 내세우지 않는다. 토착화된 종자가 있다면 이를 활용하는 편이 기후 변화에 대처하는 한 방법이기 때문이다. 씨앗을 다루는 주체인 농민들이 나서 보존할 때 오히려 씨앗의 다양성이 지켜질 수 있을 것이다.

씨앗은 우리 손 안에서 가장 소담하다(가지깨, 홍천)

미래를 향한
경고와 기대

물질과학 문명의 극점, 생명유전공학

교배를 통한 전통 육종방법이 유전적으로 비슷한 개체들을 교배시켜 우수한 특성을 가진 개체를 선발한다. 벼 품종 간에는 교잡이 되지만 보리와 벼, 벼와 밀 등 서로 거리가 먼 식물종 사이에서는 교잡이 이루어지지 않는다. 교배육종으로는 농작물에 다양한 유용한 유전자들의 도입이 불가능하다.

반면 생명공학적 방법은 육종가가 필요로 하는 소수의 특정 유전자를 선택적으로 형질전환시켜 유전정보를 변화시키는 기술이다. 어떤 종류의 생물체에서나 원하는 유전자를 추출하여 다른 개체에 그 유전자를 형질전환시킬 수 있는 것이 유전공학적 방법으로 벼, 옥수수, 콩, 면화 등 GM작물은 어떤 생물에서나 유용 유전자를 찾아 원하는 작물에 넣어줄 수 있기에 종의 한계를 뛰어넘는다.

콩은 2002년 이후로 미국, 중국 등 14개국 이상에서 전체 재배면적의 51%가 유전공학작물로 대체되었다. 2007년에는 23개국으로 늘었다. 유전공학작물 중 곡물로는 콩이 재배면적이 제일 넓고, 그다음은 옥수수, 면화, 유채 순이다. 하지만 유전공학작물은 인체와 생태계에 미치는 위해성이 있다. 가시적인 것으로는 유전자 이동성과 잡초화 가능성, 대사물질 조성, 새로운 병해충이나 저항성 생물체 탄생 등이 있다. 특히 보이지 않는 에너지 교란은 모든 지구 생명의 질서를 무너뜨려 인간에게 일찍이 경험한 적이 없는 상황으로 몰고 갈 것이라는 점 때문에 끊임없는 논란거리이다.

생명을 물질로서만 파악하고 있는 진보주의자들에게는 생명유전공학의 위험성이 눈에 보이는 형태로 드러나지 않는 한 안전하다고 주장하겠지만 만물은 에너지로 이루어진 것이라는 오래된 과학 양자물리학이 설득을 얻어가고 있는 시점에서 자연질서의 파괴는 수많은 눈에 보이지 않는 위협을 가져오고 있다. 이는 이미 수많은 고대 선인들도 강조해 왔다. "하늘에 곡식을 쌓아두어라. 그러면 구원을 받을 것이다.", "세상은 불로 망할 것이다."와 같이 끊임없는 물질적 욕망과 물질과학 문명에 바탕을 둔 미래를 경고한다. 어쩌면 코로나 바이러스와 같은 유행병과 예측할 수 없는 급격한 기후 변화 또한 물질문명의 전환을 요구하는 하늘의 마지막 경고일지도 모른다.

물질문명과 진보주의자를 향한 경고

인류의 정착 초기에는 우호적이고 협력적인 관계 속에서 식물을 다루었다. 식물도 살아있는 생명에너지로서 인간과 똑같이 생리학적 반응을 한다는 점을 간파한 것이다. 이것은 물과 식물의 파동을 연구한 여러 사례를 통해 증명되었다.

새로운 씨앗이 밭에 떨어지면 토착식물은 우호적이고 협력적 태도를 보이며 일정 자리를 양보한다. 이는 잡초나 작물의 성장을 보면 알 수 있다. 빈자리가 많으면 마음껏 자신의 모양을 갖고 뻗어가고 자리가 비좁으면 위로 뻗어간다. 넝쿨식물이 햇볕을 향해 넝쿨을 길게 뻗어나가는 것도 그와 같은 원리이다. 숲의 원리가 그러하다.

하지만 인간이 대지에 인위적이고 폭력적 방식으로 개입할 때는 식물은 자신의 방어를 위해 사력을 다하게 된다. 인간이 적대적인 감정을 드러내면 자신을 보호하기 위한 반응을 일으키는 것이다. 인간이 잡초라고 규정한 식물을 제거하기 위해 제초제나 살충제를 뿌릴 때, 식물은 우호적이고 협력적인 태도에서 벗어나 '질긴 생명력으로 주변을 점유하고 다른 식물을 위해하게 된다. 이는 식물만이 아니라 동물과 인간의 생존방식에도 적용된다. 경쟁의 원리란 이런 적대적인 관계로 전화할 때 생기는 생존방식이지 일상적인 방식이 아니라는 점이다.

곡물 농경의 역사는 인간이 점차 대지와 식물을 가혹하게 길들이는 폭력적 형태로 나타난다. 농경 도구의 사용에서 시작된 기계의 사용, 굴삭기와 트랙터 등 대형기계를 운용하는 대규모 단작 중심의 경작, 화학비료나 농약, 제초제 등의 무분별한 사용 모두 토양과 식물을 가혹하게 다룬다. 이러한 폭력을 인간의 신체로 비유하자면 살과 근육을 해체하는 작업과 같다. 더구나 다량의 화학적 농약과 제초제의 사용은 토양을 근거로 한 생태계를 산산이 부수어버려 자연의 질서를 완전히 파괴했다.

농경사회는 아들이 주도권을 쥐고 어머니대지를 범하는 것으로 비유한다. 고대 인류사회에서는 식물과 씨앗을 다루는 여성이 남자를 먹여 살리는 모계중심사회로 여성이 주도권을 가졌다. 그러나 곡물농경을 통해 가족 부양이 남자의 몫으로 변화했고 남자들의 힘을 이용한 공격적인 농사는 괭이와 같은 다양한 농사 도구의 발달과 맞물려 오늘날까지 이어졌다.

사냥은 다른 육식동물과 다를 바 없는 행동인지라 강제적인 힘이 수반되어도 자연의 이치를 거스르지 않는다. 그러나 농경은 힘으로 자연의 질서를 거스르지 않아야 한다. 때때로 농업은 자연을 강간하는 금기행위로 비유되기도 한다. 성경에서도 카인과 아벨의 사건을 통해 농업문명이 가져다 줄 저주받은 인류로 인간의 희생을 예견하고 있다. "땅은 너 때문에 저주 받았고, 너는 사는 동안 고통 속에서 땅을 부쳐 먹으리라."라는 창세기 구절이 있다. 프로메테우스 신화를 통해 프로메테우스가 곡식을 보관하고 있는 하늘에서 씨앗인 곡식과 불을 훔친 벌로 산에서 돌을 평생 굴리는 형벌을 받은 것 또한 같은 맥락에서 바라본다. 즉 씨앗으로서 곡물은 오래된 자본 축적으로 잉여생산물은 인간의 관심을 다른 곳에서 돌리면서 사회계층의 분화를 일으킨 원인으로 작용한다.

곡식을 재배한 순간 현재의 삶에서 미래가 편입되었고, 곡식 재배는 자연에 대한 인간 승리였다. 그렇게 인구가 폭발적으로 증가했고 경작 면적 확대와 인구 팽창은 가속화되었다. 문자의 발명, 상거래, 독재권력, 육체와 정신의 분리를 통한 물질주의 문명은 인류사를 생명 파괴라는 결과로 몰아가고 있다.

현대 과학 문명과 현대 농업은 물질주의 자본 문명이다. 생명을 적대와 경쟁을 통한 진화로 바라보는 다윈의 진화론은 물질주의와 진보주의를 확장하는 계기가 되어 정신은 비과학적인 것으로, 물질문명은 과학적인 것으로 이분화 시켰다. 자연을 철저히 도구화한 것이다. 이는 인간과 인간권력 중심의 세계관과 생명공학의 발달로 이어졌다. 정신을 배제한 물질주의적 관점은 무한한 인간 욕망을 실현하기 위해 지구 생명을 파괴한다. 이는 부메랑처럼 전 인류가 지구 위기로 몰아넣을 것이다.

농경 역사와 더불어 진보의 개념이 생겨났으니, 물질문명은 진보주의 역사관을 만들어 2021년 코로나 시대와 급변하는 기후 환경에도 불구하고 여전히 '성장'을 부르짖으며 진보 없는 역사와 역사 없는 진보가 있을 수 없다는 관점을 여실히 드러낸다. 소위 절대 미덕인 진보는 현재 전세계적으로 그에 합당한 대가 - 온난화와 냉대화의 가속, 바이러스,

지진, 기록적인 폭우, 방사능 유출 등 – 를 보이며 인류 생명을 위협하고 있다. 물질적 진보는 부정적이고 파괴적이며 우리를 파멸로 몰고 갈 수도 있다. 우리는 이 진리를 과연 얼마나 심각하게 받아들이고 있는지 돌아볼 때이다.

✶✶✶✶✶✶✶✶✶✶✶✶✶✶✶✶✶✶✶✶✶✶✶✶✶✶✶✶✶✶✶✶

식물도 살아 감정을 느낀다

식물은 식물 앞에서 끓는 물에 새우를 집어넣을 때나 붉은 피가 보일 때 반응한다. 식물은 감정을 느낄 뿐 아니라 그 감정을 기억까지 한다. 인간처럼. 식물의 감정 상태를 기계로 측정한 실험이 있었다. 한 학생에게 식물 앞에서 다른 식물을 짓밟게 하고 식물 앞을 지나게 했다. 짓밟는 사람이 지나갈 때는 바늘이 격렬하게 움직였고, 그렇지 않은 한 학생이 지나갈 때는 바늘이 움직이지 않았다고 한다. 잎에서 오라가 나와 진동하는 장면을 잡은 유명한 사진도 잘 알려져 있다. 또한 식물에게도 기억할 수 있는 능력이 있으며 식물 세포와 인간 신경 체계 사이에는 정보 전달자로서의 특별한 관련이 있으며 본질적으로 다른 세포 조직도 서로를 이해할 수 있다.

식물도 동물과 다르지 않는 반응을 보인다. 동물에 비해 원시적인 구조를 가진 식물이지만 훨씬 복잡한 구조를 가지고 있는 동물과 똑같이 반응을 한다. 식물은 동물처럼 별도의 장기 없이 호흡하고 소화하고 근육 없이 움직인다. 식물도 호흡하고 소화 작용을 하며 세포핵 안에 스스로 관장할 수 있는 프로그램을 지니고 있다. 사실 기관이라는 것도 세포들이 모여 이루어진 것으로 세포들은 각기 특별한 업무를 수행한다. 이는 식물이든 동물이든 자연은 다양하지만 근본적으로 단일하다는 것을 입증한다. 우리는 식물이 동물보다 배고픔이나 목마름을 덜 느낀다고 믿는가? 식물은 후각이나 시각 청각이 아닌 다른 감각에 따른다. 식물은 인간 감각을 뛰어넘는 초감각적 존재이다. 식물을 잘 다루는 농부는 식물의 욕구를 잘 파악하는 직관력을 가지고 있다. 농부의 깊은 이해가 식물에게 전달되고 식물이 느끼는 만족감과 일종의 고마움을 농부에게 어떤 방식으로든 표현한다. 식물과 농부 사이의 밀접한 관계는 식물의 개체가 우리와 다르지 않음을 보여준다. 식물과 인간은 같은 뿌리에서 나왔다는 것을 믿을 수 있을까?

물질주의와 진보주의에는 행복이 없다

'역사란 진보이며 진보와 행복은 본질적으로 양립할 수 없다'라는 말이 있다. 행복이란 현재 가진 것으로 만족하는 속성이다. 현재의 만족을 미래로 이행함으로써 행복을 포기한다.

경작지는 공동 소유였다가 개인 소유로 바뀌었고 국경이 생겼다. 시간이나 공간과 마찬가지로 식물들도 점차 인간의 소유물로 세속화된다. 식물은 이제 유용한 작물과 잡초로 구별된다. 그중에서도 인간의 소유물로 삼는 대표적인 식물은 곡물이다. 곡물은 자연 그대도 얻어진 것이 없다. 모든 곡물은 인간이 지속적해서 교배해 변형시켜 얻어낸 것이다. 인위적인 환경을 벗어나서는 살지 못하는 개체로 진화되었으며 현대기술과 접목된 GMO 곡물까지 만들게 되었다. '날이 갈수록 진보한다'라는 말은 결국 인간과 생태계에 치명적인 과오를 저지르는 것과 같다. 진보를 찬양하는 자들은 물질적인 세상이 전부라는 관점을 가지고 있다. 물질적인 세상의 관점은 인간이 유일한 주체가. 그래서 인간은 모든 것 위에 군림하여 아무런 거리낌 없이 욕망을 채워나가는 것이다.

멘델의 유전법칙과 드브리스의 돌연변이 이론은 식물의 '품종 개량'에 적극적으로 달려들도록 만들었다. 품종 개량은 대부분 생산성만을 강조한 결과물이며 생산성만을 강조하면 반드시 장기적인 이익에 반하는 일들이 생기게 마련이다. 꽃과 과일의 크기를 지나치게 강조하면 향기와 맛이 감소된다. 향미가 떨어진 대신 아주 보기 좋고 장기간 보관이 용이함을 선전하는데, 이에 혹하지 말고 사실을 적시해야 한다. 창고에 보관하는 동안 포식자들의 접근을 막기 위해 수은을 포함한 유기 화학물질로 종자를 처리하기 때문이다. 항균성 디페닐을 쏘인 레몬, 농약을 듬뿍 친 오렌지, 이런 농산물들이 우리의 양식으로 매일 밥상에 올라오는 것이다.

따라서 진보란 쇠락을 의미한다. 인간과 자연의 관계가 천천히 악화되다가 점점 가속도가 붙어 급속도로 파멸에 이르게 될 것이다. 인간은 자연을 노예로 만들기 위해 안간힘을 쓴다. 인간이 자연의 일부라면 지속적으로 살아가기 위해 생명 그대로 사랑하지는 않더라도 적어도 존중해야 한다.

지구 전체의 식물의 종류는 80만 종인데 지금은 20만 종만 파악되고 있다. 우리 조상들은 식물 수천 종을 알고 있지만, 지금은 고작 수백 종만 존재한다. 당연히 겨우 수백 종만을 활용 가능한 것이다. 생태계 위기는 인간 생명의 위기와 맥을 같이 하고 있음을 부인할 수 없다. 따라서 인간의 행복을 위해서라면 인류의 관점인 물질적 진보주의에서 벗어나야 한다. 생물진화는 진보주의가 아닌 환경에 적응하는 과정에서 일어나는 자연스러운 과정으로 축소해야 한다.

토종 씨앗의 물질성 탈피하기

앞서 '토종 씨앗의 중요성과 가치'에 대하여 누구나 동의한다고 얘기했다. 현행 국가와 종자산업적 측면에서 보자면 개량육종의 원종으로서의 가치를 토종 씨앗의 중요성으로 인식한다. 앞으로 펼쳐질 바이오산업에서는 토종 자원의 가치가 부각될 것이다. 이를 나는 관행적이고 제도적 관점에서 본 가치라고 부르겠다.

농민이나 각 진보단체에서는 식량 주권으로서의 종자주권을 말한다. 이는 협의적 가치라고 부르겠다. 식량으로서 종자는 떼려야 뗄 수 없는 가치이기 때문이다. 종자 수출을 염두에 둔 종자 산업보다 '주권'에 초점을 맞추었다는 점에서 진보적이다.

여기에 만족하지 말고 농부권이 추가로 언급되어야 한다. 토종씨드림에서는 농부의 권리로서 씨앗을 다루고 관리하고 씨앗의 공유권을 농부권이라 말한다. 야생에서 시작된 작물 씨앗 그 자체를 자연권으로서 바라보고 전통적 육종 과정 속에서 농부의 씨앗 관리에 초점을 두었다. 한편으로는 '씨앗'을 특정 개인과 집단에 배타적 소유권으로 전락해서는 안 된다는 관점을 갖는다. 특히 자연에서 나타날 수 없는 인위적 교배기술에 반대하며 생태순환적 관점의 농부권에 방점을 찍고 있다.

더불어 토종 씨앗의 중요성은 '토종주의'와 '순계주의'에 얽매이지 않도록 경계해야 한다. 이는 생물다양성과 생명의 지속성에 기반을 두고 개량된 씨앗이라도 씨앗을 계속 받을 수 있는 것이라면 씨앗의 생명본능으로 인해 원종을 찾아갈 수 있다는 LMO종자에 대한 대안으로서 중요성을 지닌다. 이는 오로지 씨앗이라는 물질, 자연이라는 물질. 생태순환이라는 물질적 측면에서만 최대한의 가치이다.

하지만 여기서 끝날 수 없다. 농사의 역사를 간략히 언급하면서 씨앗을 다루었던 사람들과 모계사회 등 정치사회에 대한 언급이 있었듯이 씨앗은 단순히 물질적인 씨앗에 머물 수 없기 때문이다. 시드 로드는 물질적인 씨앗에 대한 여정과 시간을 다루었지만 씨앗이 포괄하는 미래, 오래된 미래는 이제 '삶으로서 씨앗 운동'으로 전화하는 새로운 문명에 도달해야 할 것이다.

새로운
문명으로의
전화

고정관념이 사라지다

요즘 채종을 하며 농사를 짓는 이들을 보면 여성과 남성의 구별이 없다. 나의 주변만 보더라도 여성이 벼 등 곡물 농사와 더불어 각종 다양한 농사를 짓고 있다. 특히 최근에 귀농 교육을 가면 여성들이 70%이상이다. 특히 젊은 여성들이 생태적 삶을 찾는다. 도시에서는 남성들이 양육과 가사를 전담하기도 한다. 전주에 사는 토종씨드림 운영위원 김석기씨는 부인이 회사에 다니고 자신은 양육과 가사를 돌보며 틈틈이 자신의 집필활동을 이어가고 있다. 은은가에 오는 삼십 대 귀농인은 씨앗부터 채종, 호미농사, 밥하기 등 살림 전반에 적극적이다. 결과적으로 '씨앗과 여성'만을 유일한 틀로 짤 필요가 없다는 뜻이다.

초기 인류사회에서 여성이 씨앗을 다루었다고 밝힌 것은 경쟁과 물질 진보주의에 반한 생명 살림의 중요성을 강조한 것일 뿐이다. 실제로 토종농부 남성들이나 생태적 귀농을 한 사람들은 물질적 진보주의와 현대 농업을 거부하고 자연 친화적인 생태적 삶과 자립적 정신을 가지고 있어 성적 역할 분담을 고정시키지 않는다. 젊은 세대도 서로를 존중하고 배려하는 것을 가장 큰 미덕으로 삼고, 폭력적이고 권위적인 모습을 가장 싫어한다. 연애에서도 가스라이팅과 가부장적 관계를 단호히 거절한다. 비견한 예로 쪼그리고 농사를 짓지 못한다는 남성에 대한 고정관념은 살아오면서 남자대장부는 '쪼그리는 것이 아니다', '작은 것에 연연하지 마라' 등 '대장부다운', '남성스러운'과 같은 용어로 성별을 굳이 분리해 왔던 가정과 학교 교육과 일상의 삶 속에서 교육되고 강요받은 것이다.

몸이란 익숙해지기 마련이다. sensitive민감한, 예민한, 감성적인, sensible분별력있는, 이성적인. 이 두 단어가 마치 여성과 남성으로 대별된다고 보는 것은 학습된 고정관념이 만들어낸다. '우렁찬 목소리'를 '남성다움'이자 자립적 여성의 상징으로 칭송하는 것 또한 여성적 속박에서 빠져나오기 위한 인위적인 의식과 태도이다. 긴 물질문명의 역사 속에서는 이분법적인 잣대로 작용될 뿐이다.

실은, 몸과 마음에 대해 민감하고 예민할수록 자연과 교감하며, 보이지 않는 것을 볼 수 있으며, 에너지로 이루어진 세상을 경험하고, 자신을 성찰할 수 있다. 겸허할수록 목소리는 차분하고 세심하다. 타인을 배려고 공감력이 뛰어날수록 차분하다. 그러므로 전 인류에게 소위 sensitive와 sensible을 권장하는 것은 생태적 관점과 평화를 갈망하는 사회로의 변화를 요구하는 것과 통한다. 남성다움과 여성다움을 구분하며 우열을 가리는 것이 아니다. 이러한 이분법적인 사고와 폭력적이고 권위적인 행태, 배타적이고 독점적 소유를 점차로 소멸시켜 나가야 한다.

실제로 오늘날 한국사회는 경제사회적 변화로 인해 홀로 사는 여성과 남성이 많아지고 있다. 홀로 사는 남성은 자신이 살림을 하는 방법을 알아야 살아간다. 여성들은 자신이 직접 모든 것을 다룰 줄 알아야 한다. 특히 타인의 서비스를 받기 힘든 농촌의 독신에게는 더 많은 능력이 요구된다.

나 또한 그렇게 자립적으로 살아왔다. 하지만 홀홀 단신으로 모든 일을 해나가는 것은 아니다. 생각을 같이 하는 사람들과 네트워크를 이루어 종종 서로 돕고 살아가고 있다. 나에게는 식구가 있다. 젊은 친구와 농사를 같이 짓고 삶을 같이 나눈다. 나이로 보면 엄마와 딸이라고 봐도 무방한 관계이지만 나는 젊은 친구와 동지로서 지낸다. 선생과 제자면서 동반자이다. 식구다. 서로 혈연으로 얽혀있는 가족관계를 교류한다. 반드시 사회의 최소단위라고 한 가족이 혈연이어야 할 이유가 없다.

나는 이들을 '식구' 또는 '은은가 가족'이라고 한다. 나 또한 은은가의 일가를 이루고 있다. 많은 사람들이 오가면서 서로 돕고 서로 지혜를 나눈다. 재산적 소유권이 있을 수 있지만 소유를 앞세우지 않는다. 단지 할머니로서 큰 어른으로서의 '나'가 있다. 예부터 할머니는 자연과 사람들의 대물림 속에서 전해진 지혜를 가진 식물학자이자 치유사이며 따뜻한 공동체를 이끄는 지도자이다. 나는 은은가의 할머다. 독신이지만 여럿이 함께 어우러져 살아가는 상대방의 자연의 마음을 담아가며 하늘 모든 생명체과 소통하며 살아가는 공동체이다.

왜 '퍼머컬쳐'에 열광할까?

퍼머컬쳐Permaculture를 한국말로 번역하면 '지속적인 농업'을 말한다. '영원한, 영구적인'이란 뜻의 퍼머넌트permanent와 농업을 뜻하는 어그리컬쳐agriculture로 만든 합성어이다. 유럽에서 들어온 개념으로 귀농귀촌한 사람들이나 특히 젊은이들이 퍼머컬쳐에 열광한다. 여기저기에서 퍼머컬쳐를 수용한다지만 결국 디자인 매뉴얼을 배울 뿐이다. 유럽에 가서 배우고, 일본에 가서는 자연농을 탐색하고 온다. 자연농을 배우고 온 사람들은 자연농주의에 빠진다. 이상하다. 자연농과 퍼머컬쳐는 지금까지 한반도에서 면면히 이루어져온 전통적 농사였을 터인데 한국의 사례를 뒤져보지 않는다.

한국의 퍼머컬쳐는 전통농업과 생태적 자립의 삶이다. 토종 씨앗부터 삶에 이르기까지 자연농과 퍼머컬쳐의 사례는 많다. 영어로 번역하면 코리안 퍼머컬쳐이며, 전통적 농업과 생활이다. 영어로 쓰니 뭔가 새롭고 진보적인 것 같고, 한국어로 쓰니 뭐가 고리타분한 것 같고 보수적인 것 같아서 그런지 모르겠다.

광주에 있는 '삶디청소년학교'에 갔더니 텃밭이 퍼머컬쳐 교육을 받고 만든 텃밭이란다. 예쁘게 밭을 디자인해 놓았다. 허브와 토종 작물을 심었고 사람이 다니는 곳에는 야자매트를 깔아놓았다. 혼작이다. 예쁜 정원과 같았다. '밭은 싫은데 정원은 좋다'라는 생각에 사로잡은 결과일까? 밭 '노가다'를 해야 할 것 같지만 정원은 가꾸면 될 것 같다는 고정관념이 앞선 것은 아닐까? 밭에는 '가꾸다'라는 말을 하지 않는다. '기르다'라고 표현할 뿐이다. 하지만 꽃은, 화분은, 정원은 가꾼다고 한다. 가꾸는 것은 조그맣고 예쁜 이미지를 준다. 힘든 노동과 흐르는 땀의 이미지가 없다. 그래서 젊은 친구들이 퍼머컬쳐를 좋아하나 보다, 라고 나는 이해해 본다.

'텃밭 정원'은 실상 말이 이중적으로 사용된 꼴이다. 텃밭은 우리나라 말이고 정원은 외국에서 들어온 개념이니 말이다. 텃밭에는 밭작물만 있는 것 같고 정원에는 꽃이 있는 것 같은가? 씨갑시 할머니들의 텃밭에는 작물들이 가득하고 그들의 마당에는 꽃이 즐비하다. 꽃과 작물이 함께 있으니 텃밭정원이다. 퍼머컬쳐는 디자인을 배운다. 밭모양을 그리고 식물 배치를 배운다. 하지만 전통적으로 할머니의 텃밭은 궁합이 잘 맞게 섞어짓기가 되어있다. 단 관상만을 위한 꽃은 없다. 채마밭은 채종을 위해 꽃을 피우는데 토종 작물이 피워낸 꽃이 형형색색 어우러지므로 꽃밭을 따로 둘 이유가 없다. 할머니들의 밭에는 토종 허브도 많다. 방아, 들깨, 자소 등 향이 있는 것들이 자란다. 물론 허브 종류는 서양에 더 많다. 대신 우리는 허브류가 대체로 산과 들에 야생으로 있다. 서양 정원이 약용 식물을 비롯한 다양한 식물을 가꾸는 원예 정원이라면 동양 정원은 노니는 개념으로 나무와 물 연못이 있는 곳을 말한다. 모두 일장일단이 있다.

우리의 전통 농업이 일본과 서양의 자본주의에 침탈을 받아서 변한 것처럼 현재의 농업도 서양에 의한 자연농이나 퍼머컬쳐에 너무 열광하는 것이 아닌가 싶다. 그러니 제발 서양식 자연농이나 퍼머컬쳐니 하는 것에 너무 매달리지 않았으면 좋겠다. 그렇다고 전통적인 할머니 텃밭이 절대적 모범이라고 나는 말하지 않겠다. 요즘은 다양한 작물이 심겨진 텃밭이 보기에도 좋다면 괜찮다. 굳이 영어로 표현한다면 '코리안 퍼머컬쳐'라고 하면 어떨지 생각해본다.

나의 은은가 밭은 다락논 수십 개로 이루어져 있다. 손바닥만 한 밭부터 삼백 평이 넘는 밭까지 수백 년 전에 이 땅의 주인들이 가족과 함께 손으로 밭을 만든 흔적이 고스란히 남아있다.

일 년에 수백 종의 토종이 심겨져 채종되고 전국에 나눠진다. 예쁜 목화 밭, 구절초 밭, 결명자 밭, 단수수길, 당귀 밭, 맨드라미와 봉숭아 밭, 닥풀 등이 여기저기 군락을 이루고 있다. 감나무와 더불어 일 년에 수백 종의 식량 작물과 원예 작물, 약용 작물들이 자라고 있다. 꽃과 잎을 따서 차를 만들고 열매를 먹고 약을 만든다. 생활에 필요한 모든 것들이 자란다. 그래서 예쁘다.

작은 웅덩이에는 부들이 자라고 연이 자란다. 손바닥만 한 논에는 보랏빛 벼이삭이 자란다. 바위돌이 있고 감나무가 있다. 수백 년 동안 이어져온 은은가 밭에서 옛날 그대로 모두 손으로 농사를 짓는다. 천연농약도 비닐도 야자매트도 없다. 그냥 사람의 손길이 있고 수백 종의 식물과 곤충, 수많은 토양생태생물들이 어우러져 있는 곳이다. 이것이 바로 한국형 퍼머컬쳐다. 이만하면 자연농과 한국형 퍼머컬쳐의 모범이 아닌가.

만물의 뿌리는 씨앗 하나

"우주가 창조된 순간부터 인류는 이 땅에 살고 있었다. 그때는 무엇 하나 부족함이 없고 고통이나 죽음조차 없는 행복한 세상이었다지." 인도 창조 신화에 의하면 대지의 여신 프리티비는 자신의 몸 위에 수많은 생명체를 올려놓고 행복을 누리게 했으며 그녀가 대지 위에 뿌린 우유는 식물의 씨앗이 되어 생명을 번창하게 했다. 이러한 세계관은 원시 불교에 스며들었고, 중국을 거쳐 한국과 일본에까지 큰 영향을 주었다.

지장地藏 보살은 고대 인도의 지모신地母神으로 대지의 자궁을 의미하는 산스크리트어 크시티가르바Ksiti garbha를 한자로 의역한 것이다. 원래 대지의 신은 만물의 생육을 관장하며 쉼 없이 중생을 구제한다. 석가모니와 관련된 이야기도 있는데 "자네가 가져온 꽃 덕분에 반란군을 모두 진압할 수 있게 되었네. 무엇이든 소원을 말해보게."라고 하늘을 지배하는 천자가 문자, 석가는 "콩, 팥, 녹두, 동부, 메밀, 오곡의 씨앗을 주시옵소서."라고 대답했다고 전한다.

제주도의 민간 신화 〈세경본풀이〉에는 자청비라는 독특한 신이 나온다. 보통 대지와 농업의 신은 하늘에서 내려와 땅을 창조하고 인간에게 농사 기술을 전해주는데 자청비는 인간의 몸으로 태어나 대지의 딸이 되고, 스스로 성장하여 하늘의 문제까지 해결한 뒤 생명과 풍요를 관장하는 신이 된다. 이는 사랑을 찾아 모든 고난을 감내한 의지가 그것을 가능하게 했다고 전한다.

인도인들은 화장터에서 재를 온몸에 바르고 수행하는 이유는 우주의 순수성은 재로 완성되며 사람들의 죄를 벗고 생명체를 일으키는 '재'에 나의 씨앗을 놓아둔다는 시바의 말을 인용한다. 이렇듯 식물의 씨앗이 어떻게 인류에게 중대한 역할을 했는지, 인간과 상호작용을 해왔는지 보여준다. 즉 하나의 뿌리란 거대한 생명을 함유한 씨앗을 말하며, 인류의 역사는 씨앗이 수많은 생명의 씨앗을 낳는 것임을 알 수 있다.

덕분에 인류 초기에는 근심 없이 살았을 것이다. 자연은 인간이 원하는 것을 제공했으며 인간은 자연이 주는 대로 평화로운 삶을 살았다. 인간은 땅에 넘치고 넘치는 식물을 섭취하며 자연의 질서에 순응하면서 식물의 위대한 에너지를 섭취했다. 온 땅 위에서 씨를 맺는 모든 풀과 씨 있는 모든 과일 나무를 먹고 양식으로 살았다. 씨앗을 먹고 씨앗을 내어주는 자연 속에서 평화롭게 살던 인간은 신과 인간이 분리되지 않고 살아갈 수 있었다. "내 안에 신이 있다."라는 최제우의 말처럼 하늘과 자연의 흐름을 거슬리지 않고 살아갔다. 세상의 모든 신화에서는 씨앗은 불멸의 상징이며, 생명의 불멸성을 말한다.

그러나 인간이 자연을 정복하려고 하자 인간의 생명은 위태롭고 불안하며 생로병사와 희로애락애오욕의 고통을 마주하게 되었다. 자연에 순응하는 삶은 기후에 순응하는 삶이다. 인간이 살만한 곳을 찾아 떠나는 삶이 인간의 삶이었다. 그러나 동물처럼 이동하는 삶을 살고 싶지 않은 인간은 비옥한 토양과 알맞은 기후가 있는 곳에서 정착하면서 인간문명은 시작되었으며, 정착은 땅을 탐하는 역사, 즉 농업의 역사를 통해 자연 중심에서 인간 중심의 역사, 자연을 짓밟기 시작했다.

농업 문명이 번창해진 지구의 문명은 전쟁과 억압, 약탈과 파괴, 질병이 만연하게 되었다. 문명발달은 통합적인 자연을 분리하여 공유의 자산인 자연을 소유로 인간을 분리하여 생명의 생살여탈권을 쥐고 흔드는 인간사회를 만들었다. 이는 곧 식물을 약탈하고 인간 안에 있는 신을 부정하면서 모든 것을 물질화, 대상화하는 과정이다. 결국 살아있는 생명을 물질화하고 소유함으로써 인간의 문명은 극에 달했으며 파괴된 자연은 각종 재해와 기후 변화, 바이러스 질병을 일으켜 자연이 스스로 자연질서를 재편성하는 시대에 도래했다.

그럼에도 불구하고 자연생명의 시작과 끝인 씨앗은 우리에게 희망을 가져준다. 물질화된 씨앗, 자연의 질서를 무너뜨리는 씨앗이 출현하지만 그래도 아직도 지구를 덮고 있는 토양식물이 현격히 줄었지만 식물의 기운을 찾을 수 있는 불멸의 씨앗이 남았다. 토양이 있는 한, 씨앗은 남아 있으며 자연에 순응하며 살아가려는 씨앗이 있는 한, 자연의 격노에도 생명을 지켜낼 수 있을 것이다. 인간의 손을 많이 타 자멸할 것 같은 작물씨앗도 씨앗의 생명성, 회귀 본능을 발현한다. 그래서 자각한 한 사람 한 사람이 소중하다. 자연을 착취하는 인간 문명의 때를 하나씩 하나씩 벗어나는 삶을 사는 사람들이 씨앗을 이루는 일이다.

씨앗은 우주의 기억으로 현재의 삶을 산다

작물은 인간의 손을 거쳐 야생에서 멀어져 간다. 하지만 야생성은 기억하고 있다. 가축화된 동물도 야생의 본능을 가지고 있다. 특정 환경에 닿으면 야생적 본능이 펼쳐진다. 전통적 육종 방식이 바로 야생성을 고스란히 담고 있는 작물이다.

계통을 추적하는 일이 그러하다. 원원종 원종 등 거듭되는 작물 개량은 자연의 원리에 따르는 것으로부터 자생성을 소멸시켜 나간다. 선발이나 교배로 육종된 작물 개량이 토착화되어 대대로 생명의 연속성을 지니지만 때로는 수십 년, 수백 년을 거치면 자연교잡과 환경에 의해 형질이 변하기도 한다. 하지만 대대로 내려온 씨앗은 거쳐 온 환경을 기억하고 있어 어떤 특정한 환경에 맞닿으면 발현된다.

　야생과 작물이 공존하는 콩류가 그러하다. 검정콩부터 흰콩에 이르기까지 색깔과 형태 그리고 맛에 모든 가능성을 가지고 있다. 고추도 F1 종자야 균일하지만 시간이 흐르면 수많은 형태와 맛이 나온다. 언제든지 그들은 같은 과의 형질이 드러날 준비가 돼 있는 것이다. 어떠한 작물 형질 속에는 지금까지 살아왔던 것을 고스란히 기억되어 있다. 생명은 현재의 삶을 최선을 다해서 살면서 과거에 있던 모든 것을 현재로 드러낸다. 형형색색인 현재의 모습이 다양한 품종으로 고정되는 것이 또한 그러하다. 서로 교감하며 서로 닮아가고 서로 밀쳐내기도 한다.

　씨앗 에너지는 우주와의 교신을 통해 살아간다. 상추밭에 뱀이 없듯이 상추의 에너지는 뱀이 어슬렁거리지 못하게 한다. 인간에 시선에는 상추가 한없이 연약하고 뱀이 한없이 교활할 것 같지만 그것은 어디까지나 인간이 만들어낸 고정관념일 뿐이다. 사백 년을 살아온 느티나무는 몸통이 텅 비어 시멘트로 몸통을 채웠지만 여름이면 풍성한 가지와 잎을 드리운다. 수백 년을 산 느티나무는 수백 년의 환경을 담아왔으니 그가 뿜어내는 에너지는 그 얼마나 평온할 것인가? 화순에 천년이 된 은행나무 근처에 가면 그 기운을 고스란히 느끼게 된다. 수만 년, 수억 년을 살아온 광석처럼 수백억 년을 거쳐 순환되어 왔던 흙처럼, 공기처럼, 물처럼 자연 만물의 에너지는 서로 교신하면서 현재를 이루고 있다. 우리가 살고 있는 시간과 공간은 허상일 뿐이다. 오로지 영원한 현재의 숨결만이 있을 뿐이다.

맺음말

씨앗, '너는 나다'

　나는 자본주의 상품사회에서 자유롭고 살고 싶어 귀농했다. 도시에서 나를 상품으로 팔지 않는 길은 자립 농부가 되는 길이었다. 귀농한 지 19년째. 무엇보다도 내가 자유롭게 살아가는 것은 아침에 출근하기 위해 일찍 일어나지 않아도 된다는 것이다. 바깥 활동이 없고 은은가에서 농사를 지을 때는 수면시간을 내 마음대로 할 수 있다는 것이다. 몸이 쉬고 싶으면 쉬면 된다. 농사에 대한 결과물은 내가 고스란히 안으면 되는 일이다. 누군가에게 불만을 들을 일도 없고, 사정할 일도 없다. 휴가계를 쓸 필요도 없다. 은은가는 나의 세상이다.

　농사란 제철이 있기에 농사일이 쉴 겨를이 없을 때도 많다. 몸이 힘들 때도 있지만 마음만 비우면 된다. 어차피 내가 대가를 치르면 된다. 예초기를 열심히 돌려도 돌아서면 풀이 자랄 때, 작물이 큰 피해만 없다면 그래도 숨을 돌릴 수 있다. 한 번은 순천에 사는 영이가 낮에 손가락 인대를 다쳐 풀들을 하릴없이 바라만 봐야 할 때 "도를 잘 닦아 봐"라고 했더니 정말 숙경이와 영이는 도를 닦았다고 한다. "적게 먹으면 되지"라지만 농부의 마음이 그리 편하지는 않다.

　팔순 할머니들이 아픈 몸을 이끌고 밭에 나가는 것도 도를 닦지 못해서가 아니라 평생을 농부로 살아온 몸의 습관 때문이다. 몸져누울 정도가 아니면 차라리 밭에서 땀 흘리며 일하면 몸이 개운해진다. 에너지가 완전히 고갈되는 것이 아니라면 몸을 움직이는 것이 몸과 정신에 이롭다. 이는 암 환자가 병실에 누워만 있으면 병색이 깊어지지만, 오히려 몸을 움직이며 운동하면 암을 이겨낼 수 있다는 치유 방식과 원리가 같다. 몸은 움직일수록 건강해진다. 물론 농사가 운동과 같지는 않지만.

"토종 씨앗 운동은 왜 하나요?" 그때도 똑같은 말을 했다. "자유롭게 살려구요." 내게는 귀농도 씨앗 운동도 자유롭게 살려는 이유다. 자유로운 영혼. 난 20대부터 선배와 동료들에게 자유로운 영혼이라고 불렸다. 자본주의 상품사회에서 '자유'를 위해 농부가 되었고, '내면의 자유'를 위해 씨앗 운동을 한다. 마침내 그토록 말하던 '자유'는 내 안에 있다는 것을 경험했다. 하나의 건강한 씨앗으로, 때로는 불편한 씨앗일지언정 이 생애는 실컷 놀다가 갈 곳이다.

마음의 평화와 평온을 지속하면 건강은 흔들림이 없다. 이를 몸으로 체득하면서 진정한 자립인간으로 거듭나고 있다. 이는 새로운 발견이 아니라 고대로부터 전해온 선인들의 지혜이다. 동양사상, 서양사상, 인도사상 등 세계 철학에서 한의학, 샤머니즘, 아유르베다에 이르기까지 내가 우주며 신이며 '완전하고 온전한 씨앗'임을 강조한다. 실생활부터 우주과학에 이르기까지 양자물리학을 통해 증명되고 실현되는 것들이다.

修身齊家治國平天下 수신제가치국평천하. 나로부터 시작하는 것이다. 씨앗철학에서 '내가 변하지 않으면 세상은 변하지 않는다고 했다. 씨앗은 환경에 순응하며 내재된 힘을 한껏 펼친다. 내가 변하면 세상이 변한다. 이 책은 물질로서 대상화된 관점으로 씨앗을 바라보았던 물질문명이 자연질서와 생태계를 파괴하고 인간의 생명을 위기에 몰아 넣었다는 점에 주목하며 씨앗의 여정과 시간을 통해 전통적인 삶으로써의 씨앗을 조망했다. 즉 토종 씨앗 운동은 만물의 뿌리가 하나이며 내가 씨앗이라는 것을, 사회 · 정치 · 경제 · 문화 등 모든 영역에서 다양성과 지속성의 가치를 실현하는 것이다. 씨앗에서 시작하고 씨앗으로 끝나는 끊임없는 씨앗의 여정처럼, 죽음은 삶의 일부분임을, '나'라는 씨앗이 만물의 뿌리며, 만물 '너는 나다'이며, 나의 말씨와 글씨와 마음씨가 씨앗이 된다는 것을 깨닫는다. 세상은 온통 '온전한 씨앗'으로 이루어진 것이다.

부록

씨앗의 지속성과
다양성, 농부권을 위해

　세계 주요 작물의 재배면적을 보면 콩 1억 2,460만ha, 유채 3,650만 ha, 면화가 3,350만ha이다. 또 GMO시장 규모도 2017년 214억 달러로 2000년 이후 연평균 7.6%의 성장세를 보이고 있다. 1930년대 교배종 옥수수품종 개발로 작은 종자기업이 탄생 하였고, 1970년대 종자에 대한 특허권이 부여되자 종자기업이 활발하게 설립되었다. 또한 1980년 GMO 종자 개발이 시작되면서 농화학기업이 공격적 투자와 인수합병을 통해 다국적 종자기업이 전세계 종자를 지배하게 되었다. 국내 종자업 현황으로는 2017년 종자업체는 1,539개로 과수가 464개, 산림 348개, 채소 226 화훼 187 특용,사료 163개 버섯 85개 식량 66개의 종자업체가 있다. 한편 국내 바이오업체는 해외 유전자원 의존도가 높다.

　국가차원에서의 토종 종자 수집 및 보존 현황을 살펴보자. 농진청은 1985년 전국적으로 1,731명 농촌지도소 지도원이 참여하여 전국 각지 10,733점이 수집했다. 특히 1985년에 충주댐 수몰 지구와 1992년 안동댐 수몰 지구에서 수집한 재래종은 지역의 영구적 소멸로 인한 지역 재래종의 소멸은 토종 종자 수집 및 보존에서 매우 중요한 의미를 갖는다. 이는 현재 국립농업과학원의 유전자원센터에 보관이 되었으며, 이후 재래종 특성조사를 실시하여 작물별 특성집을 발간하는 계기가 되었다.

또한 1990년에 미국의 ARS로부터 15,000점이 도입되었고 그중에서 귀리 종자 7,618점이 가장 많았다. 미국은 1901년부터 1976년 사이에 한국에서 콩 5,496점을 수집해갔고. 그중 2,294점이 현재 일리노이대학에 보존되어 있다. 그 외에도 1924년 소련의 바빌로프 박사가 서울, 수원 기타 지역에서 맥류 17점 외 수집 분포를 조사했으며 이 중에서 13점은 바릴로프 연구소로부터 재분양받았다. 한국전쟁 당시 재래종 보리 297점 등 맥류 자원 597점을 도입하기도 했다.

토종 종자 보존 현황은 농촌진흥청 2020년 3월에 조사한 바에 의하면 농업진흥청 국립농업과학원의 유전자원센터에는 총 62,527점이 있는데 재래종은 60,855점 야생종 1,672점 작물로 보는 벼와 맥류 28,000점 두류 18,887점 잡곡 7,876점 채소 2,306점 과수 98점 특용 4,975점 자생식물 309점이 보존되어 있다.

토종 씨앗을 지키는 사람들

'맛' 하나로 지켜온 씨갑시 할머니. 월급도 받지 않는 자급농, 영세농이 씨앗의 증식과 채종의 고단함에도 불구하고 자신의 입으로 들어가는 것조차 아까워하며 제대로 먹지 못한 채 수확물을 고스란히 씨앗으로 나누어 왔다. 이것이 전국에 산재한 토종씨드림의 중요한 회원들 이야기다. 이러한 헌신적 활동은 씨앗의 다양성과 지속성을 지키며, 농부의 손을 통해 건강한 밥상으로 되돌리려는 생명 존중으로써의 욕구다. 전통적으로 토종 씨앗은 농민의 손에서 채종되고 육종, 보호되었지만, 단 한 번도 '내 것'이라고 주장하지 않고 흔쾌히 나누어지고 공유해 왔다. 헌신적인 토종 농부들이 순수한 열정으로 씨앗을 지켜온 것은 배타적 독점권을 주장하기 위한 것이 아니다. 전통지식을 만들고 계승해 온 것도 농부요, 논밭의 생물다양성을 지켜온 것도 농부다. 그들은 한 번도 이 모든 것을 '사유화'하지 않았다. '농민과 농촌을 위하는 길'은 단 하나, 옛날부터 농민이 가진 권리와 지혜를 '이윤'을 위해 '독점'하지 않는 것이다.

최근 생물다양성과 전통지식이 갑자기 중요해졌다. 하지만 우리는 언제나 중요하다고 생각했기에, 비록 체계적이지는 않지만 관심을 가지고 보전하려 노력해 왔다. 나고야 의정서가 발효되며 그제야 환경부와 농림축산식품부는 부랴부랴 나섰다. 현지에서 보전되고 있는 토종 씨앗과 전통지식을 찾으려. 또, 미국·중국·일본을 중심으로 보호무역 바람이 불고 있다. 이런 국제 정세 아래에서 언제 식량권의 침탈이 일어날지 모를 일이다. 이런 상황에서 종자를 수출하는 일보다 중요한 건, 이 땅의 농민이 우리의 종자를 이용하고 지키며 밥상에 올릴 수 있도록 하는 일이다. 토종 씨앗과 생물다양성 협약은 자급농과 소농을 보호해야 한다는 이야기다. 우리가 토종 씨앗을 보호하고 지원하는 것은 자급농과 소농을 보호하고 지원하는 일이어야 한다. 토종씨드림의 농부농민과 도시농부들은 씨앗 받는 농사를 통해 '지혜로운 농부' 또는 '자립하는 농부'가 되어가고 있다. 토종 농부는 육종가이자 요리사이며, 자연에서 지혜를 찾아 배우고, 생태환경을 보호하는 지킴이로서, 함께 공생하며 지속해서 살아가는 실천적 지혜를 찾아내 공유하고 있다. 지속성과 다양성을 지키는 일, 이 땅의 토종 씨앗을 지키고 전통지식을 계승하는 일. 이는 농부의 권리이자 의무다.

토종씨드림, 우리의 씨앗을 찾아서

토종씨드림이 전국을 돌면서 토종 씨앗을 수집하고 증식하여 보급하는 일을 시작한 지 15년이 지나고 있는 지금, 많은 사람들이 토종에 대한 관심이 높아졌으며, 로컬푸드 매장이나 생협 등의 매장에서는 토종 농산물을 가끔씩 볼 수 있게 되었다. 물론 농민의 1%도 안 되는 극소수의 사람이 토종을 재배하고 있는 현실이지만 토종 농산물 활성화 전망은 다른 어떤 농산물보다 월등하다.

우리 종자를 보전해야 한다는 의식은 보수나 진보 정치권을 막론하고 누구나 동감하고 있으며, 건강한 농산물에 대한 관심, 대량유통 소비 시스템에서 지역 중심과 직거래 등 다양한 유통채널, 귀농 인구의 유입, 도시농부들의 확산 등은 토종 씨앗을 되살리고 밥상까지 오를 수 있는 인식이 전 방위적으로 확산되는 역할을 한다.

토종 농부와 농민들의 토종 씨앗에 관한 관심이 높아지면서 토종 씨앗 여부와 종류에 대한 문의가 많다. 현재 토종씨드림에서 수집한 종자는 1만 점이 농가나 도시농부를 중심으로 현지 보전되고 있는 것 수천 점으로 누구나 대중적으로 정보를 공유할 수 있도록 수집된 토종 씨앗의 데이터베이스를 구축하고 있다. 데이터베이스가 구축되기 전까지 작물별 토종 씨앗의 종류를 누구나 파악하고 일목요연하게 정리할 수 있도록 토종 씨앗도감을 발간했다. 특히 토종씨드림 지역별 수집 번호를 기재해서 어느 지역 씨앗인지를 알게 했다. 똑같은 모양을 지닌 씨앗이라도 수집 지역과 보유자에 따라 이름이 다를 경우 가능한 그들이 부르는 명칭을 사용했다. 사실 이는 토종 씨앗의 중요한 특징이기도 하다. 언어는 지역의 삶과 문화를 담고 있어 지역이나 농가나 지역에서 통상적으로 부르는 이름을 사용하는 것이 토종 씨앗을 통해 다양한 삶의 지혜와 문화를 회복하는 길이기 때문이다.

　토종도감 외에도 지역에서 수집을 하면 지역별 수집도감을 발행한다. 수집과 보급 외에도 지역별 활동 지원, 소득을 중심으로 한 생산,가공, 유통의 지원 및 각종 지자체의 토종활성화 노력을 지원하고 있다. 특히 국내외 농부권을 향한 정책활동과 국제재래종 넷워크활동 등 토종 씨앗과 관련한 다양한 연구와 활동을 전국적으로 진행하고 있다. 무엇보다도 민간단체 토종씨드림은 국가의 지원없이 후원회원들의 후원비와 헌신적이고 열정적인 일상활동을 진행하고 있다.

토종씨드림 선언

씨앗이 살아왔다.

　인류가 농경이란 생활양식을 발달시키기 훨씬 이전부터 씨앗은 지구의 대지에 단단히 뿌리를 내리며 살아왔다. 생명이 생명을 낳고, 또 다른 생명이 이에 의존해 살아가게 만드는 힘이 씨앗에 응축되어 있다. 인류는 농민이 되면서 그 힘을 이용해 번영을 누리기 시작했다. 초기의 농민들은 자연의 돌연변이와 교잡 등으로 발생하는 새로운 작물 품종을 육종하며 가짓수를 늘려나갔다. 그런 맥락에서 농민은 가장 훌륭한 육종가라는 평가를 받을 수 있었다. 그와 함께 한 농민에게서 다른 농민에게로, 한 마을에서 다른 마을로, 부모 세대에서 자식 세대로 자연스럽게 씨앗을 전하고 나누며 그 성과를 공유했다. 씨앗은 단지 먹을거리로만 취급되지 않았다. 소중한 식량자원이면서, 동시에 문화유산이기 도 했다. 씨앗과 관련된 우리의 언어, 풍속 등을 포함하는 전통지식이 그것을 입증하고 있다. 씨앗의 다양성이 문화의 다양성과 맞물려 있는 한편, 자연과 맞닿아 있었다.

씨앗이 사라지고 있다.

인류는 산업화의 과정을 거치며 상황은 급속히 달라졌다. 20세기 산업 문명을 완성하는 과정에서 수많은 씨앗이 사라지게 되었다. 생산성과 균질성이란 인류 최대의 과제의 달성에 몰두한 나머지 그에 부합되지 않는다고 판단되는 수많은 작물과 가축의 품종을 도외시하게 되었다. 그 결과 유엔 식량농업기구에서는 20세기, 전체 작물과 가축 품종의 75%가 절멸되었다고 추산하고 있다. 우리가 잃어버린 것은 단지 작물과 가축의 품종에만 국한되지 않는다. 생산성을 최고로 삼는 근대적 농법은 다양한 씨앗의 절멸을 더욱 촉진시켰다. 자연의 방식을 모방하거나 활용하던 농법에 길들여졌던 씨앗은 이제 농약과 비료라는 근대의 화학 농자재를 받아들이도록 길들여지며 녹색혁명의 씨앗으로 탈바꿈 되었다. 씨앗은 점점 자연에서 멀어지게 되었고 인위적으로 유전자를 조작하여 새로운 품종을 개발하는 단계에까지 이르렀다. 씨앗과 연관되어 있던 문화 또한 절멸하면서 씨앗은 더 이상 문화유산이 아닌 사고파는 하나의 상품으로 취급되고 있다.

우리는 씨앗과 함께 살아가겠다.

아직 늦지 않았다. 절멸될 위기에 처한 씨앗이 아직도 많이 남아 있다. 우리는 지금이라도 그 씨앗들을 지키고 전하며 나아가고자 한다. 단순히 지키고 전하는 일만이 아니라, 과거 농민들이 그러했듯이 새로운 품종을 찾아가는 육종가가 될 것이다. 또한 씨앗이 자연으로 돌아갈 수 있도록 힘쓸 것이다. 화학 농자재에 전적으로 의존하는 것이 아니라, 씨앗이 자연의 시간과 공간 안에서 다른 여러 생명과 함께 살아갈 수 있도록 시도하려 한다. 그뿐만 아니라, 씨앗에 대한 권리를 씨앗을 상품으로 취급하는 사람에게만 맡기지 않고 지구의 대지에 뿌리를 내린 씨앗과 직접 대면하는 모든 사람에게 돌려주고자 한다. 다시 한번 이웃에서 이웃으로, 현세대에서 미래세대로 씨앗이 널리 퍼지게 노력할 것이다. 마지막으로, 우리는 생산성과 균질성이란 가치에만 매몰되지 않고 씨앗을 중심으로 사회 곳곳에 다양성의 꽃이 활짝 피도록 씨앗을 심을 것이다. 이를 실천하고자 우리와 뜻을 함께하는 모든 이의 지혜와 힘을 모아, 우리는 씨앗과 함께 살아가겠다.

알아 두어야 할 국제 협약

UN 소농과 농촌에서 일하는 사람들의 권리 선언(종자에 대한 권리)

UN인권이사회에서는 〈소농과 농촌에서 일하는 사람들의 권리 선언 Declaration on the Right of Peasant and other People Working in Rural Areas〉이라는 제목으로 30개 조항을 발표했다. 그중에서 제19조는 종자에 관한 권리를 말한다. 영문으로 작성되었으며 다음은 그 번역이다.

제19조 종자에 대한 권리

1. 소농과 농촌에서 일하는 사람들은 종자에 대한 권리를 가지며, 거기에는 다음과 같은 내용이 포함된다.

   ⓐ 식량과 농업을 위한 식물유전자원에 관한 전통지식을 보호할 권리
   ⓑ 식량과 농업을 위한 식물유전자원의 이용으로 발생하는 이익을 얻는 데에 공평하게 참가할 권리
   ⓒ 식량과 농업을 위한 식물유전자원의 보호와 지속가능한 이용에 관한 사항에 대한 결정에 참가 할 권리
   ⓓ 자가 채종한 종묘를 보존, 이용, 교환, 판매할 권리

2. 소농과 농촌에서 일하는 사람들은 자신의 종자와 전통지식을 유지, 관리, 보호, 육성할 권리를 가진다.

씨앗, 깊게 심은 미래

3. 당사국은 종자에 대한 권리를 존중, 보호, 실시하고, 국내법으로 인정해야 한다.

4. 당사국은 충분한 품질과 양의 종자를 파종하기 가장 적절한 시기에 저렴한 가격으로 소농이 이용할 수 있도록 해야 한다.

5. 당사국은 소농이 자신의 종자 또는 자신이 선택한 현지에서 입수할 수 있는 기타 종자를 이용하는 것과 함께, 재배하길 바라는 작물과 종류를 결정할 권리를 인정해야 한다.

6. 당사국은 소농의 종자 제도를 지지하고, 소농의 종자와 농업생물다양성을 촉진해야 한다.

7. 당사국은 농업연구개발이 소농과 농촌에서 일하는 사람들의 필요에 부합할 수 있도록 해야 한다. 당사국은, 소농과 농촌에서 일하는 사람들이 연구개발의 우선순위와 그 시작을 결정하는 데 적극적으로 참가하고, 그들의 경험을 고려하여 그들의 필요에 따라 고아작물이나 종자의 연구개발에 대한 투자가 늘어나도록 해야 한다.

8. 당사국은 종자 정책, 식물품종보호, 기타 지적재산권, 인증제도, 종자 판매법이 소농의 권리, 특히 종자에 대한 권리를 존중하고 소농의 필요와 현실을 고려하도록 해야 한다.

생물 다양성 협약(CBD)

생물 다양성을 '생태계, 종, 유전자'로 파악하고 생물 다양성의 보전, 생물 다양성 구성 요소의 지속 가능한 이용, 유전자원의 이용으로부터 발생하는 이익의 공정하고 공평한 배분을 목적으로 하는 국제 조약이다.

체약 당사자는 생물다양성의 내재적 가치와 생물다양성과 그 구성요소의 생태학적, 유전학적, 사회적, 경제적, 과학적, 교육적, 문화적, 휴양적 및 미학적 가치를 의식하고, 진화와 생물계의 생명유지체계의 유지를 위하여 생물다양성이 가진 중요성을 또한 의식하고, 생물다양성의 보전이 인류의 공통적인 관심사임을 확인하고, 국가가 자신의 생물자원에 대한 주권적 권리를 가지고 있음을 재확인하고, 또한 국가는 자신의 생물다양성을 보전하고 생물자원을 지속가능한 방식으로 이용할 책임이 있음을 재확인하고, 생물다양성이 인간의 특정 활동에 의하여 현저하게 감소되고 있음을 우려하고, 생물다양성에 관한 정보와 지식이 전반적으로 결핍되어 있음과 적절한 조치의 수립 및 시행의 기초가 되는 기본적인 이해를 제공할 과학적, 기술적 및 제도적인 능력을 시급히 개발하는 것이 필요함을 인식하고, 원산지의 생물다양성이 현저하게 감소 또는 소실되는 원인을 예측, 방지 및 제거하는 것이 필수적임을 유의하고, 생물다양성이 현저히 감소 또는 소실될 위협이 있는 경우 완전한 과학적 확실성의 결여가 이러한 위협을 피하거나 최소화하는 대책을 지연시키는 구실이 되서는 안 된다는 것을 또한 유의하고, 나아가 생물다양성의 보전을 위하여 기본적으로 필요한 것은 생태계와 천연서식지의 현지 내 보전과 자연환경 속에서의 종의 적정한 개체군의 유지 및 회복에 있음을 유의하고, 나아가 현지 외 조치도 역시 중요한 역할을 하며 그 조치는 가급적 원산국 내에서 이루어지는 것이 바람직함을 유의하고, 전통적인 생활양식을 취하는 원주민 사회 및 지역사회는 생물자원에 밀접하게 그리고 전통적으로 의존하고 있음을 인식하며 생물다양성의 보전 및 그 구성요소들의 지속가능한 이용과 관련된 전통적인 지식과 기술혁신 및 관행의 이용에서 발생되는 이익을 공평하게 공유하는 것이 바람직함을 인식하고, 또한 생물다양성의 보전과 지속가능한 이용에 있어서 여성의 중요한 역할을 인식하며 생물다양성의 보전을 위한 정책 결정 및 시행의 모든 단계에서 여성의 완전한 참여의 필요성을 확인하고, 생물다양성의 보전과 그 구성요소의 지속가능한 이용을 위하여 국가, 정부 간 기구 및 비정부 부문 간의 국제적, 지역적 및 범세계적 협력 증진의 중요성과 필요성을 강조하고, 신규의 추가적인 재원의 제공과 관련 기술에의 적절한 접근이 생물다양성의 소실을 막기 위한 세계의 능력을 실질적으로 제고할 것으로 기대될 수 있음을 인정하고, 나아가 개발도상국의 필요를 충족시키기 위하여 신규의 추가적인 재원의 제공과 관련 기술에의 적절한 접근을 포함하여 특별한 제공이 필요하다는 것을 인정하고, 이와 관련하여 최빈국과 군소 도서국가의 특별한 사정을 유의하고, 생물다양성을 보전하기 위하여 상당한 투자가 필요하고 이러한 투자로부터 광범위한 환경적, 경제적 및 사회적 이익이 기대됨을 인정하고, 경제, 사회개발 및 빈곤 퇴치가 개발도상국의 최우선 과제임을 인식하고, 생물다양성의 보전과 지속가능한 이용은 증가하는 세계 인구의 식량, 건강 및 그 밖의 요구를 충족시키는 데 극히 중요하며 이를 위해 유전자원 및 유전기술에의 접근과 공유가 긴요함을 인식하고, 궁극적으로 생물다양성의 보전과 지속가능한 이용이 국가 간의 우호관계를 강화하고 또한 인류의 평화에 공헌함에 유의하고, 생물다양성의 보전과 그 구성요소의 지속가능한 이용에 관한 기존의 국제적 합의를 강화, 보완할 것을 희망하고, 현재 세대와 미래세대의 이익을 위하여 생물다양성을 보전하고 지속가능하게 이용할 것을 결의하며, 다음과 같이 합의하였다.

제8조 현지 내 보전

각 체약당사자는 가능한 한 그리고 적절히 다음 조치를 취한다.

㉠ 생물다양성을 보전하기 위하여 보호지역제도 또는 특별조치 필요지역 제도를 수립한다.

㉡ 필요한 경우 생물다양성을 보전하기 위하여 보호지역 또는 특별조치가 필요한 지역을 선정, 설정 및 관리하기 위한 지침을 개발한다.

㉢ 생물다양성의 보전과 지속가능한 이용을 보장하기 위하여 보호지역 내 외에 관계없이 생물 다양성의 보전에 중요한 생물자원을 규제 또는 관 리한다.

㉣ 생태계 및 천연서식지의 보호와 자연환경에서의 종의 적정한 개체군의 유지를 촉진한다.

㉤ 보호지역에 대한 보호를 증진하기 위하여 보호지역의 인접 지역에서의 환경적으로 건전하고 지속가능한 개발을 촉진한다.

㉥ 특히 계획 또는 그 밖의 관리전략의 개발과 시행을 통해 악화된 생태계 를 회복, 복구시키며 위협받는 종의 회복을 촉진한다.

㉦ 인간의 건강에 대한 위험을 고려하여 생물다양성의 보전 및 지속가능한 이용에 환경적으로 부정적 영향을 미칠 가능성이 있는 생명공학에 의한 생물변형체의 이용 및 방출에 연관된 위험을 규제, 관리 또는 통제하는 방법을 수립 또는 유지한다.

⑩ 생태계, 서식지 또는 종을 위협하는 외래종의 도입을 방지하고 이들 외래종을 통제, 박멸한다.

㉑ 생물다양성과 그 구성요소에 대한 현재의 이용이 생물다양성의 보전 및 그 구성요소의 가능한 이용과 양립하는 데 필요한 조건을 제공하기 위해 노력한다.

㉒ 국내 입법에 따르는 것을 조건으로 생물다양성의 보전 및 지속가능한 이용에 적합한 전통적인 생활양식을 취하여 온 원주민 사회 및 현지 지역사회의 지식, 기술혁신 및 관행을 존중, 보전 및 유지하고, 이러한 지식, 기술 및 관행 보유자의 승인 및 참여하에 이들의 보다 더 광범위한 적용을 촉진하며, 그 지식, 기술 및 관행의 이용으로부터 발생되는 이익의 공평한 공유를 장려한다.

㉓ 멸종위기에 처한 종 및 개체군의 보호를 위한 입법 및 또는 그 밖의 규제적인 규정을 제정 또는 유지한다.

㉔ 제7조에 따라 생물다양성에 대한 심각한 부정적인 영향이 확인되는 경우 활동의 관련 진행 과정 및 유형을 규제 또는 관리한다.

㉕ 가호 내지 타호에 규정된 현지 내 보전을 위해 특히 개발도상국에 대하여 재정적 및 그 밖의 지원을 제공하는 데 협력한다.

무역 관련 지적재산권에 관한 협정(TRIPs 협정)

세계무역기구WTO설립을 위한 마라케쉬협정의 부속서로, 특허권, 디자인권, 상표권, 저작권 등 지적재산권에 대한 최초의 다자간규범이다. 총 7부 73개 중에서 다음 세 3항목이 종자 특허에 해당한다.

제27조 특허 대상

1. 제2항 및 제3항의 규정을 조건으로 모든 기술 분야에서 물질 또는 제법에 관한 어떠한 발명도 신규성, 진보성 및 산업상 이용가능성이 있으면 특허 획득이 가능하다. 제65조 제4항, 제70조 제8항 및 이 조의 제3항을 조건으로 발명지, 기술 분야, 제품의 수입 또는 국내 생산 여부에 따른 차별 없이 특허가 허여되고 특허권이 향유된다.
2. 회원국은 회원국 영토 내에서의 발명의 상업적 이용의 금지가 인간, 동물 또는 식물의 생명 또는 건강의 보호를 포함, 필요한 경우 공공질서 또는 공서양속을 보호하거나, 환경의 심각한 피해를 회피하기 위하여 동 발명을 특허 대상에서 제외할 수 있다. 단, 이런 제외는 동 이용이 자국 법에 의해 금지되어 있다는 이유만으로 취해서는 안 된다.
3. 회원국은 또한 아래 사항을 특허 대상에서 제외할 수 있다.

   ㉮ 인간 또는 동물의 치료를 위한 진단 방법, 요법 및 외과적 방법
   ㉯ 미생물 이외의 동물과 식물, 그리고 비생물학적 및 미생물학적 제법과는 다른 본질적으로 생물학적인 식물 또는 동물의 생산을 위한 제법. 그러나 회원국은 특허 또는 효과적인 독자적 제도 또는 양자의 혼합을 통해 식물 변종의 보호를 규정한다.

국제 식물 신품종 보호 동맹(UPOV) 협약

UPOV 협약에 의해 설립된 국제기구로 식물 신품종 육성자의 권리보호 및 식물종자 보증제도 등을 국제적으로 보호해주기 위한 국제 식물 종자보호연맹이다. 제3장에 육종가의 권리가 나와 있다

제5조 보호조건

1. 만족되어야 할 기준

   육종가가 개발한 식물의 종이 ①새롭고 ②다른 종과 구별되고 ③균일하고 ④ 안정되었을 때 육종가의 권리는 인정된다.

2. 기타 조건

   육종가가 개발한 품종이 제20조 규정에 따라 품종명이 명명되고 신청자가 계약 당사자의 법률에 규정된 형식 절차에 따라 신청이 접수되고 일정 수수료를 납부하는 경우 육종가의 권리는 인정된다. 이외 추가적인 조건이나 이와는 상이한 다른 조건에 따르지 아니한다.

제6조 신규성

1. 기준

   육종가의 권리 신청이 접수된 시점에서 증식되거나 수확된 식물의 품종이 육종가의 동의에 따라 ①계약 당사자의 영토 내에서는 육종가의 권리 신청 날짜

를 기준으로 1년 이내에 ②계약 당사자의 영토 밖에서는 4년 이내(나무나 덩굴 식물의 경우 6년 이내)에 그 종을 이용할 목적으로 판매하거나 다른 사람들에게 처분한 적이 없는 경우 그 품종은 새로운 것으로 간주된다.

2. 최근 개발된 품종

계약당사자가 지금까지 어떤 식물의 속이나 종을 대상으로 이번 협정 내용이나 또는 이전 협정을 적용한 적이 없고 이번에 처음으로 이 협정을 적용했을 경우 그 식물의 속이나 종은 육종가의 권리를 신청한 시점 이전 이미 개발된 것으로 간주하여 설령 그 식물이 제6조 1항에 규정된 시간 이전에 다른 사람에게 판매되거나 처분되었더라도 새로운 식물로 간주하여 보호할 수 있다.

3. 특수한 경우

제6조 1항에서 모든 계약당사자가 하나의 동일한 정부 간 조직의 회원국으로서 그 조직의 규정이 공동으로 행동하도록 요구하고 있고 회원국 간의 영토 내에서 법률이 일치되도록 규정이 되어 있는 경우 그들은 공동으로 행동할 수 있으나 사무총장에게 그 사실을 알려야만 한다.

제7조 구별성

어떤 새로운 품종을 신청할 당시 그 특성이 널리 알려진 다른 품종과는 분명히 차이가 있을 때 그 품종은 다른 품종과는 구별된다. 특히 육종가의 권리를 인정받기 위하여 신청서를 접수하거나 새로운 품종을 기존 품종에 등록 신청하여 육종가의 권리가 인정되거나 공식적인 품종 등록이 될 경우 신청일 이후 다른 품종으로 일반화되는 것으로 간주한다.

제8조 균일성

식물체의 번식 시 일반적으로 나타나는 현상의 하나인 변이와 관련하여 증식된
식물체가 관련된 특성에 있어 충분히 균일하다면 그 품종은 균질성이 있는 것으
로 간주한다.

제9조 안정성

어떤 품종을 반복적으로 증식시킨 후 또는 특별한 증식 단계에서 후계세대에서도
번식된 식물체가 고유의 특성을 유지하는 한 그 품종은 안정적인 것으로 간주한다.

제14조 육종가의 권리에 대한 범위

1. 증식 물질에 관한 법률

ⓐ 제15조 및 16조에 관하여 보호될 품종의 증식 물질에 대한 다음 법률은
육종가의 추인을 필요로 한다.

– 생산 및 재생산
– 증식 목적에 대한 조건
– 판매 또는 기타 유통
– 수출
– 수입

– 이상에서 언급한 목적을 위한 재고

ⓑ 육종가는 조건과 그 한계를 설정하여 추인을 할 수 있다.

2. 수락된 물질에 관한 법률

15조 및 16조에 관하여 수확된 물질이 식물 전체이든 식물체의 일부분이든 보호될 품종은 육종가의 추인 없이 증식 물질로부터 구했을 경우 육종가 위에서 언급한 증식 물질과 관련하여 그의 권리를 행사할 적당한 기회가 없었다면 제14조 1항 ⓐ에서 규정한 7가지 법률은 육종가의 추인을 필요로 한다.

3. 특정 생산물에 대한 법률

제15조 및 16조에 대해 육종가가 위에서 언급한 수확 물질에 대한 권리를 행사할 적절한 기회가 없었을 경우 각 계약당사자는 육종가의 승인 없이 보호될 품종으로부터 수확된 물질에서 직접 만들어진 생산물에 대해 제14조 1항 ⓐ에서 언급된 법률은 육종가의 추인을 필요로 한다.

4. 가능한 추가 법률

제15조 및 16조에 대해 각 계약당사자는 제14조 1항 ⓐ에 언급된 규정 이외의 규정을 제공할 수 있으며 이 경우 육종가의 추인을 필요로 한다.

5. 기본적 유래 품종으로부터 유래되거나 변형된 품종

ⓐ 제14조 ① – ④항 규정은 다음과 관련해서도 적용한다.

① 보호된 품종으로부터 기본적으로 유래된 품종. 단, 보호된 품종 그 자체는 유래된 품종이 아님.

씨앗, 깊게 심은 미래

② 제7조에 따라 보호된 품종과 명확히 구별되지 않은 품종

③ 생산에 있어서 보호된 품종의 반복적 사용을 필요로 하는 품종

ⓑ 제14조 1항 ⓐ ①의 기본적으로 유래된 품종의 정의와 관련하여 다음의 경우는 다른 품종(원품종)으로부터 유래된 품종으로 간주한다.

① 그 품종이 최초 품종으로부터 유래되었거나 원품종으로부터 유래된 품종으로부터 다시 유래된 품종으로서 원품종이 가지고 있는 유전자형 또는 유전자형의 조합이 가지고 있는 기본적 특성을 유지하고 있는 품종

② 원품종과 명확히 구분될 수 있는 품종

③ 유래 과정에서 나타난 결과가 다르지만 원품종이 가지고 있는 유전자형이나 유전자형의 결합으로부터 나타난 결과가 기본적으로 같은 특성을 가진 품종

ⓒ 기본적으로 유래된 품종은 자연적 또는 인위적 돌연변이나 조직배양으로 발생된 변이종. 원품종의 개체 선발에 의해 얻어진 변이종, 여교잡에 의한 품종, 유전공학적 변환에 의해 얻어질 수 있다.

제15조 육종가의 권리에 대한 예외

1. 강제적 예외

육종가의 권리는 다음 경우에 인정되지 아니한다.

① 개인적인 활동이나 비상업적 목적으로 사용될 경우

② 실험 목적으로 사용될 경우

③ 제14조 5항의 규정을 제외한 다른 품종의 육종을 위해 사용될 경우 또는 다른 품종과 관련하여 제14조 ① −④항에 언급된 행위

2. 선택적 예외

제14조 규정에도 불구하고 납득할 만큼 제한된 범위 내에서 육종가의 합법적 이익을 보장하는 조건으로 각 계약당사자는 농민들이 증식 목적으로 그 품종을 사용할 수 있도록 육종가가 보유한 품종이나 그 품종으로부터 생산된 수확물, 보호된 품종 또는 제14조 5항 ⓐ ① 및 ② 규정에 의한 품종에 대하여 육종가의 권리를 제한할 수 있다.

씨앗, 깊게 심은 미래

초판인쇄 2022년 7월 8일
초판발행 2022년 7월 8일

지은이 변현단
발행인 채종준

출판총괄 박능원
편집장 지성영
책임편집 유 나
디자인 서혜선
마케팅 문선영 · 전예리
전자책 정담자리
국제업무 채보라

브랜드 드루
주소 경기도 파주시 회동길 230(문발동)
문의 ksibook13@kstudy.com

발행처 한국학술정보(주)
출판신고 2003년 9월 25일 제406-2003-000012호

ISBN 979-11-6801-487-9 03300